HISTOIRE ILLUSTRÉE

DES

GRANDS VOYAGES

AU XIX° SIÈCLE

Voyages de DUMONT D'URVILLE en Océanie,
De JACQUEMONT dans l'Inde,
De MUNGO PARK, René CAILLIÉ, LIVINGSTONE
et STANLEY en Afrique.

ROUEN

MÉGARD ET C°, LIBRAIRES-ÉDITEURS

BIBLIOTHÈQUE MORALE

DE

LA JEUNESSE

—

1re SÉRIE GR. IN-8° JÉSUS

INTÉRIEUR D'UNE FORÊT VIERGE.

HISTOIRE ILLUSTRÉE

DES

GRANDS VOYAGES

AU XIXe SIÈCLE

Voyages de DUMONT D'URVILLE en Océanie,

De JACQUEMONT dans l'Inde,

De MUNGO PARK, René CAILLIÉ, LIVINGSTONE

et STANLEY en Afrique.

ROUEN

MÉGARD ET Cie, LIBRAIRES-ÉDITEURS

1880

AVIS DES ÉDITEURS.

Malgré les sacrifices que nous avons eus à nous imposer, nous n'avons pas hésité à faire l'acquisition de l'*HISTOIRE ILLUSTRÉE DES GRANDS VOYAGES*, persuadés que cet ouvrage sera lu avec un vif intérêt par nos jeunes lecteurs et les initiera à toutes les intéressantes explorations et à tous les dangers qu'ont dû affronter tous ces illustres voyageurs dont le courage a fait faire de si grands pas dans la voie des découvertes tant dans les régions arctiques que dans l'intérieur de l'Afrique.

L'importance de cet ouvrage nous a forcés à le diviser en trois parties, formant chacune un volume distinct et complétement séparé des deux autres. Les trois volumes composent un ouvrage sérieux, pouvant prendre une place avantageuse dans toutes les bibliothèques utiles et instructives.

Le premier volume contient l'histoire des voyages de Dumont d'Urville en Océanie, de Jacquemont dans l'Inde, et de Mungo Park, René Caillié, Livingstone et Stanley dans l'intérieur de l'Afrique.

Le second volume est consacré aux voyages de Ross, de Parry, de Back, de Francklin et de Hayes aux régions arctiques, ainsi qu'aux voyages de Paul du Chaillu, du capitaine Speke et du lieutenant Cameron à travers l'Afrique. Il donne aussi la relation de divers voyageurs sur le Soudan et l'Afrique septentrionale et équatoriale.

Enfin, le troisième et dernier volume a trait plus particulièrement aux voyages de Franklin, et de ceux qui ont été à sa recherche. Il s'occupe avec détail des voyages de Henri Barth, de Burton, de Baker et de Schweinfurth en Afrique, du voyage du *Challenger* autour du monde, des expéditions polaires, et se termine par la relation du voyage de Stanley aux grands lacs de l'Afrique.

LETTRE PRÉFACE.

Mon cher monsieur Mégard,

Vous m'avez prié d'examiner un ouvrage ayant pour titre : *Histoire illustrée des grands Voyages au XIXe siècle*, et destiné à être donné en prix dans les écoles primaires. J'ai lu cet ouvrage avec la plus grande attention, et je n'hésite pas à déclarer que je le trouve aussi instructif qu'intéressant. Si les trois volumes dont il se compose forment un tout aussi complet que possible, qu'il serait utile de mettre entre les mains de nos jeunes écoliers, chacun d'eux contient un abrégé suffisamment long de quelques-uns des grands voyages effectués depuis le commencement du XIXe siècle jusqu'à nos jours, et peut, sans aucun inconvénient, être lu séparément.

Le lecteur y trouvera un récit émouvant des efforts tentés par de hardis marins de toutes les nations, pour explorer les régions boréales de l'Amérique et pénétrer jusqu'à ce pôle nord qui a été l'objet de tant d'hypothèses plus ou moins vraisemblables. Il apprendra à connaître, avec Dumont d'Urville, l'Océanie et ses îles madréporiques ; avec Jacquemont, l'Inde et ses trésors ; avec les savants du *Challenger*, les merveilles de l'Océan ; avec Mungo Park, Barth, du Chaillu, Burton, Schweinfurth, Livingstone, Compiègne, Marche, Cameron et Stanley, ce *continent mystérieux* de l'Afrique qui renferme tant de richesses, et particulièrement le Sénégal et le Soudan, dont notre collègue, M. Soleillet, faisait connaître tout récemment l'étonnante fertilité et la luxuriante végétation à la Société normande de Géographie.

En lisant les pages consacrées à ces deux dernières contrées, nos compatriotes de tout âge comprendront combien il serait glorieux pour notre belle France et avantageux pour notre pays de les rattacher à l'Algérie au moyen d'un chemin de fer à travers le Sahara, chemin de fer dont personne ne nie aujourd'hui la possibilité, et de nouer avec les populations qui les habitent des relations dont nos commerçants tireraient le plus grand profit.

Voilà, mon cher monsieur Mégard, ce que je pense de cet ouvrage. Ai-je besoin d'ajouter, après cela, que je lui souhaite tout le succès qu'il me paraît mériter ?

Bien à vous.

J. Tribouillard,

Officier d'Académie, professeur au lycée Corneille,

secrétaire général de la Société normande de Géographie.

Rouen, le 27 août 1879.

MÉDITERRANÉE
I. Madère
I. Canaries
Tanger
Rabat
Mogador
Nona
Fez
Maroc
El Arib
Constantine
Philippeville
Alger
Oran
Bône
Tlemcen
Biskra
Laghouat
Ouargla
Ghadamès
In Salah
Tunis
Kairouan
Montélir
Gabès
Tripoli
Mesurata
Bondchen
Mourzouk
Audjelah
Bengazi
Derna
Alexandrie
Damiette
Suez
EGYPTE
Syout
Girgeh
Assonan
Keneh
NIL
MER ROUGE
Djeddah
Suakin
Hannek
LE TOUAT
Tropique du Cancer HOGGAR
Tin Tellous
Aghadès
Bilma
SOUDAN
Timbouctou
Sénégal
St Louis
Diré
Kabra
Bourroum
Nourna
Sakalon
Kuno
Koukö
Mao
TCHAD
Tao
Chary
El-Orden
Kobbi
Teudelti
Khartum
Obeid
Aden
Perim
Obok
Zeila
Berbera
NIGRITIE MÉRID.le
Erectown
Monrovia
Achantis
Compaste
Bahomey
Lagos
Accra
Capeloast Castle
I. Fernando
GABON
Ogoué
Djuba
OCÉAN
ÉQUATEUR
I. St Thomas
Zaïre ou Congo
Fl.
Loango
UGANDA
Victoria
Uranza
UNIAMES.
Nitta
Malinde
O I. Pemba
O Zanzibar
Bagamoyo
I. Monfia
Quiloa
Saadani
Bagh
Loanda
Kabebe
ATLANTIQUE
Benguela
L. BENGUELO
Cunene Fl.
Zambese Fl.
Mozambique
Angora
Kilimane
Tropique du Capricorne
L. NGAMI
Limpopo Fl.
Pretoria
Inhambane
MADAGASCAR
Tamatave
Orange Fl.
Vaal
Monfontein
Beaufo
Durban (Pt Natal)
Le Cap
C. de Bonne Espérance
OCÉAN ATLANTIQUE

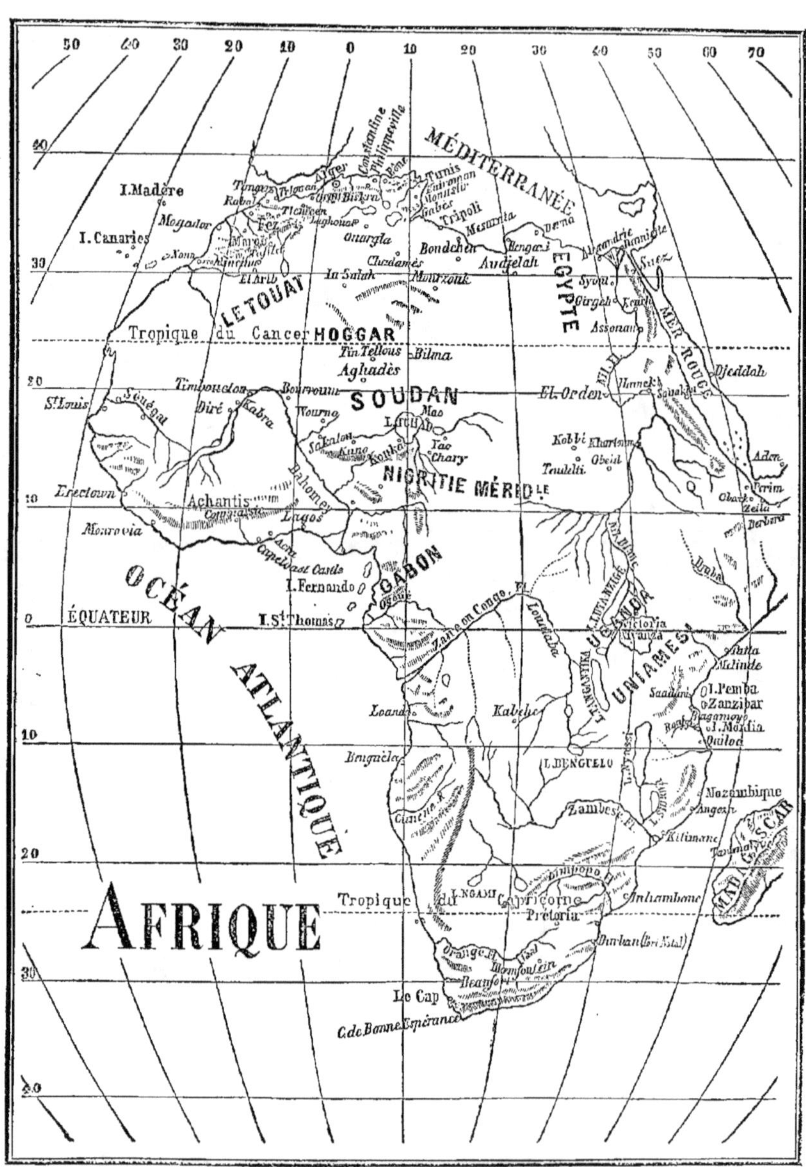

AFRIQUE

INTRODUCTION.

<center>~~~</center>

LES VOYAGES DE DÉCOUVERTES.

Un des agents les plus puissants du progrès en toutes choses
est, sans contredit, cet esprit d'aventure qui jette l'homme dans
les entreprises les plus hardies et lui fait exposer impunément ses
jours à la recherche de l'inconnu.

Livré, dès son apparition sur la terre, à la formidable oppres-
sion de la nature, l'homme a su réagir contre celle-ci, et, pour
la vaincre, il a dû chercher à en pénétrer les secrets. De là le
commencement de la science, qui, d'abord imparfaite et fondée
sur des appréciations erronées, sur d'absurdes superstitions même,
ne s'est développée que peu à peu, concurremment avec l'incessant
progrès de l'humanité.

Mais cet attrait pour les conquêtes sur l'inconnu, si précieux
dans la lutte acharnée pour l'existence et pour la perpétuation de
l'espèce, cet attrait subsiste toujours et à tous les degrés de
l'échelle humaine. L'ardeur invincible qui pousse et soutient le
penseur, le chercheur, le savant, dans les recherches scientifiques
les plus abstraites, est de même nature que cette curiosité avide,
ce goût remarquable qu'éprouve le grand public pour les voyages,
pour les aventures en pays éloignés ou peu connus, pour les ten-

tatives hardies des hommes intrépides, qui s'élancent sans peur dans le grand combat contre les forces de la nature.

L'homme est un lutteur; aussi tout ce qui est lutte, tout ce qui est victoire sur les éléments l'intéresse et le passionne. Ce sont d'abord les récits de chasse où l'homme, moins rapide, moins fort, moins bien armé par la nature, l'emporte cependant, avec son adresse, son intelligence et ses inventions, sur des animaux terribles ou difficiles à approcher. Ce sont ensuite les grandes courses, les grands déplacements où la variété des objets, les vastes espaces, la nouveauté des sites agandissent en quelque sorte la vue, emplissent la poitrine d'un air qui semble tout autre et font aimer l'activité et l'entrain. Enfin viennent les explorations scientifiques où toutes les difficultés, tous les obstacles semblent se réunir pour défendre les arcanes des régions inconnues contre l'investigateur tenace, contre l'observateur, missionnaire de la civilisation, c'est-à-dire de l'humanité progressive et victorieuse. On dirait que la farouche Isis des mystères égyptiens entasse épreuves sur épreuves pour écarter les profanes pusillanimes, et qu'elle ne permet qu'au vaillant, au cœur doublé de chêne et d'airain, d'arriver à l'initiation et de soulever un peu le voile épais et redoutable qui enveloppe et cache la déesse.

C'est le propre des peuples civilisés de ressentir dans toute sa force et dans toute sa volupté cet attrait pour les conquêtes sur l'inconnu. Le sauvage chasseur ou pêcheur, qui ne quitte sa cabane pour fouiller les taillis ou les rivages des fleuves et des lacs qu'afin de trouver un gibier plus abondant ou une pêche plus facile, ne songe guère à porter ses pas plus loin lorsqu'il est arrivé au but de ses recherches. Le barbare nomade, errant avec ses troupeaux de pâturages en pâturages, changeant de pays avec les saisons afin d'avoir toujours de l'herbe verte, n'est pas non plus poussé généralement vers l'inconnu et ne se livre pas à des explorations parfois fécondes, mais toujours hasardeuses.

Il arrive quelquefois, il est vrai, parmi ces peuples, qu'un individu plus hardi, plus aventureux, plus intelligent que les autres, se lance en avant, s'abandonne au vague sentiment de la curiosité, et qu'il découvre de nouveaux horizons vers lesquels il

entraîne ses compatriotes. Mais combien plus développé le goût
des voyages, des aventures, des explorations, se rencontre parmi
les races civilisées ! Le commerce d'abord les engage dans cette
voie; puis la science, avec ses besoins impérieux toujours renais-
sants, les y maintient.

On peut dire, d'ailleurs, que c'est aux grands voyages de découvertes que sont dues les évolutions fondamentales de l'humanité et les conquêtes scientifiques qui doivent devenir plus tard la
propriété commune de tous les hommes. Les profits ne sont pas
toujours immédiats et faciles à préciser ; il faut souvent des
années pour que de nombreuses explorations aboutissent à un
résultat pratique. Mais toutes ces recherches, qui n'excitent guère

d'intérêt en dehors des sociétés savantes, sont autant de jalons plantés sur la route de la puissance , de la richesse ou de l'utile.

En trouvant des contrées, des îles, des écueils ignorés jusque-là, en ajoutant de nouveaux renseignements à ceux déjà acquis sur la configuration des terres et des mers de notre globe, sur ses productions, sur les phénomènes qui s'y passent, sur le caractère et les modes d'existence des races qui s'y perpétuent, l'explorateur isolé travaille à la grande œuvre du progrès. Il prépare le développement du commerce en augmentant les voies de communication ; il fournit l'occasion de nouer, avec des peuples nouveaux, des relations cimentées bientôt par le puissant mobile des affaires, et contribue ainsi à l'égalisation des mœurs et à leur adoucissement. Honneur donc à lui ! honneur à tous les hardis voyageurs de notre temps que ni les souffrances, ni les périls, ni la fin malheureuse de tant de leurs prédécesseurs ne découragent, et qui n'hésitent pas à risquer leur vie à la conquête de nouvelles provinces !

Le champ est vaste, du reste. Les siècles antérieurs, quoique ayant beaucoup fait déjà, ont laissé beaucoup à faire encore, et notre demeure terrestre, malgré les études sérieuses dont elle est l'objet depuis longtemps, est loin de nous avoir révélé tous ses secrets.

L'Océan n'est plus l'infranchissable abîme d'autrefois. Des milliers de navires le parcourent en tous sens, et des millions de marins en font, pour ainsi dire, leur patrie. Mais, tandis que la surface des mers est à peu près entièrement connue et mesurée, la surface des terres est demeurée l'objet d'une connaissance fort incomplète. Il n'y a guère que l'Europe dont on ait pris entière possession. L'Afrique, l'Asie, l'Amérique , l'Océanie, renferment encore d'immenses espaces entourés de mystères. Quant aux régions qui avoisinent les pôles, elles sont regardées, à juste titre, comme l'énigme la plus difficile à déchiffrer qui puisse s'offrir au monde savant. Aucun regard humain n'a pénétré jusqu'à présent à travers la barrière infranchissable de glaces qui protége le pôle antarctique ; d'un autre côté, malgré des labeurs indescriptibles, malgré le sacrifice de tant de vies généreuses, le voile sombre qui enveloppe le pôle arctique a été à peine soulevé.

Cependant chaque année, nous dirions presque chaque jour, restreint ce domaine de l'inconnu et apporte à la géographie des acquisitions nouvelles. C'est que notre époque se signale plus que toute autre par l'ardeur des entreprises, par la persistance des recherches, et surtout par la direction féconde et le caractère rigoureux imprimés aux investigations. Là, en effet, où les voyageurs d'autrefois se contentaient d'un coup d'œil rapide, les voyageurs d'aujourd'hui veulent tout connaître et aller au fond de chaque chose. Non-seulement l'aspect du pays, sa faune et sa flore sont décrits jusque dans les moindres détails, mais l'homme indigène lui-même, son histoire, ses mœurs publiques et privées, ses coutumes, ses croyances, sont l'objet des études les plus minutieuses.

Si la passion des découvertes est vive parmi les savants, si rien ne les rebute ni ne les arrête, le public, de son côté, ne montre pas moins d'enthousiasme. Il ne peut prendre part aux recherches, mais il les encourage, les suit, les applaudit, il attend impatiemment leurs résultats et se passionne à leurs péripéties comme à un drame émouvant. C'est ainsi que, dans sa sphère, chacun prend part au progrès de l'humanité; c'est ainsi que chacun apporte, dans la mesure de ses forces, sa part de travail au grand édifice de science et de civilisation, qui commença dès les premiers actes des premiers hommes, et dont nous léguerons la continuation, et non l'achèvement impossible, aux générations futures.

LA DÉCOUVERTE DU GLOBE.

L'histoire des découvertes successives qui ont amené la connaissance du globe terrestre se divise en trois grandes périodes. La première comprend les temps anciens et s'étend jusqu'au ve siècle de notre ère ; la seconde comprend le moyen-âge et s'étend depuis le ve siècle jusqu'au xve siècle ; la troisième, enfin, comprend les temps modernes et s'étend depuis le xve siècle jusqu'à nos jours.

Aussi haut que l'on peut remonter dans l'antiquité, vers le xviie siècle avant Jésus-Christ, on voit les Egyptiens des Pharaons parcourir une partie considérable de ce qui forme aujourd'hui la Turquie d'Asie. Ce sont les découvertes archéologiques de notre époque qui nous ont révélé ces faits authentiques, jusqu'alors mêlés à de nombreuses légendes.

Trois siècles plus tard apparaissent les Hébreux. Moïse, qui fut leur historien géographe, donne dans sa table ethnographique l'ensemble et le pourtour général des pays qui formèrent leurs connaissances géographiques. Ces connaissances étaient limitées au nord par le Caucase et la mer Noire, à l'ouest par l'Archipel, au sud par la mer d'Oman, à l'est par la Perse, c'est-à-dire qu'elles se renfermaient précisément dans l'espace où s'étaient portées les expéditions des conquérants égyptiens. Cette coïncidence, qui n'a d'ailleurs rien que de naturel et de conforme à la logique des faits, a amené la critique savante à conclure que Moïse avait puisé à des sources égyptiennes les principaux éléments de sa table ethnographique. Quant à la forme de la terre, les Hébreux pensaient, comme tous les peuples chez lesquels la réflexion scientifique n'a pas rectifié la perception des sens, qu'elle représentait un disque reposant sur des fondements perdus dans l'abime, colonnes inébranlables posées par la main de Dieu même.

Les Phéniciens, ces navigateurs intrépides issus des descendants de Cham, ont dû certainement avoir des connaissances géographiques bien plus vastes et plus précises que les Hébreux. Malheureusement, aucun document venant directement de ce peuple fameux n'est arrivé jusqu'à nous ; il ne nous reste que des lambeaux dispersés çà et là dans les livres juifs et dans les auteurs grecs.

« Quoi qu'il en soit, dit le savant géographe Vivien de Saint-Martin, et si incomplétement que les faits nous soient connus dans le détail, il ressort toujours de leur ensemble que les Phé-

Forêt de l'Amérique du Nord.

niciens ont accompli dans l'antiquité des voyages prodigieux et d'immenses découvertes. Marins aussi expérimentés, explorateurs aussi audacieux que marchands habiles, il ne leur a manqué, pour égaler les plus grandes nations maritimes des temps modernes, que les découvertes de l'astronomie et la connaissance de la boussole. Quelques siècles à peine après les temps où l'univers de Sésostris et de Moïse se renferme dans les étroites limites du sud-ouest de l'Asie, la mappemonde phénicienne embrasse la moitié de l'ancien monde. De la Méditerranée, qui en est devenue le centre, elle rayonne dans toutes les directions, à travers les grandes mers extérieurs qui entourent les continents.

« Deux centres d'action, deux foyers d'activité commerciale et politique alimentent cette expansion universelle : à l'Orient, Tyr elle-même, reine superbe de ce vaste empire; à l'autre extrémité de la Méditerranée, Tarsis, qui est devenue comme une autre Tyr, la Tyr de l'Occident. Les Phéniciens de Tarsis ont poussé leurs découvertes au loin dans les espaces inconnus de l'Atlantique, d'un côté jusqu'aux îles Britanniques et aux Cassitérides (îles Scilly ou Sorlingue, à la pointe sud-ouest de l'Angleterre), peut-être jusqu'au fond de la Baltique, de l'autre dans la direction du cap Vert, en longeant les côtes occidentales de la Libye, en même temps qu'à l'orient Tyr couvrait de ses navires les plages de la mer Erythrée jusqu'au golfe Persique, sinon jusqu'à l'Inde, reconnaissait dans toute son étendue l'Afrique orientale, et peut-être accomplissait, six cents ans avant notre ère, le périple tout entier du continent africain. C'est bien avec raison que les prophètes hébreux, témoins de cette grandeur inouïe dont ils ne voient pourtant que la surface, appellent les marchands de Tyr les princes de la mer et de la terre (1). »

De même que Tyr, Carthage a subi cette fatalité que pas un document indigène de son histoire n'a survécu à sa ruine. Les Carthaginois auraient sans doute une grande et belle place à côté de leurs ancêtres, si le temps, ou plutôt si les Romains, dans leur

____

(1) VIVIEN DE SAINT-MARTIN, *Histoire de la Géographie.*

acharnement barbare, eussent épargné les mémoires de leurs navigateurs.

Un seul nous a été conservé, c'est celui d'Hannon, général carthaginois, qui, suivant Pline, « reçut l'ordre d'explorer le tour de l'Afrique, à l'époque la plus florissante des affaires puniques, » c'est-à-dire vers le vi^e siècle avant notre ère. Hannon s'avança jusqu'à la côte actuelle de Sierra-Leone, accomplissant ainsi en une seule campagne ce que les Portugais du xve siècle devaient mettre plus de vingt ans à exécuter.

Tandis qu'Hannon conduisait avec tant de hardiesse une expédition sur les côtes occidentales de l'Afrique, un autre général carthaginois, Himilcon, pénétrait dans les mers du nord de l'Europe. Le peu que l'on sait de ce voyage porte à croire que le célèbre explorateur s'éleva jusqu'à l'Irlande, peut-être même bien au delà.

Dans l'*Iliade* et l'*Odyssée* d'Homère, surtout dans l'*Iliade*, on retrouve des notions précises sur le monde connu des Grecs au xe siècle avant notre ère. Ce monde ne comprenait que le bassin oriental de la mer Méditerranée, et pendant plusieurs siècles il ne paraît pas avoir eu des limites plus éloignées.

Comme tous les peuples primitifs, les Grecs se sont crus au centre du monde. Le bouclier d'Achille, forgé par Vulcain et décrit au xviiie chant de l'*Iliade*, nous représente d'une manière authentique l'idée mère de la cosmographie homérique. La terre y est figurée comme un disque environné par le fleuve Océan, fleuve sans rivage, mais dont Hésiode, un peu plus tard, décrit la source, qu'il place à l'extrémité occidentale du monde. Au-dessus de ce disque s'étend une voûte solide, un firmament sous lequel les astres du jour et de la nuit roulent sur des chars portés par les nuages; au-dessous se trouve une autre voûte, nommée le Tartare. Hors de l'enceinte mystérieuse, où finit la terre et où commence le ciel, s'étend indéfiniment le chaos.

La mer Méditerranée partage le disque terrestre d'Homère en deux parties, l'une au nord, l'autre au sud. La partie septentrionale comprend la Grèce, qui, à cette époque, n'avait pas encore de nom général. La partie méridionale se compose de l'Egypte, très-vaguement connue, et de la Libye, dont les limites sont singulièrement rétrécies. Derrière l'Egypte et la Libye, Homère place les Ethiopiens. Du côté de l'Orient, les connaissances sont plus précises. L'emplacement de Troie est décrit si nettement, qu'on le retrouve encore aujourd'hui dans tous ses détails. Mais, du côté de l'Occident, tout se confond sous le même nom vague d'Hespérie, pays du couchant; c'est la région des fables.

Vers le temps d'Hérodote seulement, au ve siècle avant Jésus-Christ, la géographie prend certains développements. Les pays situés au nord de la mer Méditerranée et de la mer Noire et ceux situés à l'est et au sud sont assez bien connus, et des tentatives sont faites pour reconnaître les limites méridionales de l'Afrique. Un siècle plus tard, les expéditions d'Alexandre donnent à la carte du monde connu un accroissement considérable vers l'orient et le sud, et font naître plusieurs ouvrages géographiques.

Aristote, rassemblant ces matériaux épars, compose une mappemonde, qu'il divise en trois grandes parties : l'Europe, l'Asie et la Libye. L'Europe s'étend, entre la mer Méditerranée et la mer Boréale, depuis les colonnes d'Hercule (détroit de Gibraltar) jusqu'au Tanaïs (Don); l'Asie, depuis le Tanaïs, le fond oriental de la mer Méditerranée et l'isthme Arabique (isthme de Suez), jusqu'aux plages inconnues de l'océan Oriental (Grand Océan); la Libye (Afrique), dont les limites méridionales sont encore indéterminées, depuis l'isthme Arabique jusqu'aux colonnes d'Hercule.

Après Aristote, dont la mort arrive en 322 avant Jésus-Christ, les événements qui apportent de nouveaux faits à la science, et les travaux qui la perfectionnent, marchent d'un pas égal et chaque jour plus rapide. Eratosthène, bibliothécaire d'Alexandrie, construit le premier système géographique digne de ce nom, et cherche à déterminer la mesure de la terre. Ses successeurs Hipparque et Posidonius, s'occupent également de théorie scientifique, tandis que le voyageur Eudoxe de Cyzique tente de contourner l'Afrique.

Au IIe siècle avant notre ère, une grande révolution politique s'accomplit : Carthage est détruite et le sceptre de l'Occident passe ux mains de Rome. Dès lors, de vastes conquêtes reculent considérablement les bornes de la mappemonde. Comme Alexandre avait ouvert l'Orient à la connaissance des Grecs, les Romains ouvrent le Nord et l'Occident. L'Afrique carthaginoise est décrite par l'historien Polybe. Les légions romaines parcourent l'Hispanie, la Gaule, la Bretagne, la Germanie jusqu'à l'Elbe et au Danube. La mer Méditerranée devient, dans la rigueur absolue du mot, un lac romain. Les écrits des nombreux géographes de cette époque ont péri; mais les résultats de leurs travaux sont consignés dans les ouvrages de Strabon et de Pline.

Enfin Ptolémée, le dernier et le plus savant des géographes de l'antiquité, reprenant les essais imparfaits d'Hipparque et des autres Alexandrins, tente de donner aux observations géographiques la précision qui leur est nécessaire et crée un système astronomique qui devait subsister pendant quatorze siècles. On peut regarder son époque (iie siècle de notre ère) comme celle où la géographie des anciens atteint à son plus haut degré d'étendue.

Ptolémée connaît assez bien le cours du Tanaïs (Don); il place les nations sarmatiques depuis ce fleuve jusqu'à la Vistule; il décrit la Dacie, la mer Baltique jusqu'à la Duna, applique le nom de Thulé à la Norvége, et place l'Hibernie (Irlande) à 5° au nord de sa position. La Bretagne, les côtes occidentales de la Gaule et le nord de l'Espagne sont tracés par lui avec une précision étonnante; mais, lorsqu'il arrive dans la mer Méditerranée, dans les pays les mieux connus des anciens, ses erreurs deviennent très-nombreuses. Il étend cette mer trop à l'orient de 20 degrés; le contour de l'Italie est tout à fait défiguré; Carthage est placée beaucoup trop au sud, de sorte que l'enfoncement des Syrtes se trouve effacé; le Péloponèse et les côtes d'Egypte et de Cyrénaïque se sont déplacés de même; la Sicile, quoique mieux orientée que chez les autres géographes, est encore loin d'être mise à sa place.

Ptolémée ne connaît pas l'Afrique beaucoup mieux que ses prédécesseurs; il a seulement des renseignements plus précis sur le cours du haut Niger. Mais il adopte pour cette partie du monde une opinion tout opposée à celle de Strabon, et tout aussi erronée; il suppose qu'après avoir formé dans l'Atlantique un golfe assez considérable, qu'il appelle Hespericus, l'Afrique s'étend vers l'Occident, et il la prolonge indéfiniment dans cette direction. En outre, et c'est une de ses principales erreurs, il la prolonge de même à l'Orient, admet avec Hipparque l'existence d'une terre australe qui va rejoindre l'Asie, et supprime ainsi toute communication entre l'Océan et la mer Erythrée (mer des Indes).

Ses connaissances du côté de l'Asie s'arrêtent à peu près aux mêmes points que celles des contemporains de Pline. Comme eux, il tourne la côte occidentale de l'Inde du côté du midi, ce qui ôte à cette contrée sa forme péninsulaire. Taprobane (Ceylan) est placée dans le même sens, et son étendue est fort exagérée. Il recule de 1,200 lieues environ le cours du Gange; il a quelques vagues notions sur les pays situés au delà de ce fleuve; il y nomme un vaste cours d'eau, le Daonas, qui paraît être l'Iraouaddy, et, sous le titre de Chersonèse d'Or, il décrit probablement le delta de ce fleuve; enfin, il parle d'une grande ville de Thinœ, chez les Sines, qui pourrait bien être la capitale du royaume de Siam.

La partie occidentale de l'Asie est mieux traitée chez lui que dans les géographes précédents. Il ne croit plus à la communication de la mer Caspienne avec l'Océan, mais il lui donne encore sa plus grande longueur de l'est à l'ouest. Cette erreur, inutilement prévenue par Hérodote, a prévalu dans toute l'antiquité. Il connaît le mont Imaüs (monts Belour) et les nations scythiques qui habitent en deçà et au delà de ces montagnes, les Alani, les Massagètes, les Jaxartes.

Contrairement à ses prédécesseurs, qui restreignaient de moitié l'étendue de l'Asie, Ptolémée la prolonge démesurément à l'orient et lui fait faire ainsi un tiers du contour du globe. Cette opinion est du reste tout à fait arbitraire, car il n'a visiblement aucune connaissance de la Chine. Selon lui, le pays des Sères ou le Thibet, d'où vient la soie (*sericum*), est borné à l'est par des terres inconnues. Il paraît toutefois qu'à l'époque même où vivait Ptolémée, on essaya d'entrer en relations avec le pays des Sères. C'est dans les auteurs chinois qu'on a retrouvé ce fait curieux d'une ambassade envoyée en Chine par An-Thun, roi du Grand-Thsin, c'est-à-dire probablement par Antoine, empereur romain.

Avec le v⁰ siècle de notre ère s'ouvre la seconde période de l'histoire de la découverte de notre monde, la période du moyen-âge, pendant une grande partie de laquelle la géographie, loin de faire des progrès, s'obscurcit et s'éteint comme presque toutes les autres sciences.

Les désordres qui éclatent dans l'empire romain, les fréquentes migrations des peuples du Nord et les invasions des Barbares changent complétement la face de l'Europe, et il devient de plus en plus difficile de recueillir quelques notions positives au milieu des profonds bouleversements de tout genre qu'entraînent après elles de si graves et si nombreuses révolutions.

Un déplacement s'opère alors dans le mouvement intellectuel du monde. Les Arabes, dont le génie a été réveillé par Mahomet, deviennent bientôt le peuple le plus éclairé. Leurs connaissances, comme celles des Romains, s'étendent surtout par la conquête, et vingt ans ne se sont pas écoulés depuis la mort du prophète, que déjà leurs armées se sont répandues sur d'immenses contrées de l'Asie et de l'Afrique.

Maçoudi, Ibn-Haukal, Soleïman, Edrisi, Aboul-Féda, sont les plus grands noms de la littérature géographique arabe. Le peu qui nous est parvenu de ces auteurs suffit pour faire voir qu'ils se sont servis des géographes anciens; ils ont hérité de leurs lumières et quelquefois de leurs erreurs. Mais, placés dans un autre centre, ils ont poussé leurs investigations dans une autre direction; ils ont connu l'Orient beaucoup mieux et l'Occident beaucoup plus mal que les Romains.

L'Arabie, berceau de l'islamisme, est chez eux amplement décrite, ainsi que la Syrie, la Perse, la Mésopotamie. Répandus dans tout le nord de l'Afrique, ils pénètrent assez avant dans l'intérieur de cette partie du monde; ils la connaissent jusqu'à Sofala à l'est, jusqu'au Niger dans l'intérieur, jusqu'au cap Blanc sur la

côte occidentale. Quant aux îles de l'Atlantique, ils n'en ont
qu'une idée confuse.

C'est en Asie que la religion conquérante fait le plus de progrès;
elle se répand jusqu'au Caucase d'une part, et d'autre part jusqu'au désert de la Mongolie. Après avoir conquis la Bactriane et
la Transoxiane, sur lesquelles les géographes arabes ont des
connaissances très-détaillées, elle pénètre bientôt dans l'Inde.
Plus tard, elle s'établit dans les îles de la Sonde, dans les Moluques et jusqu'aux Philippines. Le Thibet est décrit par les
géographes arabes; ils le nomment Tobbat; ils donnent des détails assez étendus, quoique confus, sur les pays tartares, sur les
pays des Kirghiz et sur les peuples situés au nord de la mer
Caspienne. A l'est, ils connaissent la Chine, qu'ils partagent en
deux parties bien distinctes : la partie septentrionale, qu'ils dé-
signent sous le nom de Cathay, avec Cambalu pour capitale; la
partie méridionale, qu'ils semblent confondre avec l'Inde au delà
du Gange, sous le nom de Tchin ou Sin. Quant au nord de l'Asie,
ils en font le pays de Gog et de Magog, contrée perdue dans un
nuage de fables.

Les Arabes étaient donc parvenus du côté de l'est jusqu'aux
limites réelles du continent; en revanche, ils ne savent presque
rien de l'Europe. Ils connaissent le pays des Slaves, la Russie,
les Bulgares; mais en général ils partagent sur les contrées européennes l'opinion de Ibn-Haukal : « Quant aux pays des Naza-
réens, je n'en ferai qu'une mention légère; mon amour inné pour
la sagesse, la justice, la religion et les gouvernements réguliers,
ne me laisse rien à louer ni à citer chez ces nations. »

Tandis que l'Orient s'éclaire ainsi d'une vive lumière, grâce à
la propagande active, incessante, qui rayonne des frontières de
l'empire des Arabes sur la plupart des peuples environnants,
grâce aussi au développement des relations commerciales, qui
suit et dépasse même de beaucoup dans toutes les directions le
progrès des armes, l'Occident reste plongé dans l'obscurité profonde qui a suivi l'invasion des Barbares.

Il faut descendre jusqu'à la fin du ixe siècle pour retrouver un
progrès réel à enregistrer dans l'histoire des découvertes géo-

graphiques. Vers cette époque, les peuples navigateurs de la
Scandinavie parcourent la plus grande partie de l'océan Boréal.
Ils visitent les côtes de la mer Blanche et de la mer Baltique et
déterminent le pourtour entier de la péninsule scandinave. Poussant plus loin leurs courses aventureuses, ils découvrent les îles
Féroé et l'Islande, occupent les îles Shetland, les Orcades et
même le nord de l'Ecosse, explorent l'Irlande, et enfin arrivent
au Groënland, où ils fondent plusieurs établissements. Plus tard,
ils abordent à une terre fertile et boisée, qu'ils nomment Vinland,
et qui n'est autre que la pointe nord-est de l'Amérique.

Cependant, ces découvertes dans les parties du monde inconnues aux anciens restent cachées aux savants de l'Europe chrétienne. La science géographique est toujours stationnaire; mais
le moment est proche où les nations occidentales, secouant la
torpeur qui pèse sur elles depuis le ve siècle, vont renaître à la
civilisation intellectuelle.

Les croisades entreprises contre les Turcs, qui ont enlevé la
Palestine aux Arabes, sont le premier indice de ce réveil; il s'accentue bientôt à la suite de la révolution qui bouleverse l'Asie,
vers le commencement du xiiie siècle. Gengiz-Khan précipite ses
Mongols hors de leurs immenses déserts, et, en moins de temps
qu'il n'en faut pour fonder une cité, fait de toute l'Asie un vaste
empire. L'Europe, menacée d'une nouvelle invasion, cherche à
détourner le fléau; elle emploie un moyen non moins puissant que
les armes — le prosélytisme religieux — et dépêche vers les
chefs barbares des missionnaires qui sont chargés de leur annoncer la foi. Les plus célèbres de ces missionnaires sont Ascelin,
Jean du Plan-Carpin, Rubruquis.

Nicolas Ascelin, envoyé par Innocent IV en 1245, part de
Ptolémaïs, traverse la Syrie, la Mésopotamie et la Perse, et se
rend de là chez les hordes mongoles campées à l'est de la mer
Caspienne. Sa relation, peu développée du reste et d'un médiocre
intérêt, ne nous est pas parvenue entière. La même année, Jean
du Plan-Carpin se dirige vers les contrées arrosées par le Volga
inférieur. Il trace, à son retour, un tableau fidèle des mœurs des
Barbares et un récit de son voyage à travers la Bohême, la Silésie,

la Pologne, la Russie. C'est le premier écrivain qui ait parlé du fabuleux prêtre Jean, dont tous les voyageurs postérieurs cherchèrent vainement à retrouver l'empire. Enfin, Rubruquis, de son vrai nom Ruysbroeck, envoyé par saint Louis en 1253, se rend dans le Turkestan, où il rencontre des habitants du Cathay, c'est-à-dire de la Chine, qui lui donnent quelques détails sur leur pays.

Ces ambassades n'amènent aucun résultat au point de vue politique, mais elles répandent quelque lumière sur les contrées lointaines de l'Orient, et, en excitant la curiosité sans la satisfaire, elles préparent des découvertes plus sérieuses. En même temps, l'infatigable esprit de commerce reprend la tâche qu'il avait autrefois commencée. Des marchands italiens vont au delà de la mer Noire et de la mer Caspienne, et, durant environ deux cents ans, les Génois et les Vénitiens font, comme les Romains, le commerce de l'Inde et de la Chine par des caravanes.

Le plus célèbre de tous les voyageurs de cette époque est Marco-Polo. Enflammé par les récits de son père et de son oncle, qui venaient de passer plusieurs années au milieu des Mongols et qui se disposaient à y retourner, il part avec eux vers 1271 et ne revient dans sa patrie qu'en 1295. Dans sa relation, écrite de mémoire, et, par suite, très-confuse, il décrit toute l'Asie centrale, particulièrement la Chine; il parle du Japon, qu'il nomme Cipangu, de Sumatra, de Bornéo, de l'Hindoustan; il connaît les principales villes de la Perse et de l'Arabie, l'île d'Ormuz, l'île de Madagascar, le Zanguebar, l'Abyssinie. Dans le nord de l'Asie, il peint fidèlement la Sibérie avec son sol marécageux et glacé, ses riches fourrures et ses traîneaux attelés de chiens. Après Marco-Polo, et pendant tout le xive siècle, les voyages se multiplient; le commerce de l'Orient prend chaque jour une plus grande importance.

Nous sommes arrivés à la fin de la période du moyen-âge. Le monde connu comprend alors l'Europe jusqu'à la mer Glaciale, l'Asie sauf les régions du nord-est et le littoral oriental, l'Afrique sauf la côte occidentale et l'extrémité méridionale.

Le moment approche où la rénovation qui se prépare lentement depuis deux siècles va se précipiter et s'accomplir. L'Europe commence à se reconnaître ; de grands corps politiques se constituent. L'esprit qui s'élève et se fortifie embrasse déjà de plus vastes horizons; la pensée se dégage des sombres entraves dont le moyen-âge l'avait enveloppée. La science a une large part dans ce mouvement intellectuel, et, au premier rang peut-être, la science géographique. Nous touchons aux temps modernes et à l'époque où une série de découvertes décisives, dissipant toutes les incertitudes, va développer aux regards l'ensemble du globe terrestre.

Au commencement du xve siècle, le cap Bojador, grand promontoire de la côte saharienne, situé à peu près sous le 26e degré de latitude nord, presque en vue des Canaries, marque la limite des connaissances sur le littoral occidental de l'Afrique. Ce qui se trouve au delà, on se le représente comme un monde d'horreurs dont un chrétien ne peut raisonnablement approcher.

Mais un prince d'un génie pénétrant et studieux, l'infant Henri de Portugal, surnommé le Navigateur, sait braver ces préjugés et surmonter tous les obstacles nés d'une semblable superstition. Il se retire loin de la cour de Lisbonne, à Sagres, près du cap Saint-Vincent. Là, entouré de quelques juifs instruits et de quelques-uns de ces Maures du Maroc et de Fez qui étaient alors les savants du monde, il médite sur les ouvrages géographiques des anciens et sur les récits des voyageurs du moyen-âge. Il profite de quelques notions que les croisades avaient fait arriver en occident; de quelques récits hyperboliques de cosmographes arabes, il induit la vérité ; et enfin, dans sa retraite, il dispose, il combine un plan certain de découvertes.

Les premières expéditions restent sans résultats bien importants. Cependant, le prince Henri ne se décourage pas, et, sans se soucier des railleries et des critiques dont ses idées si hardies sont l'objet, il fait partir ses plus habiles marins. En 1433, le fameux cap Bojador est franchi. Dès lors, chaque année est marquée par un pas en avant. De grandes quantités de poudre d'or sont rapportées des pays nouvellement reconnus, et aussitôt une association se forme pour la recherche du précieux métal.

La mort du prince Henri, en 1463, interrompt pendant plusieurs années la suite des explorations. Elles ne sont reprises

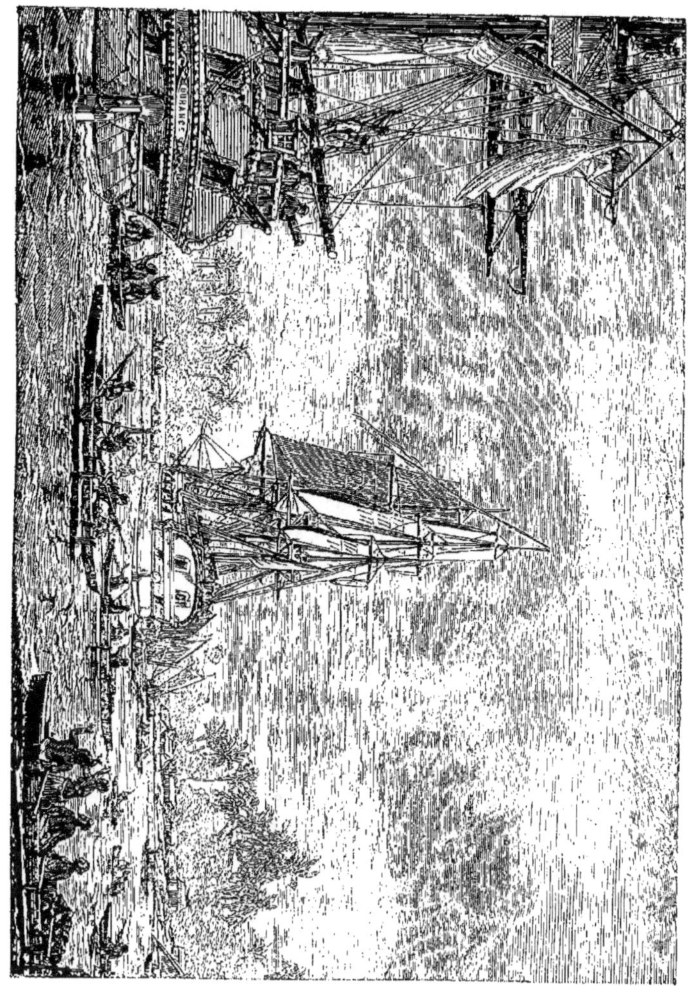

Arrivée de navires européens sur la côte d'Afrique.

qu'en 1471. Avançant de plus en plus vers le midi, les Portugais découvrent le Congo, l'Angola, le Benguela. A mesure qu'on approche de l'extrémité probable du continent africain, telle que l'indiquent les cosmographes et les planisphères, l'impatience d'atteindre enfin ce terme suprême de tant d'efforts redevient plus impérieuse.

Une expédition, composée de trois bâtiments, sous les ordres de Barthélemy Diaz, met à la voile vers la fin du mois d'août 1446 et cingle au sud. Arrivé à une assez grande distance du point où s'était arrêté le dernier explorateur, Diaz se détermine à prendre le large, où la navigation devait être plus facile, et à courir une bordée considérable avant de se rapprocher de terre. Il résulte de cette manœuvre que lorsqu'il met le cap à l'est pour revenir vers la côte, il se trouve avoir notablement dépassé au sud la pointe extrême du continent. L'endroit où il vient atterrir se trouve à quarante lieues à l'est du cap tant désiré, qu'il a laissé derrière lui sans l'avoir aperçu.

C'est seulement au retour que Diaz et ses compagnons, avec une joie difficile à décrire, voient se dresser l'imposant promontoire qui forme la pointe centrale de l'Afrique. Impatients d'annoncer la grande nouvelle, ils reviennent en toute hâte à Lisbonne. En souvenir des orages qu'ils ont essuyés en doublant le promontoire, ils lui ont donné le nom de cap des Tempêtes ; mais, par une heureuse inspiration, le roi Jean II ne veut pas accepter ce nom de triste augure. « Ce cap nous ouvre la route de l'Asie, dit-il ; il sera nommé le cap de Bonne-Espérance. »

Pendant que le Portugal prépare à son commerce une ère de prospérité sans égale, un homme va doter l'Espagne de tout un monde. Cet homme est Christophe Colomb.

Il règne beaucoup d'obscurité sur les premières années de la vie de l'immortel explorateur. Bien des familles ont prétendu être alliées à la sienne ; beaucoup d'écrivains ont réclamé pour telle ou telle ville d'Italie l'honneur de lui avoir donné naissance. Cependant, à force de patientes et nombreuses investigations, divers historiens ont réussi à démontrer avec presque tous les caractères de la certitude que le grand homme était fils d'un cardeur de laine et qu'il naquit à Gênes en 1446.

Son père, Dominico Colomb, l'envoya faire ses étude à l'université de Pavie, une des plus célèbres de l'époque. L'esprit du jeune Colomb était disposé à recevoir toutes les connaissances ; mais on dirigea surtout son éducation vers la géographie, la géométrie, l'astronomie, toutes les sciences enfin qui pouvaient le rendre propre à devenir un habile marin. Lui-même, d'ailleurs, avait, dès sa tendre jeunesse, annoncé un grand empressement pour l'étude de la géographie, et montré un penchant irrésistible pour la mer. Il cite, dans une lettre aux souverains de Castille, Ferdinand et Isabelle, « cette disposition de son esprit précoce comme une impulsion secrète de la Providence, qui le guidait vers les études et lui inspirait les goûts les plus convenables pour les grands décrets qu'il avait été choisi pour accomplir. »

Sorti de l'université de Pavie, il revint chez son père. S'y livrat-il au métier de cardeur? Quelques historiens le prétendent ; mais son fils, sans toutefois apporter aucune preuve contraire, repousse cette assertion. Le récit le plus généralement adopté est que, en quittant l'université, il entra immédiatement dans la marine. Il avait alors quatorze ans, et déjà affrontait tous les dangers de la navigation.

C'eût été un spectacle du plus haut intérêt que d'observer le développement précoce du génie de Christophe Colomb au sein de la pauvreté. Au milieu des privations et des obstacles qui assiégent un aventurier sans fortune, il n'en paraît pas moins avoir toujours nourri de hautes et nobles pensées, ne formant dans son imagination que des projets d'entreprises glorieuses. Les leçons dures et variées de sa jeunesse lui donnèrent cette science pratique, cette fertilité de ressources, cette résolution indomptable, cet empire constant sur lui-même, qui le distinguèrent dans la suite. Malheureusement, on ne sait rien de positif sur ces années si intéressantes de sa vie. Il paraît seulement qu'il ne cessa de naviguer, soit sur la Méditerranée, soit sur l'Océan, jusqu'à l'époque où il alla chercher fortune en Portugal. Ce fut vers 1470.

Christophe Colomb était alors dans toute la vigueur de l'âge. Sa taille était élevée et bien prise, son maintien noble, son tempérament robuste. Grave sans trop d'austérité, réservé, attaché à ses devoirs par honneur et par habitude, il remplissait surtout avec un zèle et une exactitude constants ceux que lui imposait la religion. Grâce à son mérite, à ses talents, à son habileté dans la navigation, il ne tarda pas à trouver de l'emploi.

Peu après, il se maria; mais ce mariage, au lieu de l'arracher à la carrière qu'il avait suivie jusqu'alors, servit, par une circonstance fortuite, à augmenter encore, si c'est possible, sa passion pour les choses de la mer. La femme qu'il épousa était fille d'un certain Bartolomeo Palestrello, pilote italien, que le prince Henri avait employé dans ses premières expéditions, et qui avait découvert les îles de Madère. Ce Palestrello étant mort, sa veuve, témoin du vif intérêt que son gendre prenait aux particularités des découvertes récemment accomplies par les Portugais, lui raconta tout ce qu'elle savait des voyages de son mari et lui remit tous ses journaux, toutes ses cartes.

Colomb les lut, les étudia avec une avidité extrême; et pendant plusieurs années, pour contrôler l'exactitude de ces documents, pour vivre d'ailleurs et subvenir aux besoins de sa famille, car la femme qu'il avait épousée était pauvre, il ne laissa échapper aucune des occasions qui se présentaient à lui de naviguer à travers l'Océan. Quand il ne naviguait pas, il employait son temps à confectionner des cartes qu'il vendait, et ce commerce était assez lucratif, car la supériorité qu'il pouvait donner à ses œuvres, par suite des connaissances théoriques et pratiques qu'il avait acquises en géographie et en navigation, assurait leur prompt débit. En somme, c'était une existence laborieusement remplie, fort obscure et très-médiocre.

Voici ce que lui-même, dans une de ses lettres, nous apprend sur ces années de sa vie : « Dès l'âge le plus tendre, j'allai en mer, et j'ai continué de naviguer jusqu'à ce jour (1501). Quiconque se livre à la pratique de cet art désire savoir les secrets d'ici-bas de la nature. Voilà déjà plus de quarante ans que je m'en occupe. Tout ce que l'on a navigué sur les mers, je l'ai navigué aussi. J'ai eu des rapports constants avec des hommes lettrés, ecclésiastiques et séculiers, latins et grecs, juifs et maures, et beaucoup d'autres sectes. Pour accomplir ce désir, le Seigneur s'est montré favorable à mes desseins; c'est lui qui m'accorda des dispositions et de l'intelligence. Le Seigneur me gratifia abondamment de connaissances dans les choses de la marine. De la science des astres, il me donna ce qui pouvait suffire ; de même de géométrie et d'arithmétique. De plus, il m'accorda la capacité et l'habileté manuelle pour dessiner les sphères et y placer en leurs propres lieux les villes, les rivières et les montagnes. Dans ce temps, j'ai étudié toutes sortes d'écrits, l'histoire, les chroniques, la philosophie et d'autres arts pour lesquels Notre-Seigneur m'ouvrit l'intelligence. »

Dans une autre lettre, Colomb dit encore : « J'ai passé vingt-trois ans sur mer. J'ai vu tout le levant, et le couchant, et le nord ; j'ai vu l'Angleterre ; j'ai été plusieurs fois de Lisbonne à la côte de Guinée. »

Cependant, c'est moins en courant les mers d'Afrique et d'Angleterre qu'en dessinant ses planisphères maritimes, et en se nourrissant de la lecture des philosophes, que Colomb conçut la première pensée de l'entreprise audacieuse qui a immortalisé son nom. La perfection de son travail, très-grande pour l'époque, lui valut, outre le profit pécuniaire, l'avantage de fixer l'attention des savants, d'entrer en rapport avec eux, et de pouvoir recourir à leurs lumières, à leurs conseils. Enfin, à force de dresser des cartes et de comparer les dires des géographes anciens et modernes ; à force d'observer la direction, et, de siècle en siècle, les progrès des navigateurs, il fut frappé de voir quelle vaste partie du globe était encore inconnue, et sur-le-champ il s'enflamma d'un irrésistible désir de l'explorer. Certes, l'entreprise en méritait la peine ; car, d'après les calculs de Colomb, cette partie inconnue n'équivalait pas à moins d'un tiers de la circonférence du globe.

Que contenait cet espace? Ne renfermait-il qu'une immense nappe d'eau? Non pas. La plus grande partie, pensait Colomb, en était probablement occupée par les contrées occidentales de l'Asie, ou, comme il disait, de l'Inde, lesquelles contrées devaient se prolonger bien au delà des limites indiquées par les anciens géographes, et s'étendaient peut-être assez pour entourer à peu près le globe et approcher des côtes occidentales de l'Europe. En définitive, lorsque Colomb voulait, selon ses propres expressions, chercher l'Orient par l'Occident, il arrivait seulement à la conclusion logique où devait le conduire la doctrine de la sphéricité de la terre, dont il s'était pénétré en étudiant principalement *l'Image du monde* du cardinal d'Ailly, lequel n'a fait lui-même que répéter la théorie d'Aristote sur les antipodes de la terre habitable.

Une communication postérieure le confirma puissamment dans ces idées. Un mathématicien d'une grande réputation, Toscanelli, vivait alors à Florence. L'esprit déjà tout rempli de son grand projet, Colomb lui écrivit vers 1480, pour avoir son sentiment. Le savant de Florence lui communiqua, dans sa réponse, la copie d'une lettre qu'il avait écrite au roi Alphonse V quelques années auparavant, en 1474, précisément sur ce sujet. A cette réponse de Toscanelli était jointe une carte où il avait lui-même dessiné l'hémisphère opposé à notre ancien monde, entre l'Afrique et l'Asie.

« La lettre que je vous transmets, disait-il, vous offrira l'espace entier compris entre le couchant et le commencement des Indes. J'y ai indiqué de ma main les îles et les lieux qui sont situés sur la route, et où l'on pourra s'arrêter, s'il arrivait qu'à cause des vents contraires, ou de quelque autre accident, il fallût chercher un asile. Vous ne serez pas surpris que je nomme ici le Couchant le pays des Epiceries, appelé généralement parmi nous le Levant; car ceux qui continueront de naviguer à l'ouest trouveront vers l'Occident ces mêmes lieux que ceux qui vont par terre dans la direction de l'est trouvent au Levant. »

La carte de Toscanelli servit, dit-on, de guide à Christophe Colomb dans le cours de son premier voyage. D'après cette carte et ses propres calculs, basés sur les erreurs énormes qui s'étaient introduites dans l'estime des longitudes, Colomb ne comptait guère que 90 degrés d'intervalle entre les Canaries et l'Asie orientale, et il évaluait ces 90 degrés, sur le parallèle des Canaries, à 1,100 lieues espagnoles, c'est-à-dire à cinq semaines de navigation directe. Voilà sur quelles bases, déduites des connaissances du temps, encore si prodigieusement imparfaites quant à

la situation des lieux et à la grosseur de la terre , se fondait la
persuasion où était Colomb qu'une navigation de quelques semaines constamment dirigée à l'ouest devait inévitablement le
conduire de la côte d'Espagne et des archipels africains aux premières îles de l'Asie. Heureuse erreur! ainsi qu'on l'a dit depuis
longtemps; car si Colomb avait su que cet intervalle, qu'il
croyait être de 90 degrés, en compte 200, et que la distance
réelle est non pas de 1,100 lieues d'Espagne, mais de près
de 3,000, il est plus que douteux qu'il eût osé même concevoir la
pensée d'une pareille expédition.

Arriver à l'Asie ou aux Indes par mer et en se dirigeant à
l'ouest, tel était donc l'unique projet de Christophe Colomb. Il
n'avait nullement l'idée, comme quelques-uns l'ont prétendu, de
découvrir un continent supposé. Toute son entreprise était basée
sur une théorie émise dès le ive siècle avant notre ère, repro-
duite fréquemment chez les auteurs de l'époque romaine, et re-
prise aux derniers temps du moyen-âge.

Cette théorie se trouve résumée ainsi par Aristote, dans son
exposé de la terre habitable : « Il ne paraît pas que les parties
qui sont au delà de l'Inde d'un côté, c'est-à-dire à l'est, et de
l'autre côté au delà des Colonnes d'Hercule (détroit de Gibraltar),
c'est-à-dire à l'ouest, se rejoignent de manière à former un tout
continu de terre habitée. Toutefois des auteurs ont avancé que
l'espace occupé par la mer, dans la partie opposée à notre hémisphère, entre les Colonnes d'Hercule et les parties orientales de
l'Inde, ne devait pas être d'une très-grande étendue, se fondant sur
ce fait que les extrémités de la Mauritanie (Maroc) et les extrémités de l'Inde nourrissaient également des éléphants. »

Autour des raisons principales sur lesquelles Colomb avait
fondé son système se groupaient, pour le corroborer, maintes et
maintes considérations accessoires. La sagesse et la bienfaisance
de l'Auteur de la nature ne permettaient pas de penser, disait
Colomb, que les vastes espaces qui étaient demeurés jusque-là
inconnus fussent entièrement couverts par les eaux d'un stérile
océan et ne renfermassent aucune terre habitée par l'homme.
N'était-il pas plus vraisemblable que le continent du monde

connu, placé sur un des côtés du globe, était balancé, dans l'hémisphère opposé, par une quantité à peu près égale de terre? Une telle conjecture était appuyée par les observations de divers navigateurs qui racontaient avoir trouvé sur l'eau des roseaux énormes, des arbres et même des pièces de bois sculptées, apportés par le vent d'ouest. Toutes ces présomptions en faveur de la proximité des côtes de l'Asie (Colomb, il ne faut pas l'oublier, n'aspirait qu'à aller aux Indes par mer, et point à découvrir un nouveau monde), toutes ces présomptions favorables laissaient encore au projet de Colomb l'apparence d'une folle témérité.

Mais le grand navigateur avait la puissance du génie, *mens divinior*. Son idée lui semblait bonne, simple, lumineuse; et cette idée prit si bien racine dans son esprit, qu'il n'en parla bientôt plus qu'avec une profonde conviction du succès, et autant d'assurance, autant de certitude, que si ses yeux avaient vu la terre promise. Un vif sentiment religieux vint se mêler chez lui aux arguments scientifiques. Il se regarda comme un envoyé du ciel; il vit la découverte qu'il méditait annoncée dans les saintes Ecritures et indiquée à grands traits dans la révélation mystique des prophètes. Mettre les parties inconnues de la terre en rapport avec l'Europe chrétienne, porter le flambeau de la foi dans de vastes contrées, couvertes des ténèbres du paganisme, et ranger leurs innombrables habitants sous la bannière du Seigneur, tel devait être, suivant Colomb, le glorieux résultat de son entreprise.

Ici commence cette série d'épreuves que Dieu semble imposer aux grands hommes. Colomb est pauvre, et son plan est immense. Dans cette perplexité, il songe d'abord à son pays natal, et demande à la ville de Gênes les moyens d'aller à l'Orient par l'Occident. Sa proposition est rejetée. Il s'adresse ensuite au roi de Portugal, Jean II, qui venait de succéder à Alphonse; il est près de le persuader, lorsque ce monarque renvoie l'examen de la proposition à un conseil spécial, chargé de la direction des affaires maritimes. Ce conseil était composé de deux célèbres cosmographes, qui taxent le projet de Colomb de chimérique et d'extravagant.

Cependant le roi n'adopte pas cette sentence, et consulte son conseil privé, qui comptait parmi ses membres les prélats les plus instruits du royaume. Deux opinions contraires s'y élèvent. Le roi partage celle qui approuve le projet de Colomb, et déjà il se dispose à donner ses ordres pour l'entreprise projetée, lorsqu'un courtisan lui propose un de ces stratagèmes odieux qui tournent toujours à la confusion de ceux qui les emploient. Ce courtisan suggère au roi d'entamer des négociations avec Colomb, afin de le tenir en haleine, pendant qu'on enverra secrètement un navire pour s'assurer de la réalité des théories développées par lui.

Colomb est alors invité à fournir au conseil tous ses documents, plans et cartes; il s'empresse de les remettre. Aussitôt une caravelle est expédiée, en apparence pour approvisionner les îles du Cap-Vert, mais en réalité pour suivre la route indiquée sur les papiers de Colomb. Cette caravelle naviguait depuis quelques jours à l'ouest, lorsqu'une tempête vint effrayer les pilotes; ne voyant devant eux que les flots irrités d'une mer inconnue, ils reculent d'épouvante : il aurait fallu Colomb pour avancer. Ils reviennent donc à Lisbonne, et, pour masquer leur lâcheté, ils tournent le projet de Colomb en ridicule. Ces basses menées excitent son indignation, et il refuse de donner suite aux négociations que le roi Jean aurait été disposé à renouer. Il venait de perdre sa femme; aucun lien ne le retenait plus en Portugal. Résolu de quitter un pays où il a été traité avec tant de mauvaise foi, il part, vers 1484, de Lisbonne, emmenant avec lui son fils Diégo. Ce départ eut lieu en secret, pour se soustraire, dit-on, aux poursuites de ses créanciers.

Suivant le rapport d'un historien espagnol, Colomb se rend une seconde fois à Gênes; il y renouvelle ses propositions, mais toujours en vain. Quoi qu'il en soit, à Gênes, il revoit son vieux père; et, après avoir rempli un devoir de piété filiale, il se remet en route pour aller frapper aux portes des rois et mendier en quelque sorte la découverte du nouveau monde. Ceci se passait en 1485. A dater de ce moment, nous le voyons mener, pendant sept ans, la triste vie de solliciteur.

Enfin de puissantes interventions, entre autres celle de Juan

Perez de Marchena, prieur d'un couvent de Franciscains, le conduisent jusqu'à Ferdinand et à Isabelle. La reine l'accueille avec une bonté qui lui fait oublier les douleurs du passé, et offre ses joyaux afin d'aider à l'armement de l'expédition. On en passe par toutes les conditions de Colomb, qui fait entrevoir d'ailleurs dans l'expédition projetée un moyen de propager la foi catholique et d'attirer au bercail de l'Eglise des peuples entiers. Dans sa ferveur religieuse, Colomb demande aussi que, sur les fonds devant provenir de la conquête, on prenne les frais d'une croisade pour la délivrance du saint sépulcre : Ferdinand y consent en souriant.

Le 3 août 1492, tout étant prêt, et Colomb ayant hissé son pavillon amiral sur la *Santa-Maria*, le seul des trois bâtiments qui fût ponté, l'expédition met à la voile. Aux îles Canaries, on est déjà obligé de faire des réparations à une des caravelles. Le 6 septembre seulement, on appareille dans l'île de Gomera pour s'éloigner définitivement du monde connu. Dès lors, on entre à pleines voiles dans cette mer ténébreuse que de toute antiquité l'imagination s'était plu à peupler de morts et de démons.

Cependant le voyage se prolonge, contre l'attente de tous, et les équipages commencent à murmurer, maudissant celui qui les a conduits à leur perte. Bientôt l'impatience, la rage, le désespoir éclatent sur tous les visages. Les officiers et les matelots du navire que monte Colomb s'assemblent sur le pont, se répandent en clameurs injurieuses et enfin exigent qu'on reprenne sur-le-champ la route de l'Europe. Colomb, se voyant dans la nécessité, sinon de céder, du moins de composer, promet solennellement que si dans trois jours on n'aperçoit pas la terre, il abandonnera son entreprise et prendra la route du retour; mais il demande encore trois jours, et, si impatients que soient ses compagnons, ils accèdent à sa demande. Un délai plus court, un simple délai de vingt-quatre heures, eût été suffisant. Le lendemain, en effet, un coup de canon donne le signal convenu du grand et joyeux événement : une terre apparaît à l'horizon.

Colomb était parti le 3 août 1492, un vendredi matin; ce fut aussi un vendredi matin, le 12 octobre 1492, c'est-à-dire après soixante-dix jours de navigation, qu'il contempla pour la première fois ce qu'il croyait être le pays du grand Khan, le littoral des Indes. Aussi les indigènes reçurent-ils le nom d'Indiens, qu'on leur donne encore, et leur pays celui d'Indes occidentales, comme si la postérité tenait à honneur de partager l'illusion du grand homme.

Dans ce premier voyage, Christophe Colomb reconnaît une partie des Grandes-Antilles. L'île où il prend terre fait partie du groupe des Lucayes; les indigènes lui donnaient le nom de Guanahani; Colomb lui impose celui de San-Salvador. Peu après, Cuba et Haïti sont découvertes. Sans poursuivre plus loin ses explorations, Colomb revient en Espagne, où il est reçu avec un enthousiasme indescriptible. Après trois autres voyages, en 1493, 1498 et 1502, qui lui montrent les Petites-Antilles, Porto-Rico, la Jamaïque, la Trinité, et enfin le continent, vers les bouches de l'Orénoque, il s'éteint à Séville, le 20 mai 1506, dans sa soixante et onzième année, sans savoir que ces Indes occidentales qu'il a cru découvrir sont un monde entier qui s'interpose entre l'Europe occidentale et l'Asie orientale, et que ces deux parties du globe, qu'on supposait peu distantes, sont séparées par tout un hémisphère.

Des navigateurs, escortés d'une foule d'aventuriers, s'empressent de suivre les traces de l'illustre Génois dans les parages de la mer Occidentale. De 1497 à 1504, le Florentin Améric Vespuce, successivement au service de l'Espagne et du Portugal, dans quatre voyages consécutifs, reconnaît une grande partie du littoral du Vénézuéla, et, par un étrange caprice de la fortune, a la gloire, assurément bien imprévue, de laisser son nom au monde nouveau que Colomb a découvert. En 1512, Ponce de Léon aborde à la Floride. En 1513, Nunez Balboa traverse l'isthme de Panama, découvre le Grand-Océan et en prend possession au nom du roi d'Espagne.

Dans les années qui suivent, plusieurs entreprises continuent la reconnaissance de la côte occidentale du nouveau continent. C'est aussi dans le même temps que les explorations, renfermées jusque-là dans la mer des Antilles, pénètrent dans le golfe du

Mexique. En 1517, la presqu'île du Yucatan est découverte; l'année suivante, elle est contournée, et le fond du golfe du Mexique est reconnu dans presque toute son étendue par Juan de Grijalva.

Ce navigateur rapporte de son expédition des impressions toutes nouvelles. Dans les différentes terres vues jusqu'alors, les voyageurs n'ont rencontré que des populations complétement barbares. Dans celles que Grijalva vient de visiter, il a trouvé au contraire des nations infiniment plus avancées; il y a vu de grandes constructions en pierre et a entendu parler de villes. Autant qu'il a pu s'entendre avec les indigènes, il a compris vaguement que dans l'intérieur florissaient de grands Etats. Ces impressions ne manquent pas d'irriter la convoitise des aventuriers. Une expédition plus nombreuse est aussitôt résolue; celle-là a pour chef Fernand Cortez.

Tout le monde connaît l'histoire presque légendaire de cet audacieux conquérant. Il part, en 1518, avec dix navires et cinq cents hommes de troupes, longe d'abord la côte, et aborde à Saint-Jean-d'Ulloa. Il se met aussitôt en rapport avec plusieurs chefs indigènes. L'empire du Mexique était alors au plus haut point de sa grandeur; Montézuma occupait le trône. Cependant, la présence de Cortez ne tarde pas à exciter de violentes alarmes. L'empereur ouvre des négociations dans le but d'éloigner cet étranger dont il redoute les projets. Mais Cortez refuse de se rendre à ce désir et fait même brûler ses vaisseaux pour forcer tous ses compagnons à la fidélité et les mettre dans la nécessité de vaincre ou de mourir avec lui. Les hostilités éclatent; la victoire est longtemps indécise; elle reste enfin aux Espagnols, qui font leur entrée dans la capitale du Mexique, le 8 novembre 1519. La fortune n'épargna pas plus Cortez qu'elle n'avait épargné Colomb. Après avoir ajouté à la conquête du Mexique celle de la Californie, il mourut dans une complète disgrâce, dans la gêne et le chagrin.

Dans le même temps que les armes des *Conquistadores* et de nombreuses expéditions particulières, rayonnant en des directions diverses, donnaient à l'Espagne, du côté de l'Occident, de vastes provinces nouvelles, les Portugais fondaient du côté de l'Orient un immense empire colonial.

En 1497, Vasco de Gama franchit le cap de Bonne-Espérance,
entre dans la mer des Indes, reconnaît les côtes de la Cafrerie,
Mozambique, Mombaza, le royaume de Mélinde, et de là se rend
à Calicut, sur la côte du Malabar. Des flottes nombreuses suivent
bientôt la même route. Alvarez de Cabral arrive en 1500 à Quiloa,
dans le Zanguebar. L'île de Zanzibar est découverte en 1503.
Sofala, le Monomotapa, le fleuve Zambèze, l'île de Madagascar,
sont reconnus par Tristan de Cunha. La mer Rouge est ouverte
en 1513 par les armes d'Albuquerque. Toute la côte orientale de
l'Afrique devient tributaire des monarques de Lisbonne.

Peu après, les Portugais se portent dans l'Inde. Ils se répandent d'abord dans le Malabar, imposent rapidement leur alliance
aux princes musulmans de Calicut, de Cochin, de Travancore,
prennent Goa, dans le Dekkan, reconnaissent Daman, Barotch et
Surate, bâtissent dans l'île de Diu, qui appartenait au Goudjérate,
une ville qui fait bientôt un grand commerce avec l'Arabie, la
Perse et les Etats voisins, pénètrent enfin jusqu'aux Ghats et lient
des relations avec les royaumes hindous de l'intérieur. En 1511,
Albuquerque s'empare de Malacca ; la possession de cette ville rend
les Portugais maîtres du commerce des épices, et leur ouvre tout
l'archipel indien, ainsi que la presqu'île au delà du Gange, où ils
découvrent successivement les royaumes de Pégu, d'Ava, de Siam,
de Cambodge, de Cochinchine. En 1512, ils explorent Sumatra ;
l'année suivante, ils fréquentent Java et Bornéo ; puis ils s'établissent dans les Moluques, reconnaissent les Philippines et pénètrent jusqu'à la Nouvelle-Guinée. Enfin, en 1518, ils arrivent
dans le Bengale, explorent la côte de Coromandel, et visitent
les Maldives, les Laquedives et Ceylan, où ils fondent quelques
établissements. Les explorations dans la mer Orientale ne sont pas
moins rapides. En 1516, ils pénètrent en Chine, où ils sont mal
reçus. L'entrée du pays leur étant interdite, ils se bornent à
relever les côtes et reconnaissent les îles Liéou-Khiéou. Plus tard,
ils arrivent au Japon.

Cependant, quoique séparés par l'immensité de l'océan Pacifique, les Portugais et les Espagnols commencent à se regarder
d'un œil jaloux. Leur différend est porté devant le pape

Alexandre **VI**, qui trace entre eux sa fameuse et chimérique ligne de démarcation, tirée d'un pôle à l'autre, et passant à cent lieues à l'ouest des Açores, et assigne aux premiers l'Orient, aux seconds l'Occident. Mais la sentence se trouve bientôt violée par suite des progrès incessants des deux parties.

Les îles Moluques, découvertes en 1513 par les Portugais, deviennent l'objet d'un nouveau différend : elles sont revendiquées par les Espagnols. Le navigateur Magellan, qui a pris part à cette découverte, et à qui l'opposition des hommes de cour et de faveur a fait quitter le Portugal pour venir à Séville, auprès de Charles-Quint, soutient avec force les prétentions des Espagnols et se fait fort de conduire une flotte aux Moluques par la route de l'ouest, car il est persuadé qu'il existe un passage autour du continent américain. Il est assez heureux pour faire passer ses convictions dans l'esprit des hommes les plus influents de la cour d'Espagne, et sa proposition est acceptée.

Le 20 septembre 1519, une petite escadre de cinq navires met à la voile à San-Lucar, et arrive, sans le moindre accident, sur la côte du Brésil. Poursuivant lentement son voyage au sud, Magellan atteint au mois d'avril un havre sûr et commode, auquel il donne le nom de Saint-Julian. Il se décide à y passer l'hiver, qui, dans cette partie du monde, est excessivement rude du mois de mai au mois de septembre.

Mais la stricte économie qu'il observe dans la distribution des provisions, et les souffrances occasionnées par un climat froid et orageux, mécontentent les officiers de l'expédition, d'ailleurs peu disposés à reconnaître l'autorité d'un étranger. Ils murmurent contre les privations et les dangers auxquels ils sont exposés pendant qu'ils demeurent inactifs sur une côte inconnue et stérile. Ils demandent à revenir en Espagne ; et comme Magellan refuse absolument de satisfaire leurs désirs à cet égard, ils lèvent sans hésiter l'étendard de la révolte. Dans cette conjoncture difficile, Magellan se conduit avec une promptitude et un courage dignes de la grande entreprise qu'il veut sauver à tout prix ; par malheur, ce zèle le conduit à un acte de trahison et de violence qu'aucun danger ne saurait rendre excusable. Il envoie à Luis de

Mendoza, chef des mécontents, un messager chargé de poignarder ce capitaine pendant la conférence qu'il aurait avec lui. Cet ordre est ponctuellement exécuté, et l'équipage de Mendoza se soumet immédiatement.

La révolte étant étouffée, Magellan quitte le port de Saint-Julian dans le mois d'octobre 1520, et peu de jours après pénètre dans le détroit qui porte aujourd'hui son nom. Rien ne saurait rendre la joie des marins espagnols lorsqu'ils trouvent une issue ouverte à l'ouest, avec un fort courant qui les pousse dans la même direction, et des eaux si profondes, qu'elles devaient nécessairement appartenir, non pas à un simple bras de mer, mais à un vaste canal servant de communication entre les deux océans. Cependant, tandis que les navires traversent le détroit, l'un d'eux se laisse volontairement distancer, et, ensuite, fausse compagnie pour s'en retourner en Espagne; un autre avait fait naufrage peu de temps auparavant. Il ne reste donc à Magellan que trois navires, avec lesquels il poursuit courageusement sa tâche.

Enfin, le 28 novembre 1520, à l'issue du détroit, on voit se déployer tout à coup l'immensité de l'Océan. Il semblait qu'on touchât au but; Magellan ne pouvait soupçonner la distance qui l'en séparait encore. Trompé par la fausse idée que l'on se formait à cette époque de l'intervalle des deux continents, idée que Christophe Colomb lui-même avait conservée jusqu'à la fin, il devait croire que deux ou trois semaines au plus allaient le conduire au milieu des îles asiatiques; et cette distance que l'Océan remplit tout entière, entre la pointe de l'Amérique et les Moluques, c'est la moitié de la circonférence du globe. Encore, s'il eût rencontré quelques-uns des magnifiques archipels qui parsèment ces espaces océaniques; mais sa route, pointée d'abord au nord, puis au nord-ouest, puis à l'ouest, se trouva toujours à l'écart des îles polynésiennes.

Pendant quatre-vingt-dix-neuf jours d'une marche rapide, constamment favorisée par des vents propices, les navires de Magellan sillonnent les plaines silencieuses de l'immense Océan, ayant toujours devant eux le même horizon, le ciel et la mer. A la souffrance morale d'une aussi longue attente se joint bientôt la souffrance physique des maladies et des plus cruelles privations. Les provisions, consommées ou corrompues, sont depuis long-temps arrivées à leur fin. Il faut recourir aux expédients extrêmes et les plus répugnants. Sauf la chair humaine, on fait nourriture de tout.

Le scorbut a décimé les équipages, et le reste est arrivé au dernier état d'épuisement, lorsque enfin, le 6 mars 1521, on aperçoit un groupe d'îles verdoyantes couvertes de palmiers : c'est l'archipel des Mariannes, que Magellan nomme îles des Larrons. Dix jours plus tard, la flottille arrive en vue des Philippines. Magellan a ainsi résolu le problème de la navigation occidentale ; la sphéricité de la terre et la réalité des antipodes sont démon-trées d'une manière palpable. Mais le grand voyageur ne jouit pas de sa gloire : il meurt le 27 avril 1521, dans une échauffourée contre les sauvages. Son lieutenant, Sébastien del Cano, reprend le commandement de l'expédition, arrive aux Moluques, et de là retourne en Espagne par le cap de Bonne-Espérance. Ainsi s'ac-complit le premier voyage autour du monde.

La période que représentent les dernières années du xve siècle et les premières années du xvie siècle est une des plus mémo-rables de l'histoire de la géographie. Les découvertes de Colomb, de Gama et de Magellan ont doublé d'un seul coup ce que l'on connaissait de la surface terrestre, en révélant un nouvel hémi-sphère, et en reliant les extrémités occidentales de l'ancien con-tinent à ses extrémités orientales. Ce sont les trois voyages ini-tiateurs du monde moderne. Après eux, le pourtour entier du globe est connu, et l'on peut dire qu'il ne reste plus à y ajouter que des découvertes secondaires.

Les efforts, pendant les trois derniers quarts du xvie siècle, se portent principalement vers les régions boréales. Déjà des explo-rations très-remarquables ont été poussées dans cette direction, afin de rechercher un passage d'Europe aux Indes et à la Chine. De 1496 à 1498, le Vénitien Jean Cabot, alors au service du roi d'Angleterre Henri VII, et son fils Sébastien Cabot, ont reconnu les côtes orientales de l'Amérique du Nord, depuis le Labrador

jusqu'aux approches de la Floride, et découvert l'île de Terre-
Neuve. En 1500, le Portugais Gaspard Cortereal s'est avancé
jusqu'à l'extrémité nord du Labrador et a trouvé là une large
entrée (probablement le détroit d'Hudson), à laquelle il a donné
le nom d ed étroit d'Anian. En 1523, un capitaine florentin au
service de la France, Juan Verazzani, a été envoyé par François Ier
dans les mêmes régions; il y a vu le golfe Saint-Laurent. Enfin,
de 1533 à 1543, Jacques Cartier, capitaine de navire de Saint-
Malo, envoyé également par François Ier, a pénétré dans le grand
fleuve qui apporte au golfe Saint-Laurent les eaux des lacs inté-
rieurs, l'a remonté jusqu'au site actuel de Montréal, et a opéré
ainsi la première reconnaissance du Canada.

Dans la seconde moitié du xvie siècle, les expéditions arctiques
sont plus suivies et amènent des résultats plus importants. Les
essais malheureux tentés dans la direction du nord-ouest sug-
gèrent la pensée de porter les efforts du côté du nord-est. En
1553, Hugh Willoughby remonte, en compagnie de Richard
Chancellor, les côtes de la Norwége. Arrivés à la hauteur du cap
Nord, une tempête sépare les deux voyageurs : Willoughby
échoue sur le rivage de la Laponie, où il succombe de froid et de
misère, tandis que Chancellor, poursuivant sa route vers l'est,
découvre la mer Blanche et aborde à Arkhangel. Là, il apprend
que le pays relève de l'autorité du prince Ivan Basilowitch, qui
réside dans une grande ville intérieure appelée Moscou; il se
rend aussitôt auprès de ce monarque et conclut avec lui un traité
de commerce au nom du gouvernement anglais. Immédiatement
après le retour de Richard Chancellor, la Compagnie des marchands de Londres renvoie un navire dans les eaux du nord-est,
avec la mission de poursuivre le voyage de découvertes de la
précédente expédition. Étienne Burrough, qui est chargé de cette
nouvelle tâche, parcourt, à l'est de la mer Blanche, toute la partie
de l'océan Glacial qui baigne la côte des Samoyèdes ; il voit les
bouches de la Petchora, l'île de Waigatz et l'extrémité méridionale de la Nouvelle-Zemble.

Cependant toute pensée de trouver un passage par le nord-
ouest n'a pas été abandonnée en Angleterre. Un intrépide marin ,

Martin Frobisher, proposa, en 1576, de renouveler l'expérience ;
il atteint la pointe méridionale du Groënland, et s'avance jusqu'au détroit qui a gardé son nom. Dans les deux années sui-
vantes, il fait deux autres tentatives qui ne dépassent guère le
cercle de la première. Sans se décourager, les marchands de
Londres organisent en 1585 une nouvelle expédition et en confient le commandement à John Davis. Celui-ci traverse à plusieurs
reprises le bras de mer auquel on a donné son nom, et dans deux
autres voyages successifs découvre la terre de Cumberland.

Vers cette époque précisément, un peuple nouveau paraît sur
le champ des découvertes. Les Hollandais viennent de s'affran-
chir du joug de l'Espagne, et leur première pensée est pour le
développement de leur commerce. Ils songent tout d'abord à se
frayer par le nord-est une route vers le pays de l'Orient. En 1594,
quatre navires sont équipés aux frais du gouvernement; deux se
portent à l'est sur l'île de Waigatz, déjà vue en 1556, tandis que
deux autres, sous les ordres de Barentz, s'élèvent au nord-est
jusqu'à la pointe la plus septentrionale de la Nouvelle-Zemble.
L'année suivante, une nouvelle expédition, commandée par
Heemskerck, avec Barentz pour pilote, part dans la même direction ; mais, après avoir tenté vainement de lutter contre les glaces
et les sombres brouillards, elle revient au bout de cinq mois.

Le gouvernement hollandais, renonçant alors à poursuivre l'entreprise, se borne à promettre une prime au navigateur qui dé-
couvrira le passage. Des particuliers organisent aussitôt une
expédition composée de deux navires dont le commandement est
encore confié à Heemskerck et à Barentz. Elle met à la voile au
mois de mai 1596 et se lance droit au nord. Le Spitzberg est
découvert. Reprenant la route du sud-est, les voyageurs atteignent
la Nouvelle-Zemble, qu'ils côtoient jusqu'à la pointe septentrionale. Arrivés là, ils sont tellement serrés par les glaces, qu'ils
doivent se résoudre à prendre les dispositions nécessaires pour
hiverner. Durant six mois, ils demeurent ensevelis sous la neige.
Dans leurs rares et courtes sorties, ils ont à se défendre contre
les ours et les renards, qui rôdent sans cesse autour de leur cam-
pement. Enfin, vers les derniers jours du mois de mai 1597, ils

font leurs préparatifs de départ. Force leur est toutefois d'abandonner leurs navires, et c'est sur deux barques qu'ils reprennent la mer. Peu de temps après, Barentz succombe. Heemskerck

Les régions arctiques.

continue sa route le long des côtes de la Russie et rentre enfin dans sa patrie après dix-sept mois d'absence.

L'activité qui commence à se déployer, vers la fin du xvie siècle, dans la reconnaissance des mers du Nord, se porte aussi, mais avec plus d'hésitation, sur les traces de Magellan.

En 1577, le capitaine anglais Francis Drake entreprend de renouveler le même voyage que toute l'Europe admirait depuis soixante ans, sans que personne se fût encore hasardé à suivre l'exemple du navigateur portugais. Il part avec une petite flottille de cinq bâtiments, dont le plus grand ne jauge pas plus de cent tonneaux. Le 23 août 1578, il arrive à l'entrée du détroit de Magellan, et débouche dix-sept jours plus tard dans les eaux de la mer du Sud, où il découvre l'archipel de la Terre de Feu. Il remonte ensuite toute la côte américaine jusqu'au 48° de latitude, dans l'espérance de découvrir par ce côté une communication avec l'Atlantique; mais les mauvais temps l'arrêtent dans son projet d'exploration et le contraignent de rebrousser chemin. Après avoir donné au pays qui s'étend du 38° au 42° de latitude le nom de Nouvelle-Albion, il se décide à prendre la route de l'ouest. Il coupe directement le Grand-Océan, touche aux Philippines et aux Moluques, voit l'île de Célèbes, passe au sud de Java, court droit sur le cap de Bonne-Espérance, remonte par les eaux d'Afrique et rentre triomphant à Plymouth, en 1580, ayant ainsi accompli, le second, un voyage autour du monde.

A l'époque où nous sommes arrivés, on est sorti de la période des grandes découvertes, et l'on n'est pas entré encore dans la période scientifique. « Jusque-là, dit Vivien de Saint-Martin, on a surtout été impatient de connaître dans leur ensemble les mondes nouveaux que Colomb et Gama viennent de livrer à l'Europe; on a voulu en savoir toute l'étendue sur l'Océan immense, dont l'existence même n'était jusqu'alors que vaguement indiquée, et qui maintenant déploie ses profondeurs infinies aux regards intimidés du navigateur. On n'a pu en prendre encore qu'un premier et rapide aperçu. L'immensité des régions nouvelles, terrestres ou maritimes, n'eût pas permis, et ne permettra pas de longtemps, qu'on en fît un relèvement précis et détaillé, alors même que la science des observations astronomiques aurait été plus avancée et d'un usage plus communément répandu. On voit plus de terres qu'on n'en peut décrire, on reconnaît les mers et les pays plutôt qu'on ne les étudie. Ce que l'on y cherche avant tout, ce sont les productions dont le commerce peut s'enrichir ; ce sont aussi les points favorables pour l'établissement des colonies et la fondation des comptoirs commerciaux. Ce n'est en quelque sorte que secondairement, comme en passant, que le marin ou l'explorateur prend note de la physionomie des populations et de l'aspect des pays visités. »

Le XVIIe siècle est dans toute l'acception du mot une époque de transition ; il continue l'œuvre d'exploration universelle du siècle précédent, mais avec un caractère beaucoup plus effacé. Les seuls résultats importants des investigations poursuivies dans le cours de ce siècle sont la reconnaissance d'une partie des terres océaniques et la découverte de nouvelles régions au nord-ouest du continent américain.

Vers 1600, l'Espagnol Alvaro Mendana, traversant le Grand-Océan, découvre les îles Salomon. Un peu plus tard, Fernand de Quiros, qui avait rêvé un continent austral, part de Lima à la recherche de ce continent, pour gagner, dit un historien, des âmes au ciel et des royaumes à l'Espagne. Il découvre seulement quelques îles, une entre autres à laquelle il donne le nom de Sagittaria, et dont la position répond à l'île depuis si célèbre de Taïti. Il arrive ensuite dans un bassin spacieux, en vue d'une côte qu'il croit être celle du continent austral, et qu'il nomme pour cette raison Australia del Espiritu Santo. Ce n'était que l'île principale du groupe des Nouvelles-Hébrides. Quiros, à cause du mauvais état de son navire, prend le parti de regagner l'Amérique. Son lieutenant, Luis Vaez de Torres, continuant sa route au nord-ouest, reconnaît d'abord que la prétendue Australia n'était point un continent, et atteint la Nouvelle-Guinée, dont il suit la côte méridionale jusqu'aux Moluques ; il franchit ainsi le détroit auquel son nom est resté.

Des Hollandais accomplissent vers le même temps une découverte non moins importante. Isaac Lemaire, riche négociant d'Amsterdam, et un marin expérimenté, Cornélis Schouten, s'avisent qu'il devait être possible de tourner la pointe méridionale de l'Amérique par une autre voie que le détroit de Magellan. Dans cette pensée, Schouten part en 1615 avec Jacob Lemaire, fils d'Isaac, et il a la gloire de déterminer la position de la Terre de Feu et celle du détroit de Lemaire, et de doubler la pointe la plus australe, qu'en l'honneur de la ville natale de Lemaire il nomma cap Horn.

Vingt-sept ans plus tard, en 1642, deux navires hollandais partent de Batavia, par ordre de Van Diémen, gouverneur de cette colonie, et sous le commandement de l'amiral Tasman. Après deux mois et demi de navigation, ils arrivent à une grande terre, où Tasman plante le pavillon hollandais et qu'il appelle Terre de Van-Diémen, mais qui a reçu depuis le nom de Tasmanie. Il reconnaît ensuite la Nouvelle-Zélande, la Nouvelle-Guinée, et rentre à Batavia au mois de juin 1643. L'année suivante, l'amiral hollandais fait un second voyage, dans lequel il reconnaît avec soin une grande partie des côtes de l'île immense qu'on désignait avant lui sous le nom assez vague de Terres australes, et qui depuis fut appelée Nouvelle-Hollande. A ce dernier nom, les Anglais ont substitué celui d'Australie, qui a prévalu.

Enfin, de 1683 à 1700, de nouveaux détails sur cette cinquième partie du monde sont recueillis par le célèbre William Dampier, ancien chef de flibustiers, à qui le gouvernement britannique avait confié le commandement d'une expédition que son expérience et son audace le rendaient plus que personne capable de bien diriger.

Aux voyages de Dampier se rattachent les aventures du malheureux Alexandre Selkirk, lieutenant à bord d'un des navires de l'expédition. A la suite d'une altercation avec son chef immédiat, Selkirk fut abandonné dans une île déserte, celle de Juan-Fernandez, où il vécut seul pendant plus de quatre ans. C'est l'histoire de ce Selkirk qui, selon quelques auteurs, a fourni à Daniel de Foë le thème de son livre de *Robinson Crusoë*. Mais d'autres commentateurs croient, au contraire, que Robinson Kreutznoër est un personnage réel dont les aventures, analogues à celles de Selkirk, ont été seulement dramatisées et développées par le célèbre écrivain.

Dans le nord, l'exploration hydrographique a continué son œuvre, ayant toujours en vue la découverte d'une route abrégée vers les Indes. Les tentatives, constamment renouvelées, sont très-nombreuses; mais deux noms y dominent tous les autres, Hudson et Baffin.

Hudson fait quatre voyages dans la zone glaciale, de 1607 à 1610. Le premier, entrepris droit au nord, le conduit jusqu'au 81° de latitude; le second est dirigé au nord-est, entre le Spitzberg et la Nouvelle-Zemble; le troisième, dirigé au nord-ouest pour le compte des Hollandais, lui procure la découverte de la baie et du détroit de son nom; enfin le quatrième lui coûte la vie. Il ose hiverner dans la baie d'Hudson en dépit des glaces et de la faim; son équipage se mutine, le jette avec sept autres personnes dans une chaloupe et les abandonne à la fureur des flots.

Baffin reconnaît en 1615 les côtes du détroit d'Hudson. L'année suivante, il entreprend un second voyage. Suivant les instructions précises qui lui sont données, il doit pénétrer dans le détroit de Davis, longer la côte du Groënland, courir ensuite à l'ouest, franchir la mer Arctique, gagner le Japon et terminer ensuite par l'exploration des pays situés au nord de Java. Ce beau programme n'a pu être exécuté qu'en bien faible partie. Baffin remonte les côtes du Groënland, passe le détroit de Davis, puis se dirige à l'ouest; il trouve l'entrée du détroit de Lancaster, mais il ne peut y pénétrer; en remontant vers le nord, il voit une autre ouverture qu'il appelle baie de Jones; de passage, point. Il revient alors en Angleterre. Le nom de Baffin est resté à la mer fermée à laquelle conduit le détroit de Davis et sur laquelle débouchent, au nord et à l'ouest, tous les passages qui ouvrent l'accès de la mer Polaire.

Avec le xviiie siècle commence la période des voyages scientifiques. Le caractère incomplet des notions acquises se fait plus fortement sentir de jour en jour; l'à-peu-près ne suffit plus à l'esprit du temps. On ne veut plus voir seulement, on veut connaître.

C'est à la Russie qu'appartient l'honneur d'avoir inauguré dignement cette période remarquable. Jusque-là, la nation russe était restée enfermée, pour ainsi dire, dans les terres; on ignorait quelle était la situation relative de l'Asie et du Nouveau-Monde. Des habitants du nord de la Sibérie avaient, il est vrai, traversé autrefois les déserts glacés de ces régions; franchissant l'Océan oriental, ils avaient mis le pied sur le continent américain. Un hardi navigateur, Deschneff, avait même exécuté ce qui, depuis, fut inutilement tenté : poussé par les vents, entraîné par les flots, il avait, au milieu des glaces, fait le tour de l'extrémité de l'Asie jusqu'au fleuve Anadyr; le Kamtchatka avait été occupé; on avait même aperçu, au nord de la Sibérie, une immense terre polaire. Mais toutes ces connaissances étaient incomplètes, mal tracées sur les cartes, ou mêlées, le plus souvent, de fictions, et le peu de côtes maritimes qui était régulièrement déterminé au nord n'avait donné aucun rapport avec les nations étrangères.

Du reste, la nation russe, aujourd'hui st puissante, était trop faible alors pour lancer des expéditions et même pour s'associer à celles des autres peuples. Ce n'est qu'au commencement du xviii⁰ siècle qu'elle parvient, sous l'impulsion énergique de ses grands souverains, au degré d'expérience et d'habileté maritimes nécessaire à des navigateurs qui parcourent les régions inconnues. Elle fait faire alors, par ses découvertes, des progrès considérables à la géographie.

Tout le littoral, depuis la mer Blanche, point d'où partent les premières expéditions, jusqu'à l'embouchure de la Léna, est reconnu assez exactement. Quant aux côtes situées à l'est de ce dernier fleuve et s'étendant jusqu'à l'extrémité orientale de l'Asie, elles sont l'objet d'importantes explorations, entreprises par les navigateurs Schalauroff et Billings. D'un autre côté, le Danois Behring, alors au service de la Russie, dans trois voyages successifs, de 1728 à 1741, reconnaît une portion encore inexplorée de la côte nord-ouest de l'Amérique, découvre la grande chaîne des îles Aléoutes, franchit le détroit qui a gardé son nom entre l'Amérique et l'Asie, et marque ainsi, pour la première fois, la limite extrême des deux continents.

Les rivaux des Russes, dans les régions arctiques, sont les Anglais, qui nourrissent toujours l'espoir de trouver le passage du Nord. Deux voyages très-importants signalent les dernières années du xviii⁰ siècle : ce sont ceux de Samuel Hearne et d'Alexandre Mackensie à travers le continent américain.

Hearne, après deux tentatives infructueuses, part une troisième fois en 1771. Il fait plus de soixante-quinze milles à pied, sur des anses et des baies profondément gelées, avant d'atteindre des

terres plantées de saules et de pins rabougris. Il rencontre alors
une rivière, qu'il nomme rivière de Cuivre, la remonte jusqu'à
son embouchure et voit la mer Glaciale. Dix-sept ans plus tard,
Mackensie, officier de la compagnie du Nord-Ouest, récemment
fondée, entreprend, lui aussi, la traversée complète du continent
américain. Il s'embarque sur le lac Chepawyan ou des Montagnes,
et pénètre dans une rivière appelée depuis rivière Mackensie, qui
le conduit également sur le bord de la mer Glaciale. Ces deux
voyages eurent pour résultat de prouver que la partie septentrionale du continent américain n'était interrompue par aucun détroit
et que, par conséquent, le passage maritime de l'océan Atlantique
au Grand-Océan ne pouvait exister que dans les régions élevées
du Nord.

Dans le même temps, les espaces océaniques deviennent le
théâtre d'actives recherches géographiques. En 1764, le commodore Byron reconnaît les îles Falkland ou Malouines et relève les
côtes du détroit de Magellan. En 1766, les capitaines Wallis et
Carteret font la reconnaissance du groupe de la Nouvelle Irlande,
au nord-est de la Nouvelle-Guinée. Ces navigateurs sont surpassés
par notre célèbre Bougainville, le premier marin français qui ait
fait le tour du monde et exploré les parages du Grand-Océan. De
1766 à 1769, il découvre et parcourt tout l'archipel Pomotou, les
îles Hamoa ou des Navigateurs, l'archipel de la Louisiade ; il retrouve les îles Salomon et les terres du Saint-Esprit, auxquelles il
donne le nom de Grandes-Cyclades.

Enfin vient l'illustre James Cook, qui achève la reconnaissance
générale de l'Océanie. Il fait trois voyages. Dans le premier, en
1769, il lève la carte d'Otaïti, puis se porte vers le sud à la recherche du continent austral. Pendant sept semaines, il sillonne
les immenses solitudes de l'Océan sans apercevoir le moindre indice de terres; il aborde enfin à une côte qui n'est autre que celle
de la Nouvelle-Zélande, découverte en 1642 par Tasman. Cinglant peu après à l'ouest, il rencontre la côte orientale de la Nouvelle-Hollande, qu'il appelle Nouvelle-Galles du Sud, et revient
ensuite en Europe. Dans son second voyage, en 1772, il cherche
de nouveau à découvrir le continent austral. Trois fois il fran-

chit le cercle polaire, mais sans parvenir à voir les terres que ses successeurs devaient rencontrer plus tard. Revenant au nord, il touche aux îles Marquises, dont il fixe le nombre et la position ; il se dirige ensuite vers les îles des Amis, revoit les Grandes-Cyclades de Bougainville et leur donne le nom de Nouvelles-Hébrides, découvre la Nouvelle-Calédonie et regagne l'Europe en 1775. Dans son troisième voyage, en 1776, il visite les îles Marion et Kerguelen, gagne par l'est la Terre de Van-Diémen, touche ensuite à la Nouvelle-Zélande, traverse les îles des Amis, arrive aux îles de la Société, et, cinglant droit au nord pour gagner les régions boréales, rencontre les îles Sandwich. Bientôt après, il fait voile pour la côte nord-ouest de l'Amérique ; mais, forcé par les mauvais temps et les vents contraires de revenir sur ses pas, il regagne les îles Sandwich, où il trouve la mort le 14 février 1779.

Il existe deux versions des faits qui ont précédé cette catastrophe. L'une, la version anglaise, raconte ces faits au point de vue européen : elle dit que des querelles assez sérieuses s'étant élevées entre les insulaires et les matelots, ceux-ci furent réduits à tirer des coups de fusil ; un de ces coups tua par malheur un chef de premier rang. La nouvelle de cette mort, se répandant aussitôt, excita une rumeur et une fermentation extrêmes. Les insulaires renvoyèrent les femmes et les enfants, se revêtirent de leurs nattes de combat et s'armèrent de piques et de pierres.

Cook s'efforça tout d'abord d'apaiser le conflit ; mais, se voyant menacé sérieusement par un grand gaillard plus audacieux que les autres, il le tua d'un coup de fusil chargé à balle. Il se passa alors une scène d'horreur et de confusion. Le capitaine Cook se trouvait au bord de la mer la dernière fois qu'on l'aperçut d'une manière distincte ; il criait aux canots de cesser le feu et d'approcher du rivage afin d'embarquer les matelots qu'il avait avec lui, lorsqu'il fut poignardé par derrière. Les insulaires emportèrent aussitôt son corps avec des cris de joie féroce.

L'autre version, conservée dans les chants du pays, raconte les faits au point de vue indigène et semble mériter la préférence. Suivant cette version, rapportée par M. de Varigny, le capitaine

Cook fut pris, lors de son arrivée aux îles Sandwich, pour le dieu
Lono, sorte de messie attendu depuis longtemps, et reçut, par

Cook adoré par les naturels des îles Sandwich.

suite de cette erreur qu'il ne chercha nullement à dissiper, les
honneurs accordés d'ordinaire aux dieux.

Or, un jour, plusieurs des dieux inférieurs, c'est-à-dire des
matelots qui accompagnaient Lono, se mirent à détruire la bar-

rière du moraï, lieu consacré, laquelle était faite de branches d'arbres. Le récit anglais mentionne le même fait : les matelots, ayant reçu l'ordre de ramasser du bois, prirent celui de l'enceinte du moraï, déjà coupé et plus sec. Ce sacrilége, sans doute le plus criminel qui pût être commis, excita un vif mécontentement parmi les insulaires. Un de leurs chefs fit des remontrances aux matelots, qui n'en tinrent aucun compte et continuèrent leur besogne de destruction. Sur ces entrefaites, Lono, le capitaine Cook, arriva et voulut franchir l'enceinte sacrée ; mais le chef le prit dans ses bras pour l'empêcher d'avancer. Lono se débattit, et le chef, le serrant fortement, lui fit pousser un cri de douleur. « Il crie, ce n'est donc pas un dieu, » dit le chef, et il tua Lono.

Ce récit original est sans doute le seul authentique ; il se trouve, du reste, confirmé par les détails qu'un vieil et honorable habitant des îles Sandwich, historien de la cour, a donnés plus tard au docteur Winslow, de New-York, sur ce qui s'est passé après la mort du grand navigateur. Les insulaires, très-attristés de leur propre action, traitèrent les restes de Cook comme ceux de leurs plus grands chefs. Ils dépouillèrent des chairs les grands os des jambes et des bras, les placèrent devant leurs idoles et sacrifièrent nombre de porcs et de chiens, afin d'obtenir le pardon de leur faute. Lorsque, dans la suite, les Anglais demandèrent la remise du corps du célèbre marin et apprirent qu'il n'en restait plus que les grands os, ils crurent que les chairs avaient été mangées, et conçurent l'idée que les habitants des îles Sandwich étaient cannibales. Il n'en est rien cependant. Les Hawaïiens, arrivés aujourd'hui à un état de civilisation remarquable, regrettent encore la mort de James Cook, qu'ils ont mis au rang de leurs divinités.

Pendant que l'illustre navigateur explorait avec tant d'habileté le Grand Océan, deux Français, Surville et Marion, glanaient sur ses traces. Surville, en 1769, visitait la Nouvelle-Zélande et revoyait les îles Salomon de Mendana. Marion, en 1771, visitait également la Nouvelle-Zélande et y trouvait la mort.

Mais ces deux voyages sont de beaucoup dépassés par celui de La Pérouse. Après la paix de 1783, la France, jalouse de la gloire

Monument élevé à la mémoire du capitaine Cook aux îles Sandwich.

acquise à la marine anglaise par les découvertes de Cook, avait équipé une escadre destinée à résoudre les problèmes scientifiques demeurés en suspens. Louis XVI, qui aimait la géographie,

avait conçu la pensée de l'expédition et en avait tracé le plan.
Les instructions de La Pérouse indiquaient de nombreuses études
de détail dans les grands archipels qui avoisinent, à l'est et au
sud-est, la Nouvelle-Guinée ; mais ses opérations principales devaient être à la côte nord-ouest de l'Amérique et dans les eaux
encore très-peu connues du Japon.

Parti de Brest le 1er août 1785, La Pérouse attaque l'extrémité
nord-ouest de la côte américaine au mois de juin de l'année suivante ; mais, outre qu'il y trouve les mêmes difficultés que le capitaine Cook, le temps qu'il y doit passer est beaucoup trop court
pour qu'il y puisse espérer des résultats importants. Il n'en est
pas de même sur la côte d'Asie ; le premier, il reconnaît d'une
manière exacte les grandes îles qui se prolongent au nord du
Japon, et il laisse son nom au passage qui sépare l'île de Yéso
de celle de Sakhalien.

Ses opérations asiatiques terminées, La Pérouse redescend au
sud vers les grands archipels. Au mois de janvier 1788, il est à
la côte orientale de la Nouvelle-Hollande, dans le temps même
où le commodore Philipp amène à Botany-Bay la première colonie pénitentiaire qui ait été le point de départ des colonies si
merveilleusement développées de l'Australie. Les dernières lettres
de La Pérouse sont datées de Sydney. Puis un voile funèbre s'é-
tend sur l'expédition. On ignore dans quelles circonstances les
deux bâtiments sont venus se perdre au milieu des îles situées
entre la Nouvelle-Hollande et la Nouvelle-Guinée.

En Afrique, l'activité déployée pendant les dernières années
du xviiie siècle n'est pas moins grande qu'en Océanie. Jusque-là,
les progrès de la géographie dans cette partie du monde ont été
assez faibles. Quelques relations de marchands ou de missionnaires sont les seuls documents que l'on possède sur quatre ou
cinq contrées du littoral. Tout le reste, c'est-à-dire la presque
totalité du continent, est en blanc. Mais à partir de l'époque où
nous nous trouvons, la terre classique des monstres et des merveilles devient le théâtre de nombreuses et fructueuses investigations.

Un nom attire tout d'abord l'attention, c'est celui de l'Ecossais

James Bruce. Ce voyageur, entré en Abyssinie en 1769, en sort deux années après pour revenir en Egypte par le Sennaar et la Nubie. On lui doit la découverte des sources du Nil Bleu.

En 1788, une association, dite Association africaine, se forme à Londres et donne aux explorations une vigoureuse impulsion. Formée d'hommes éminents par le rang, la fortune, et plus encore par le zèle ardent qui les anime pour la science et l'humanité, cette association trouve sans peine les sommes considérables dont elle a besoin et recrute aussitôt des voyageurs.

Le premier est John Ledyard. Cet intrépide explorateur était né en Amérique. Poussé dès ses premiers ans par le désir d'explorer des contrées inconnues et d'étudier les mœurs des sauvages, il avait longtemps vécu parmi les Peaux-Rouges. Plus tard, il s'était plié, pendant plusieurs années, au rôle et aux fonctions de caporal de marine, afin de pouvoir, à ce prix, faire partie de la troisième expédition du capitaine Cook autour du monde. Au retour de ce voyage si fatal au grand navigateur, Ledyard avait formé le projet de parcourir les vastes régions de l'Amérique du Nord, d'un océan à l'autre, depuis la côte occidentale, où il avait abordé avec Cook, jusqu'aux rivages orientaux du Canada, qu'il connaissait déjà. Mais n'ayant pu partir avec une expédition commerciale qui se rendait alors aux îles de Nouka, il n'avait pas hésité et avait pris, par terre et à pied, la route du détroit de Behring.

Après mille péripéties qui auraient découragé un autre voyageur, Ledyard arrive à Londres presque sans vêtements, et se rend aussitôt chez Joseph Banks, secrétaire de l'Association africaine, qu'il trouve occupé à rédiger des instructions pour un voyage en Afrique. Notre intrépide Ledyard se propose sur-le-champ pour les remplir, et deux mois après il débarque en Egypte, où, suivant les ordres qu'il a reçus, il doit prendre son point de départ pour traverser de l'est à l'ouest le diamètre entier de l'Afrique, par la latitude présumée du Niger. Parvenu au Caire le 19 août 1788, il avertit l'Association que ses premières dépêches seront datées du Sennaar. Mais peu de jours après il expire. L'Egypte de cette époque était loin d'être ce qu'elle est devenue depuis : une annexe de l'Europe civilisée. Une anarchie sans frein, celle des mamelucks, une ignorance abjecte, des préjugés soupçonneux et cupides, y semaient d'obstacles et d'embûches les pas du voyageur. Ces entraves, et les délais interminables apportés au départ de la caravane à laquelle Ledyard devait se joindre, allumèrent dans son sang une fièvre bilieuse qui termina sa carrière.

Dans le même temps, un autre agent de l'Association, Lucas, ancien chargé d'affaires d'Angleterre au Maroc, s'efforçait de pénétrer dans l'intérieur de l'Afrique par la voie de Tripoli et du Fezzan. Arrêté à quelques journées de Tripoli par une guerre civile acharnée qui armait les unes contre les autres toutes les tribus de la Régence, il rapporte du moins en Angleterre des renseignements dont les voyages postérieurs ont constaté l'exactitude.

L'attention de l'Association africaine se porte alors vers la Sénégambie, comme offrant à un voyage de découvertes de meilleurs points de départ que l'Egypte ou la côte de la Méditerranée. En 1791, elle dirige de ce côté le major Hougton, qui, longtemps consul à Maroc, s'était familiarisé avec les mœurs, la langue et le caractère des musulmans. Hougton prend terre à Pisania, petit village sur la rivière Gambie, où ses compatriotes avaient alors un comptoir. De là, il marche au nord-est, à travers les royaumes de Woulli, de Bondou, de Banbouk, et franchit le Sénégal dans celui de Kasson.

Au delà de ce fleuve, une pacotille de marchandises, dont il s'est embarrassé en dépit des conseils de ses amis d'Angleterre, devient un sujet de perpétuelle convoitise pour les naturels du pays, d'embarras et de dangers pour lui. A Jarra, ville nègre dans la dépendance des Maures de Ludamar, il cède aux sollicitations de quelques marchands maurs qui, moyennant un fusil et un peu de tabac, s'engagent à le conduire à Tichit, lieu situé en plein Sahara.

Au bout de deux jours, soupçonnant la bonne foi de ses guides, il veut revenir sur ses pas; mais les Maures, sur son refus de les suivre plus loin, l'abandonnent après l'avoir pillé. Seul, à pied, manquant de tout, il s'en revient à travers le désert. A grand'-

LES RACES HUMAINES.

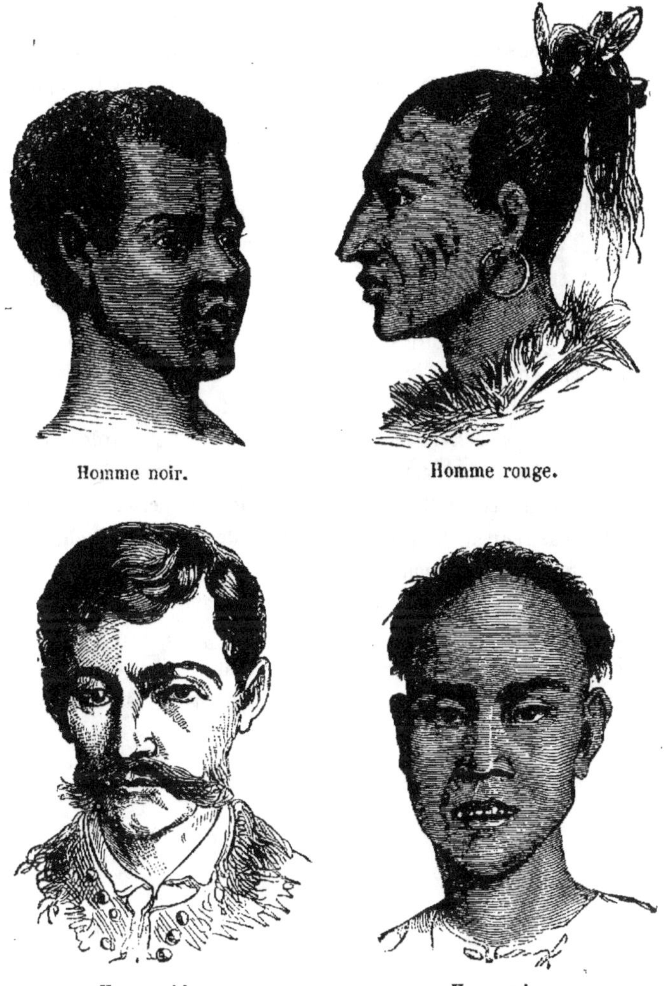

Homme noir.   Homme rouge.

Homme blanc.   Homme jaune.

peine, il se traîne jusqu'à Jarra, où il expire, victime de la barbarie des habitants qu'on accuse de l'avoir assassiné, ou, tout au moins, de l'avoir laissé mourir de faim.

La triste fin du major Hougton, qui avait pénétré dans l'intérieur de l'Afrique plus avant qu'aucun de ses prédécesseurs européens, ne décourage pas l'Association de Londres. Elle s'occupe sans délai de chercher un autre explorateur et est assez heureuse pour trouver Mungo Park. Celui-ci débarque le 21 juin 1795 sur les rives de la Gambie et s'engage aussitôt dans l'intérieur du pays. Le 20 juillet 1796, il découvre le Niger. Vers la même époque, un autre agent de l'Association africaine, George Browne, pénètre par la Nubie dans le Darfour qu'aucun autre Européen n'avait vu avant lui. Enfin Hornemann, sous les auspices également de l'Association, explore les provinces de Tripoli et du Fezzan et cherche à pénétrer de ce côté dans l'intérieur de l'Afrique.

Lorsque s'ouvre notre siècle, le globe terrestre est connu dans tout son ensemble. Cependant une foule de voyageurs entreprenants, à l'imagination aventureuse, ne tardent pas à sillonner dans tous les sens les mers et les continents. Cette ardeur impatiente, les gouvernements eux-mêmes la partagent. En Angleterre, en France, en Russie, des expéditions s'organisent, celles-ci pour pénétrer dans les parties inexplorées des continents, celles-là pour reprendre et compléter, dans l'intérêt de la navigation, l'hydrographie des mers, depuis la Méditerranée jusqu'aux lointains archipels de l'Océan, d'autres pour tenter de nouveau la reconnaissance des mers polaires. Ce sont ces actives et fructueuses investigations que nous nous proposons de résumer dans les pages qui suivent.

CHAPITRE Ier

VOYAGES DANS L'AFRIQUE OCCIDENTALE

(1795-1830)

Le Niger. — Premier voyage de Mungo Park. — Il découvre le Niger. — Une chanson improvisée. — Second voyage de Mungo Park. — Il revoit le Niger. — Embarquement pour l'est. — Disparition de Mungo Park. — Voyages à sa recherche. — Récits d'Amadi-Fatouma et de Terrasso-Wia. — Les successeurs de Mungo Park. — Insuccès des premières tentatives. — Voyages du major Laing. — Les sources du Niger. — Voyage du major Denham, du capitaine Clapperton et du docteur Oudney. — Ils traversent le Sahara. — Arrivée à Kuka, dans le Bornou. — Un prince sévère, mais juste. — Découverte du lac Tchad. — Mort du docteur Oudney. — Retour de Denham et de Clapperton. — Second voyage du capitaine Clapperton. — Le Yoruba. — Mort de Clapperton. — Voyage des frères Lander. — Audience du roi Adouley. — Sacrifice d'une veuve. — Séjour à Wowow. — Retour en Angleterre. — Fin malheureuse de Richard Lander.

Pendant de longues années, le Niger, situé dans une contrée, le Soudan, qui devait offrir, disait-on, à l'œil ravi les merveilles d'une végétation des plus vigoureuses et des plus riches, donna lieu à d'innombrables hypothèses. Les anciens géographes Pomponius Méla, Pline, Ptolémée, avaient fait mention de ce fleuve, mais on ignorait sa position. Vers quelle mer coulait-il? Où se trouvait son embouchure? Ne devait-on pas voir dans ce grand cours d'eau la partie la plus reculée du Nil, qui, avant de parcourir l'Afrique dans la moitié de sa longueur, la traversait ainsi dans sa largeur presque entière? Telles étaient les questions que s'adressait la science géographique au commencement de notre siècle.

On avait seulement recueilli de la bouche de quelques savants arabes des renseignements assez vagues, d'où l'on était porté à conclure que le fleuve mystérieux devait avoir son cours de l'ouest à l'est. Or, s'il prenait réellement cette direction, on ne pouvait manquer, en abordant par le nord, c'est-à-dire par le désert du Sahara, le pays qu'il arrose, d'arriver sur ses rives. Ce furent ces suppositions qui déterminèrent la route que suivirent vainement les premiers voyageurs de l'Association africaine fondée à Londres en 1788.

Bientôt les plans de l'Association africaine se modifièrent : la recherche du fleuve fut entreprise par les côtes de l'océan Atlantique. Le major Hougton reçut la mission de remonter la rivière de Gambie et de se diriger ensuite au nord-est. Souvent mal reçu par les tribus sauvages dont il traversait le territoire, trahi par les guides auxquels il s'était confié dans ces difficiles régions, le malheureux voyageur ne tarda pas à succomber. Cet insuccès ne découragea pas l'Association, qui s'occupa sans délai de chercher un autre explorateur et fut assez heureuse pour rencontrer Mungo Park.

Né à Fowlshiels, près de Selkirk, en Ecosse, le 10 septembre 1771, le jeune Mungo Park était destiné à l'état ecclésiastique ; mais il préféra étudier la médecine. A l'âge de vingt et un ans, il était puissamment recommandé à la Compagnie des Indes, et celle-ci lui faisait faire un voyage dans l'île de Sumatra. A son retour, il s'offrit pour reprendre la tâche du major Hougton. Jeune, actif, entreprenant, il avait toutes les qualités requises ; aussi fut-il accepté avec empressement, et le 21 juin 1795 un navire anglais le déposa sur les rives de la Gambie.

Il se mit aussitôt en route, accompagné de deux domestiques nègres, et, après avoir traversé, dans la direction de l'est et du nord-est, des peuplades hospitalières et inoffensives, pour lesquelles la vue d'un blanc était un spectacle nouveau, il arriva sans encombre, mais un peu dépouillé, un peu volé, dans les Etats du roi de Kaarta. Ce souverain, qui eut pour lui les égards les plus affectueux, était en guerre avec celui de Bambara ; il conseilla à Mungo Park d'attendre la fin des hostilités avant de s'engager dans les Etats de ce dernier, qui pourrait le prendre pour

un espion ; mais la saison des pluies approchait et pouvait arrêter
la marche du hardi voyageur, impatient d'atteindre son but. Il
ne tint donc pas compte des avertissements de son hôte et s'engagea sur la route du Ludamar, pays maure, gouverné par un
roi nommé Ali, l'allié de celui de Bambara, et qui avait fait dire
à Park qu'il l'autorisait à traverser ses Etats.

Deux jours encore, et il en était sorti, lorsque tout à coup il fut
assailli, dépouillé, pillé par les Maures, qui le conduisirent à leur
souverain, à son camp de Benoun, puis à un autre camp, au milieu des brûlantes solitudes du désert. Traité avec une révoltante
barbarie, en proie à une fièvre dévorante, Mungo Park subit la
plus cruelle captivité. « Ma patience, ma résignation, écrit-il dans
l'intéressante relation de son voyage, ne purent désarmer les
Maures ; depuis le lever du soleil jusqu'à son coucher, j'étais obligé
de souffrir, d'un air tranquille, les insultes des sauvages les plus
brutaux du monde. » Une femme cependant, la femme d'Ali, eut
pitié des souffrances de l'infortuné Européen, et, grâce à elle, il
obtint enfin une nourriture suffisante.

Ali l'emmenait à Djarra, où il se rendait, lorsque Mungo Park
réussit à se soustraire à ses persécuteurs. Il se trouva seul dans
des déserts inconnus, n'ayant que quelques effets, sa boussole et
son cheval ; car Ali lui avait enlevé son nègre Demba, et l'autre,
Johnson, avait regagné la Gambie. « J'étais, dit-il, au milieu d'un
désert : il avait perdu à mes yeux son aspect horrible ; je n'avais
d'autre crainte que celle de rencontrer quelques Maures errants,
qui m'auraient ramené dans le pays des bandits et des assassins
d'où je venais de m'enfuir. » Cette crainte se réalisa en partie ; un
détachement de Maures trouva Mungo Park ; mais ils se contentèrent d'achever de le dépouiller. Le voilà donc continuant sa
marche dans le désert, mourant de faim et de soif, réduit à mâ-
cher des feuilles amères et desséchées. Son cheval était, comme
lui, exténué de fatigue et de privations. Il dut la vie à la rencontre de nègres errants et fugitifs, qui lui donnèrent quelques
secours en échange desquels il n'avait plus à leur offrir que les
boutons de son habit.

Tant de souffrances devaient avoir leur récompense, et le

20 juillet 1796 Mungo Park découvrait les rives si ardemment désirées du Niger, large comme la Tamise, et coulant majestueusement vers l'est, ainsi qu'on l'avait supposé. « Je courus au bord du fleuve, dit-il, et, après avoir bu de son eau, j'adressai à Dieu de ferventes actions de grâces. »

C'est près de Ségo, capitale du roi de Bambara, que Mungo Park était arrivé ; il se disposait à se rendre dans cette ville, en traversant le Niger sur un bac, quand le roi lui fit dire qu'il ne pouvait le recevoir sans connaître le motif de son voyage, et l'invita à aller se loger dans un village à quelque distance. Mungo Park s'y rendit ; mais les habitants furent effrayés à la vue d'un blanc, et pas un ne consentit à lui donner l'hospitalité.

Cependant le vent s'élevait et menaçait d'un orage ; morne et abattu, le voyageur s'assit au pied d'un arbre. A ce moment, une femme qui revenait des champs l'aperçut ; émue de compassion, elle prit la bride et la selle du cheval qui paissait près de là, et dit à Mungo Park de la suivre ; puis elle le conduisit dans sa cabane, lui donna du poisson grillé et l'invita à se reposer sur une natte. Elle-même se mit à filer du coton avec quelques autres femmes, et toutes ensemble, pendant ce travail qui dura une partie de la nuit, elles se récréèrent en chantant.

« L'une des chansons fut improvisée, dit le voyageur, et je m'en trouvai l'objet ; une femme chantait seule, puis les autres se joignaient à elle pour former le chœur. L'air en était doux et plaintif ; voici le sens des paroles : « Les vents mugissaient et la pluie « tombait. Le pauvre blanc, faible et fatigué, vint et s'assit sous « notre arbre. Il n'a pas de mère pour lui apporter du lait, point « de femme pour moudre son grain. » Et le chœur reprenait : « Ayons pitié de l'homme blanc qui n'a pas de mère et qui n'a « pas de femme ! » Emu jusqu'aux larmes d'une bonté si inespérée, je ne pus dormir. Le matin, je donnai à ma généreuse hôtesse deux des quatre boutons de cuivre qui restaient à ma veste : c'était le seul don que j'eusse à lui offrir en témoignage de ma reconnaissance. »

Deux jours après, le roi faisait dire à Mungo Park de s'éloigner sur-le-champ, en lui envoyant un sac de 5,000 cauris, environ

25 fr., pour payer ses dépenses. Mungo Park, obligé d'abandonner son cheval à Sansanding, sur les bords du Niger, descendit le cours du fleuve jusqu'à Silla; pousser plus loin, dans l'état

Les bords du Niger.

où il se trouvait, demi-nu, en proie à la fièvre, c'eût été plus que
de la témérité, c'eût été de la folie. Il revint donc par la rive
opposée du fleuve, pour regagner la Gambie par l'ouest, retrouva

son cheval, fit un long détour pour éviter Ségo , parce qu'il avait
appris que le roi de Bambara , à l'instigation des Maures sans
doute, avait donné l'ordre de l'arrêter. Il avait quitté le fleuve
sacré des noirs à l'endroit où il cesse d'être navigable en se rapprochant de sa source.

Bientôt après , de nouvelles angoisses venaient assaillir Mungo
Park ; des nègres pillards lui enlevaient son cheval et le peu qui
lui restait : il n'avait plus qu'à mourir ! Mais son courage ne l'aban-
donna pas dans cette cruelle situation : il se remit en marche ,
recouvra miraculeusement ses effets et son cheval, donna ce compagnon de toutes ses misères , en témoignage de sa reconnaissance, au chef d'un village hospitalier, et parvint enfin à gagner,
le 16 septembre, le village de Kamalia. La maladie et le temps
l'y retinrent jusqu'au 19 avril 1797; mais, grâce aux soins tou-
chants d'un marchand d'esclaves, qui lui avait promis de le ra-
mener dans la Gambie dès que cela lui serait possible, le 12 juin
1797, il regagnait en effet ce pays, et le 22 septembre suivant il
arrivait en Angleterre.

La relation du voyage de Mungo Park produisit une vive sensation, que ne purent atténuer les grands événements politiques
qui agitaient alors le monde. On entrevit aussitôt dans le Niger,
roulant ses vastes ondes dans l'intérieur de l'Afrique équatoriale,
une voie nouvelle promise au commerce des peuples civilisés et
à la diffusion des richesses des nations.

En 1804, le gouvernement anglais organisa une expédition
scientifique dont il confia de nouveau la direction à Mungo Park ;
celui-ci fit agréer le plan qu'il méditait depuis longtemps et qui
consistait à aller, non plus seul, mais avec une escorte suffisante,
reprendre l'exploration du Niger au point même où il avait dû
l'abandonner en 1797 ; puis, après avoir construit en cet endroit
une embarcation capable de le porter ainsi que toute sa suite, à
s'y abandonner au cours du fleuve. A cette époque, les bouches du
Niger n'étaient pas encore connues ; on pensait bien que ses eaux
se jetaient dans l'océan Atlantique , mais on regardait la bouche
immense du fleuve Zaïre ou Congo comme l'estuaire du fleuve du
Soudan.

Mungo Park partit le 30 janvier 1805, accompagné de son beau-frère, le chirurgien Anderson. Il avait été arrêté qu'il ne prendrait de troupes d'escorte qu'à l'île de Gorée, où résidait alors une légion africaine. Au commencement de mars, il jeta l'ancre dans la baie de Praya, de l'île de Santiago, l'une des îles du Cap-Vert. De là il se dirigea, plein d'espérance, vers l'île de Gorée, où il trouva tous les soldats de la légion on ne peut mieux disposés à le suivre. Le lieutenant Martyn ayant offert ses services, Mungo Park s'empressa de les accepter; mais tout ce qu'il put faire pour engager un certain nombre de nègres à faire partie de l'expédition fut inutile. Le 6 avril, il fit embarquer son escorte, forte de trente-cinq hommes, et réunit tout son monde à Kayi, petite ville située sur la Gambie. Il y fit la connaissance d'un prêtre du pays, nommé Isaac, accoutumé depuis longtemps à faire de longs voyages dans l'intérieur pour trafiquer, lequel consentit à l'accompagner et à lui servir de guide.

La caravane se mit en marche le 27 avril, dans l'ordre suivant: le guide Isaac en tête, le lieutenant Martyn et M. Anderson au centre, et Mungo Park à la queue. Aucune expédition aussi bien organisée n'avait encore pénétré en Afrique; aucune ne devait être aussi malheureuse. Dès les premiers pas, tout lui devint obstacle : ses riches bagages, qui éveillèrent la cupidité des petits rois africains et l'avidité de leurs sujets; ses nombreuses bêtes de somme, qui attirèrent sur leur piste les animaux de proie; la composition de son escorte, tout européenne et par conséquent peu habituée aux fatigues du sol et du climat; enfin, et surtout, l'arrivée prématurée de la saison des pluies.

A la première étape, le fils du roi de Woulli, ancien ami de Mungo Park, vint au-devant de lui et lui fit part que les habitants voyaient son voyage d'un mauvais œil. Les présents que Mungo Park s'empressa d'offrir furent refusés comme étant trop peu considérables, et le voyageur dut payer l'eau nécessaire aux besoins de la caravane. A l'étape suivante, les femmes de l'endroit, ayant eu connaissance de ce fait, conçurent l'idée d'extorquer, elles aussi, quelques présents aux hommes blancs. Elles vidèrent tous les puits du village, et l'expédition, à son arrivée, les trouva encore occupées à retirer l'eau au fur et à mesure qu'elles la voyaient sourdre de terre. Fâchés de ce contre-temps, les voyageurs eurent recours à un stratagème qui leur réussit. L'un d'eux ayant laissé tomber, comme par accident, son bidon dans le plus grand des puits, ses camarades lui attachèrent une corde autour du corps, et, l'ayant descendu dedans, il y remplit tous les bidons de l'escorte, au grand déplaisir des femmes, qui se virent ainsi obligées de renoncer au plaisir de se parer des colliers d'ambre et des grains de verroterie qu'autrement elles eussent obtenus en échange de leur eau.

Un peu plus loin, quelqu'un des naturels ayant vu un des soldats manger des fruits d'un arbre appelé nitta, le chef du village vint à lui en colère, et essaya de lui prendre des mains ceux qu'il tenait encore. Toutefois, n'ayant pas réussi, il tira son couteau et ordonna à la caravane entière de recharger les ânes et de quitter le village. Cette injonction n'ayant pas été plus écoutée que la première, il finit par se calmer. Quand ensuite il apprit que les soldats ignoraient la cause d'une aussi singulière restriction, et qu'à l'avenir ils n'y contreviendraient plus, il dit que la chose en elle-même n'eût été que d'une légère importance si elle n'avait pas eu lieu en présence des femmes; et il ajouta que, comme en temps de disette ce fruit est la seule ressource qu'ils aient, on jette un charme sur les nittas, pour empêcher les femmes et les enfants d'y toucher.

Ce fut au delà de la rivière Falémé que commencèrent pour les voyageurs les plus rudes épreuves. A peine eurent-ils franchi cette rivière, qu'ils furent assaillis par un ouragan terrible, bientôt suivi d'autres plus violents : c'était le commencement de la saison des pluies. Dans cet endroit de sa relation, Mungo Park, effrayé de l'effet subit que produisirent ces ouragans sur ses compagnons, laisse voir un certain découragement. « Je m'étais flatté, dit-il, d'atteindre le Niger en n'éprouvant que de légères pertes ; mais dès que nous fûmes dans la saison des pluies, je tremblai en songeant que nous n'étions encore qu'à moitié chemin. » En trois jours, douze hommes tombèrent malades.

L'effet des orages tropicaux sur l'organisation humaine étant un besoin presque irrésistible de sommeil, Mungo Park vit bientôt ses hommes se coucher çà et là sur les bagages humides ou même sur la terre imprégnée d'eau, et refuser d'aller plus loin ; pour beaucoup aussi, ce sommeil ne tarda pas à être le dernier, et il se passait à peine un jour sans que la mort enlevât un des hommes de la caravane. Les naturels, remarquant la situation difficile des voyageurs, ne se faisaient pas faute non plus de profiter de la circonstance pour leur dérober tout ce qui n'était pas soigneusement gardé. Plus d'une fois même, ils passèrent de la filouterie cachée au brigandage ouvert.

Au village de Gimbra, les habitants s'armèrent de leurs arcs et barrèrent le passage à la caravane, disant qu'elle n'irait pas plus loin, à moins qu'elle n'en obtînt la permission du douty ou chef. Ils firent alors retourner les ânes ; et l'un d'eux alla même jusqu'à saisir par la bride le cheval d'un soldat ; mais il la lâcha lorsqu'il vit que celui-ci armait son pistolet. La troupe ayant aussitôt chargé les armes et mis la baïonnette au canon, cette démonstration intimida les habitants. Les soldats, se saisissant à l'instant même des ânes, les poussèrent dans le lit d'un torrent qu'ils avaient à traverser. Toutefois le douty semblait persister à ne pas laisser passer la caravane, car il ne répondit aux observations que lui fit Mungo Park qu'en montrant une trentaine d'hommes armés. Sur quoi, Mungo lui demanda en riant s'il croyait réellement que de telles gens fussent capables de l'arrêter, ajoutant que, s'il voulait en faire l'essai, il n'avait qu'à essayer d'enlever un des ballots. Le douty jugea à propos de se refuser à cette épreuve, et laissa Mungo Park continuer son chemin.

Quelques jours plus tard, Mungo Park, parvenu au sommet d'une chaîne de montagnes, contempla encore une fois avec ravissement le Niger, roulant ses eaux dans la plaine. Un instant ce spectacle paya les peines du voyageur ; mais cet instant fut court. « Lorsque je réfléchis, dit la relation, que nous avions perdu dans notre marche les trois quarts de nos soldats, et que, pour surcroît de malheur, nous n'avions point de charpentiers pour construire les bateaux qui devaient nous porter à de nouvelles découvertes, la perspective de l'avenir me parut fort sombre. »

Arrivé à Marabou, petite ville sur la rive droite du Niger, Mungo Park, malade de la dyssenterie, qui avait été funeste à un si grand nombre de ses compagnons, s'y arrêta quelque temps. Il dépêcha en avant son guide Isaac, auprès du roi de Ségo, nommé Mansong, afin d'obtenir de ce potentat la permission de traverser le pays.

Plusieurs jours s'écoulèrent sans réponse. Les craintes que l'on avait conçues sur la non-réussite de la mission d'Isaac furent enfin dissipées par l'arrivée d'un personnage nommé Boukary, chanteur et poëte de Mansong, qui amenait avec lui six canots pour transporter à Ségo la caravane et son bagage. Le roi était très-satisfait de la valeur des présents offerts par Mungo Park, mais il ne voulait les recevoir qu'à Ségo. Tout en déclarant constamment qu'il permettait à la caravane de traverser ses Etats, il n'avait pas témoigné une seule fois le désir de voir quelqu'un de ceux qui la composaient. Loin de là, chaque fois qu'Isaac lui racontait quelque événement de leur voyage, il traçait devant lui des signes cabalistiques, comme pour écarter des maléfices imaginaires.

Le lendemain, d'autres envoyés du roi arrivèrent. Ils dirent à Mungo Park qu'ils venaient pour s'informer des motifs de son voyage, et lui donnèrent vingt-quatre heures pour méditer et formuler sa réponse. Mungo Park était trop pressé de partir pour profiter de ce délai. Il exposa aussitôt quel était le but de son voyage. Il rappela la bienveillance que Mansong lui avait témoignée lors de son premier voyage, et combien la nation anglaise était reconnaissante de sa générosité.

« Vous savez tous, ajouta-t-il, que le peuple blanc est un peuple commerçant, et que tous les objets de prix apportés à Ségo sont fabriqués par lui. Si l'on vous présente un bon fusil, qui l'a fait? Le peuple blanc. Si l'on vous offre un bon pistolet ou un sabre, une pièce d'écarlate ou de taffetas, des colliers ou de la poudre, qui les a faits? Le peuple blanc. Nous les vendons aux Maures, les Maures les apportent à Tombouctou, où ils les vendent très-cher. Les habitants de Tombouctou vous les vendent encore plus cher. Le roi du peuple blanc désire trouver une voie par laquelle nous puissions vous apporter directement nos marchandises, et vous les vendre bien au-dessous de ce qu'elles vous coûtent actuellement. Si donc le roi Mansong veut m'accorder le passage libre à travers ses Etats, je me propose de descendre le grand fleuve jusqu'au lieu où il se mêle avec l'eau salée ; et si les rochers ou d'autres obstacles ne s'opposent pas à la navigation , les vaisseaux des blancs remonteront le fleuve et viendront trafiquer à Ségo. Vous ne confierez, j'espère, ce que je viens de vous dire qu'au roi ; car si les Maures étaient instruits de mon projet, je serais certainement tué par eux. »

Cet habile discours produisit un merveilleux effet. Les envoyés de Mansong prièrent le ciel de protéger Mungo Park ; ils reçurent chacun un présent et trouvèrent que ceux qui étaient destinés à leur souverain étaient dignes de lui. Cependant ils firent observer que différents rapports ayant été faits au roi sur l'importance des bagages de la caravane, il avait désiré qu'ils s'assurassent de ce qui en était. Lorsqu'ils eurent visité tous les ballots , ils déclarèrent ne rien voir qui fût *mauvais*, et se retirèrent.

Le jour suivant, la réponse de Mansong arriva : « Mansong vous protégera, dit l'envoyé ; une route vous est partout ouverte aussi loin que sa main peut s'étendre ; si vous voulez aller à l'est, personne ne vous fera de mal de Ségo à Tombouctou ; si vous désirez aller à l'ouest, le titre d'étranger de Mansong vous protégera ; si vous voulez construire vos bateaux à Sami ou à Ségo, à Sansanding ou à Djinnie, nommez la ville, et Mansong vous y fera conduire. » Mungo Park fit choix de la ville de Sansanding.

Sansanding, rapporte le voyageur, était alors une ville de onze mille habitants environ. Elle ne renfermait aucun édifice public, excepté des mosquées. On y comptait plusieurs places servant de marchés.

Le roi avait promis deux grands canots à Mungo Park ; mais comme l'effet de cette promesse se faisait longtemps attendre, Mungo Park s'occupa des moyens de s'en passer. Il ouvrit une boutique brillante où il exposa un assortiment de marchandises d'Europe. Les acheteurs s'étant bientôt présentés en grand nombre, les marchands de Ségo en conçurent beaucoup de jalousie et offrirent de riches présents à Mansong pour obtenir de lui la mort ou le renvoi immédiat des blancs. Mansong, à son éloge, rejeta ces propositions.

Enfin, le roi tint en partie sa promesse en envoyant un canot; mais il était à moitié pourri, et Mungo Park dut passer plusieurs jours à le mettre en état. Notre voyageur touchait à la fin de son travail, le canot allait être prêt, lorsqu'il fut atteint de la plus grande douleur qu'il pût éprouver: son ami, son parent Anderson mourut, le 28 octobre 1805. « Jusqu'au moment, dit le voyageur, où je mis Anderson dans le tombeau, aucun des événements sinistres de ce voyage n'avait laissé d'ombre mélancolique sur mon âme. Mais alors, il me sembla que, pour la seconde fois, je me trouvais seul et sans ami dans les solitudes de l'Afrique. »

Cependant son courage ne fléchit point. Le 14 novembre, l'embarcation se trouva terminée, et le 16, après avoir remis son journal à Isaac, qui devait le porter à Ségo, l'intrépide voyageur mit à la voile. « Je m'embarque pour l'est, écrit-il au ministère anglais; je m'abandonne au courant du Niger avec la ferme résolution de découvrir son embouchure, ou de périr dans cette entreprise. Tous ceux qui sont avec moi dussent-ils mourir, fussé-je moi-même à demi mort, je poursuivrais ma course; et si je n'atteins pas le but de mon voyage, le Niger, du moins, me servira de tombeau. »

On fut quelque temps sans nouvelles; puis des bruits fâcheux commencèrent à se répandre sur le sort de Mungo Park, et prirent de la consistance d'année en année. Le gouvernement anglais s'en émut et ordonna des recherches. Personne ne paraissait plus propre à une semblable mission que le guide Isaac. On réussit à le déterminer à entreprendre un voyage dans ce but. En conséquence, il partit du Sénégal le 7 janvier 1810. Arrivé à Sansanding à la fin de septembre, il eut le bonheur de rencontrer un nègre nommé Amadi-Fatouma, que Mungo Park avait pris comme guide pour descendre le Niger. A la vue d'Isaac, ce nègre se mit à pleurer, et ses premières paroles furent : « Ils sont tous morts! » Interrogé sur ce qui avait eu lieu, il fit le récit suivant :

« Nous partîmes, comme vous savez, dans un canot, et en deux jours, nous parvînmes à Silla, où Mungo Park avait terminé son premier voyage. Sans descendre à terre, le chef y acheta un esclave pour aider à la manœuvre du canot. Nous étions, à bord, neuf personnes en tout : le chef, M. Martyn, trois autres blancs, trois esclaves et moi, guide et interprète. Deux jours plus tard, nous atteignîmes Jenné, et nous poursuivîmes notre route après avoir donné au chef une belle pièce d'étoffe. Sur le lac Dibbie, trois canots nous suivirent ; ceux qui les montaient étaient armés de lances, de javelots, d'arcs et de flèches, mais ils n'avaient point d'armes à feu. Persuadés de leurs intentions hostiles, nous leur ordonnâmes de reculer ; mais ce fut en vain, et nous fûmes obligés de les repousser par la force. Devant Kabra et plus loin, après Tombouctou, d'autres canots essayèrent de nous couper le passage ; mais nous les repoussâmes vigoureusement. Beaucoup de naturels périrent dans ces attaques successives. Après avoir dépassé ensuite, sans particularités remarquables, plusieurs villes, nous entrâmes dans la contrée de Haoussa, où finissait mon engagement. J'en avertis le chef, et je pris congé de lui, après avoir porté de sa part, au chef du village d'Yowri, de fort beaux présents, tant pour lui que pour le roi du pays, qui demeure non loin de là.

« Le jour suivant, le chef continua sa route ; je couchai dans le village d'Yowri, et dès le lendemain matin j'allai voir le roi. En entrant au palais, je trouvai deux cavaliers dépêchés par le chef d'Yowri. Ils dirent au roi : « Nous sommes envoyés par le « chef d'Yowri, pour vous informer que les hommes blancs sont « partis sans rien donner, soit pour vous, soit pour lui. Ils ont « une grande quantité de choses avec eux, et nous n'en avons « rien reçu ; et cet Amadi-Fatouma, ici présent, est un méchant « homme qui s'est également joué de vous. » Le roi me fit sur-le-champ charger de fers et dépouiller de tout ce que je possédais ; quelques-uns de ses conseillers opinèrent pour ma mort, d'autres pour qu'on m'infligeât quelque châtiment moindre. Le lendemain, de grand matin, le roi envoya des troupes au village de Boussa, situé sur les bords du fleuve. Devant ce village, un roc élevé traverse le fleuve dans toute sa largeur; il ne s'y trouve qu'une large ouverture, en forme de porte, par où les eaux peuvent passer, et le courant y est très-rapide. Les troupes prirent position au-dessus de cette ouverture. Mungo Park, qui n'arriva qu'après coup, entreprit de forcer le passage. Aussitôt, les ennemis l'attaquèrent et firent pleuvoir sur lui une grêle de traits, de lances, de flèches et de pierres. Mungo Park se défendit longtemps; deux de ses esclaves furent tués à la poupe du canot; il fit jeter dans le fleuve toute la cargaison, tout en continuant de faire feu sur les assaillants; mais enfin, succombant au nombre et à la fatigue, ne pouvant plus tenir contre la force du courant, et n'entrevoyant aucune possibilité de s'échapper, il saisit l'un de ses compagnons blancs et s'élança dans l'eau avec lui; M. Martyn fit de même, et tous se noyèrent en s'efforçant de se sauver à la nage (1). »

Ce récit d'Amadi-Fatouma fut, pendant longtemps, tout ce qu'on put savoir sur le sort de l'expédition de Mungo Park. On croyait généralement que l'infortuné voyageur et ses compagnons avaient péri sur les rochers de Boussa, lorsqu'en 1846, un Anglais, se trouvant dans ces parages, apprit par hasard qu'un témoin oculaire du fatal événement vivait encore dans une ville lointaine; il se mit aussitôt à sa recherche et finit par le découvrir; c'était un vieillard du nom de Terrasso-Wia. Le récit de cet homme se trouva quelque peu en désaccord avec celui d'Amadi-Fatouma, et représenta même ce dernier comme l'instrument, sinon comme l'auteur principal de la catastrophe.

Terrasso-Wia raconta qu'il était un tout jeune homme, établi à Yowri, auprès du roi de cette ville, ainsi que trois autres prêtres musulmans, ses compatriotes, lorsqu'un homme blanc, de haute taille et de noble apparence, descendit le Niger dans un large canot. Il avait avec lui plusieurs hommes de sa couleur. Ce voyageur était Mungo Park, qui avait à son bord un homme des environs de Yowri, nommé Amadi-Fatouma. Ayant accompagné quelque temps auparavant une caravane de marchands jusqu'à

______

(1) F. DE LANOYE, *le Niger*.

une ville très-éloignée, dans le haut de la rivière, il y avait rencontré Mungo Park, qui l'avait engagé comme guide. Arrivé à
Yowri, sa patrie, il quitta le canot, mais non sans avoir reçu
préalablement le prix de son engagement.

Nourrissant de perfides desseins, Amadi-Fatouma engagea les
voyageurs à s'arrêter à Yowri, où, suivant lui, par son intermédiaire, ils pourraient se procurer à bon compte toutes les provisions dont ils avaient besoin pour continuer leur route. En conséquence, Mungo Park prit terre devant la ville, eut une
audience du roi, qui lui vendit tout ce qui était nécessaire à
l'approvisionnement de l'embarcation, et qui fut intégralement
payé de ses fournitures. Cette affaire réglée, Mungo Park regagnait son canot et se préparait à quitter la rive, lorsqu'il vit accourir un messager du roi, qui l'avertit qu'Amadi-Fatouma venait
de porter plainte à son maître contre les étrangers, accusant
Mungo Park de lui avoir refusé le salaire convenu entre eux, et
de ne lui avoir donné que des coups en retour de ses services. Le
héraut noir termina sa harangue en signifiant à Mungo Park qu'il
était chargé de le retenir jusqu'à ce qu'il eût fait droit aux réclamations du guide. Mungo Park repoussa l'accusation avec
une indignation bien naturelle; et, déterminé à ne pas se soumettre à une si grossière avanie, il regagna immédiatement son
bord avec tout son monde. Là, il invita le messager à retourner
vers son maître, et à engager Amadi-Fatouma à venir lui faire sa
réclamation en personne. Amadi vint avec un malam, ou chef du
culte, qu'accompagnait le narrateur Terrasso-Wia. Le nègre
renouvela effrontément la demande de ses gages, soutenant que
la convention qu'il avait faite avec les blancs n'avait pas été
exécutée à son gré et selon son droit, quoique tous les gens de
Mungo Park déclarassent hautement qu'ils avaient vu leur chef
solder à Amadi ce qui lui revenait, et lui remettre même une
gratification en sus. Selon l'opinion de Terrasso-Wia, il n'est pas
douteux que le roi du pays, despote sans foi ni loi, n'ait encouragé et même poussé Amadi à élever cette frauduleuse requête,
et cette manière de voir était celle d'un grand nombre des assistants qui, dit le témoin, croyaient aux paroles de l'homme blanc.

Néanmoins, le roi ayant ordonné que force restât à ses résolutions, quand les gens de Mungo Park eurent détaché le câble qui amarrait leur barque à un arbre de la rive et voulurent gagner le milieu du fleuve, un des officiers du roi, saisissant le canot par un des anneaux du plat-bord, s'efforça de le retenir, en appelant à l'aide la foule présente. Mungo Park ayant alors abattu d'un coup de sabre la main de ce malheureux, quelques-uns des naturels, exaspérés, commencèrent, au milieu d'affreux hurlements, à faire pleuvoir sur les voyageurs une grêle de traits et de pierres. Forcé de se défendre, Mungo Park fit feu sur cette multitude et en tua un bon nombre.

Jusque-là, il n'y avait pas eu dans l'attaque des nègres ensemble et animosité; beaucoup même d'entre eux se fussent déclarés en faveur des étrangers, s'ils n'avaient été retenus par la crainte. Mais, pendant qu'ils étaient encore hésitants, Mungo Park tomba mort, ou si grièvement blessé, qu'il expira dès qu'on l'eut transporté en présence du roi, qui prétendit regretter beaucoup d'avoir été contraint de recourir à une telle extrémité pour faire rendre justice à son sujet. Avec Mungo Park périrent tous ceux qui montaient l'embarcation.

Terrasso-Wia, témoin de toute cette scène, déclara que, dans son opinion, Mungo Park aurait pu s'échapper sans autre accident que quelques coups de pierres, si, après avoir blessé l'officier, il avait immédiatement poussé son canot au large. Il affirma à plusieurs reprises que Mungo Park avait été enlevé encore vivant de son canot, mais qu'il ne pouvait déjà plus parler quand on l'amena devant le roi. Toute la cargaison du bateau fut saisie par celui-ci, qui en distribua une partie à ses courtisans. Quant aux papiers de l'infortuné voyageur, Terrasso-Wia affirma encore qu'une portion d'entre eux, et la plus importante, renfermée dans un rouleau de fer-blanc, avait été achetée à haut prix par un marchand venu de Tripoli, trente-six mois après l'événement, et que le reste avait été partagé entre plusieurs malams qui en fabriquèrent des amulettes (1).

----

(1) F. DE LANOYE, *le Niger.*

Si cette version met en pleine lumière des circonstances qu'Amadi-Fatouma avait intérêt à cacher, elle n'apprend nullement pourquoi le peuple et le gouvernement de Boussa n'ont jamais repoussé l'hypothèse qui fait périr le voyageur anglais en vue de leur ville, et ne soulève que partiellement le voile mystérieux jeté sur cette catastrophe.

Les successeurs de Mungo Park sur le sol africain ne furent pas plus heureux, et leurs noms ne forment, pour ainsi dire, pendant une vingtaine d'années, qu'une liste nécrologique.

L'Anglais Nicholls, en 1805, soupçonnant avec raison que la vraie route à suivre était celle du golfe de Benin, se fit débarquer sur la côte du vieux Calabar. On fondait un grand espoir sur sa mission, lorsqu'on apprit qu'il avait succombé aux fièvres.

En 1809, l'Allemand Rœntgen, de Neuwied, périt également en se rendant à Tombouctou. Son cadavre trouvé sur la route, et plusieurs de ses effets saisis entre les mains d'un Maure, ne laissèrent aucun doute sur sa fin, causée par la cupidité de ses compagnons de voyage. L'ordre des dates nous conduit ensuite au matelot américain Robert Adams, nommé aussi Benjamin Rose, dont les récits, faux ou vrais, sont tellement pleins d'exagération, que ses compatriotes mêmes ne voulurent pas y ajouter foi. L'Américain Riley, qui naufragea sur la côte ouest de l'Afrique et devint esclave du prince maure Sidi-Hamet, obtint de lui d'importants renseignements sur Tombouctou ; mais il ne put revoir sa patrie. Les Anglais Peddie et Campbell, auxquels s'était joint le Saxon Adolphe Kummer, suivirent le Rio-Nunez pour pénétrer dans l'intérieur. Le second réussit à arriver assez près de Timbo ; mais tous trois vinrent augmenter le nombre des martyrs de l'amour de la science et périrent victimes du climat au milieu des sables.

En 1816, le capitaine anglais Tuckey, envoyé par l'Amirauté et l'Association africaine pour vérifier l'identité supposée du Niger et du Zaïre ou Congo, périt misérablement au bout de trois mois, avec ses dix-sept compagnons. Le major Gray, successeur de Peddie et de Campbell, réorganisa, en 1817, les débris de leur malheureuse expédition et se mit en campagne. La cupidité des peuplades de la région, éveillée par les voyages précédents et par les bénéfices qu'elles en avaient tirés, opposa à chaque pas de la caravane des obstacles qui contraignirent le major Gray à brûler tous ses bagages et à venir chercher, avec tout son monde, un refuge sous le canon du fort français de Bakel. Il mourut avant d'avoir regagné une terre anglaise. Après lui succombèrent successivement le Français Rouzey, l'Italien Belzoni et le jeune et ardent Anglais Bodwich. En 1820, Dupuis et Hutton, envoyés dans le pays des Achantis, ne dépassèrent pas la capitale de ce royaume. En revanche, la découverte des sources du Sénégal fut obtenue par le Français G. Mollien, qui, dès 1818, avait remonté le cours de ce fleuve et du Rio-Grande, jusque non loin du Timbo.

G. Mollien est le seul explorateur africain de cette époque qui ait revu sa patrie. Déjà il avait eu le rare bonheur de se tirer vivant du naufrage de la *Méduse*. Il pénétra dans l'intérieur de l'Afrique occidentale, accompagné d'un marabout parlant l'arabe et plusieurs autres dialectes. Le 26 avril 1818, après avoir pénétré dans un bouquet d'arbres touffus, il trouva, l'un au-dessus de l'autre, deux bassins d'où l'eau sortait en bouillonnant : c'étaient les sources du Sénégal, que les naturels appellent fleuve noir.

Vers la fin de l'année 1821, le gouverneur général anglais de l'Afrique occidentale, résidant à Sierra-Leone, ayant appris qu'il existait entre deux rois du pays une guerre assez sérieuse, dont les conséquences étaient l'interruption de tout commerce avec les Européens, jugea à propos d'envoyer une ambassade aux belligérants, afin de les décider à la paix. Le major Laing fut chargé de cette mission, et profita de l'occasion pour rechercher les sources du Niger.

Accompagné de plusieurs guides, Laing arriva à une haute montagne en pain de sucre, située à quelques lieues de la ville de Falaba. C'est, suivant lui, de cette montagne, appelée la Loma, que descend le Niger. « La source de ce plus grand des fleuves du monde nègre, rapporte Laing, est entourée de nombreuses traditions. Bien qu'elle n'ait qu'un pied et demi de large, si quelqu'un, dit-on, voulait essayer de la franchir en sautant, il y tomberait et serait englouti ; mais on peut le faire avec sûreté en enjambant posément. Il est défendu de prendre de l'eau à cette source ; et si quelqu'un le tente, sa calebasse lui est arrachée par un pouvoir invisible, et il peut même avoir le bras cassé. »

Le fleuve, à sa source, se nomme *Tembié*, mot qui signifie eau dans le dialecte des indigènes. Il court au nord pendant plusieurs milles ; puis il prend une direction à l'est et perd le nom de Tembié pour celui de *Djoliba,* ou grande rivière, qu'il porte jusqu'à Tombouctou.

Laing donne aussi sur les peuples au milieu desquels il vécut des détails de mœurs assez curieux. Il semble que les hommes et les femmes ont tout à fait changé de sexe, en ce qui touche aux travaux domestiques. A l'exception des semailles et de la moisson, les soins de l'agriculture sont entièrement confiés aux femmes, tandis que les hommes s'occupent de la laiterie et traient les vaches. Les femmes bâtissent les maisons, enduisent les murs, font office de barbiers, de chirurgiens, tandis que les hommes, ainsi qu'en Egypte, cousent et souvent lavent le linge.

En 1827, le major Laing fit un nouveau voyage qui lui coûta la vie : il fut assassiné dans le voisinage de Tombouctou. On eut, plus tard, des renseignements sur cette cruelle catastrophe. A quelques journées au nord de Tombouctou, la caravane dont le major Laing faisait partie avait été arrêtée sur la route de Tripoli par les Touaregs, et, selon d'autres, par les Berbiches, tribu nomade voisine du Djoliba. Laing, reconnu pour chrétien, fut horriblement maltraité : on ne cessa de le frapper avec un bâton que lorsqu'on le crut mort. Un autre chrétien, probablement son domestique, périt sous les coups. Les Maures de la caravane relevèrent Laing et parvinrent, à force de soins, à le rappeler à la vie. Dès qu'il eut repris connaissance, on le plaça sur son chameau, où il fallut l'attacher, tant il était faible et incapable de se soutenir. Les brigands lui avaient presque tout enlevé.

Rendu à Tombouctou, Laing guérit de ses blessures. Sa convalescence fut longue, mais rarement troublée par des vexations, grâce aux lettres de recommandation que des Tripolitains lui avaient données, et surtout à son hôte, Tripolitain lui-même, à qui on l'avait confié. Laing avait conservé le costume européen et levé le plan de Tombouctou. Pendant son séjour dans cette ville, on avait souvent voulu le forcer à convenir qu'il n'y a qu'un seul Dieu, et que Mahomet est son prophète; il se bornait à répondre : « Il n'y a qu'un seul Dieu, » sans rien ajouter; aussi le traitait-on de cafir, d'infidèle, sans pourtant l'outrager autrement; on le laissait libre de penser et de prier à sa manière, tolérance qui s'explique en se rappelant que les Maures domiciliés à Tombouctou y sont venus de Tripoli, d'Alger ou de Maroc, et qu'ayant eu occasion de voir des Européens, ils sont moins prompts à s'effaroucher de leur culte. Laing comptait se rendre par Ségo vers les comptoirs français du Sénégal; mais les Foulahs l'ayant menacé de lui faire un mauvais parti, s'il osait traverser leur pays, le major, voyant qu'il n'y avait rien à obtenir de ces fanatiques, choisit la route d'El-Araouan et du Grand-Désert. Après avoir marché cinq jours au nord de Tombouctou, la caravane qu'il avait rejointe rencontra le chef de la tribu de Zaouat, lequel arrêta Laing, sous prétexte qu'il était entré sur son territoire sans sa permission. Il voulut l'obliger à reconnaître Mahomet pour le prophète de Dieu et à faire le salam. Le major, trop confiant dans la protection du pacha de Tripoli, qui l'avait recommandé à tous les cheiks du désert, refusa d'obéir. Alors des esclaves noirs étranglèrent l'infortuné voyageur anglais, dont le corps devint la pâture des corbeaux et des vautours du désert.

Tandis que le major Laing accomplissait son premier voyage aux sources du Niger, trois autres Anglais, le capitaine Clapperton, le docteur Oudney et le major Denham, débarquaient à Tripoli, pour, de là, se mettre, à travers le désert du Sahara, à la recherche du cours du Niger.

Au mois de mars 1822, ils quittèrent Tripoli et se rendirent à Sokna, ville du Fezzan, à mi-chemin entre leur point de départ et Mourzouk, ville située sur les confins du désert. Durant le trajet, ils eurent à essuyer un terrible ouragan. Le vent souleva le sable fin qui couvrait le sol, et bientôt il fut impossible de distinguer à quelques pas seulement. Le soleil et les nuages se trouvèrent complétement voilés, et les tourbillons furent pendant quelque temps si épais, qu'ils présentaient une espèce de résistance à la marche. Le vent ayant changé de direction, le calme se rétablit, et la caravane arriva en vue de Mourzouk sans autre perte qu'un mouton.

On fit halte pour donner le temps à la petite troupe de se rassembler, les voyageurs voulant entrer dans la ville avec une certaine pompe. Cependant, personne ne vint à leur rencontre, sauf quelques enfants nus et un mélange de Tibbous, de Touaregs et de Fezzanais, à l'air fort peu agréable. Un esclave fut envoyé pour annoncer l'arrivée de la caravane; au bout d'une demi-heure d'attente, le cheik El-Blad, gouverneur de la ville, se montra enfin, et pria les voyageurs, au nom du sultan, de vouloir bien l'accompagner à la maison qu'on avait préparée pour eux; il ajouta, à leur grand étonnement, que le consul anglais y était déjà logé. Ce fameux consul n'était autre qu'un des domestiques, un juif qui avait précédé le reste de la caravane et était entré tout seul dans la ville, où il ne s'était nullement fait prier pour recevoir les hommages qu'il avait trouvé tout le monde prêt à lui rendre. On pense si, plus tard, nos voyageurs firent gorgechaude de la méprise de ces braves musulmans, qui s'étaient prosternés devant un israélite, espèce d'homme qu'ils détestent profondément.

Le projet de l'expédition était de visiter le Bornou, et le pacha de Tripoli s'était engagé à en faciliter l'exécution. A Mourzouk devait se trouver une nombreuse escorte; mais, soit malentendu, soit mauvais vouloir de la part du gouverneur, elle fit défaut, et les voyageurs durent séjourner pendant un temps assez long dans la ville; ils en profitèrent pour étudier les mœurs et les coutumes des indigènes et pour explorer les environs. Ils eurent la chance d'être témoins du mariage d'un des plus riches habitants de Mourzouk. Les cérémonies qui ont lieu dans ces circonstances offrent quelque chose de si bizarrement chevaleresque, qu'elles méritent une description.

Le matin du jour où doit s'accomplir la cérémonie nuptiale, c'est-à-dire la dernière des cérémonies qui constituent le mariage,

car les époux sont en général fiancés un an d'avance, la musique
de la ville ou de la tribu, consistant d'ordinaire en une corne-
muse et deux petits tambours, va donner une sérénade à la jeune
fille d'abord, ensuite au jeune homme, qui, selon l'usage, se promène par les rues, splendidement habillé, avec une partie de la
population à ses talons. Pendant ce temps, toutes les femmes,
parées de leurs plus beaux atours, se rendent à la maison de la
future, et, se plaçant aux différents trous de la muraille qui
servent de fenêtres, regardent dans la cour. Quand elles sont
ainsi placées, et que la future est en face d'une des fenêtres avec
la figure entièrement cachée par son voile, l'usage veut que les
habits de noce, chemises de soie, châles, pantalons, voiles, pour
montrer l'opulence des futurs époux, soient suspendus du haut
en bas de la maison. Alors on permet aux jeunes chefs arabes de
venir présenter leurs hommages; ils sont précédés depuis la
porte par leur musique, et une ou deux femmes, dansant avec
beaucoup de dignité un pas lent, s'avancent au centre de la cour,
sous la fenêtre de la fiancée; là, les dames saluent leurs visiteurs
par des cris de joie, et ceux-ci rendent le salut en posant leur
main droite sur leur poitrine, tandis qu'on les promène autour
du cercle que forment les dames. On leur laisse tout le temps
désirable pour examiner les beautés qui les environnent, et il y
en a peu qui en ces occasions soient assez cruelles pour tenir
leur voile tout à fait baissé. Il est rare de voir dans aucun autre
pays un pareil assemblage d'yeux noirs et brillants, de larges
pendants d'oreilles et de dents blanches. Après avoir fait le tour
du cercle, chaque homme remet son cadeau entre les mains de la
principale danseuse, qui le montre à la compagnie, et les assistants applaudissent plus ou moins, suivant que la valeur en est
plus ou moins considérable. Avant leur départ, tous les visiteurs
déchargent leurs pistolets, puis les dames les saluent par de
nouveaux cris.

Lorsque cette cérémonie est terminée, l'épouse, un peu avant
le coucher du soleil, se prépare à quitter la maison de son père;
on lui envoie à cet effet un chameau sur le dos duquel est une
espèce de fauteuil d'osier, recouvert de fourrures et de châles

achetés dans le Soudan, au Caire ou à Tombouctou. Elle y monte,
et se place de manière à voir devant elle, et néanmoins à cacher
tout à fait sa figure aux yeux des autres. On la conduit de cette

Une ville dans le Bornou.

façon hors de la ville, où sont réunis en foule des gens à pied et
à cheval, porteurs d'armes à feu. Tous ces tirailleurs, par petits
détachements de trois ou quatre, passent et repassent avec vitesse

près du chameau de la jeune fille, déchargeant leur arme à ses oreilles. On fait de cette manière trois fois le tour de la ville; et ce qui n'égaye pas le moins cette scène, c'est que, de temps en temps, l'amoureux cherche à approcher du chameau de sa belle, qui est entourée de négresses, lesquelles se mettent à crier et à le repousser dès qu'elles l'aperçoivent, au grand amusement des spectateurs. Enfin les cavaliers, sans que les décharges de mousqueterie discontinuent, la conduisent au milieu d'eux à la demeure de son futur. Etant arrivée, il faut toujours qu'elle paraisse fort surprise et refuse de descendre de sa monture; les hommes hurlent, les femmes battent des mains, et elle finit par se décider à entrer dans la maison; alors, quand elle a reçu un morceau de sucre dans sa bouche de la main de son fiancé, et qu'elle lui en a mis un autre dans la sienne, la cérémonie est achevée, et ils sont déclarés mari et femme.

L'expédition partit définitivement de Mourzouk à la fin de novembre 1822, pour se rendre à Kuka, dans le Bornou. Le trajet ne présenta rien de particulier. Le 16 février 1823, les voyageurs campèrent à une heure de marche de la ville; un messager vint les prier, au nom du cheik, d'attendre jusqu'au lendemain, attendu que les huttes qu'on leur préparait n'étaient pas encore prêtes.

« Nous passâmes tout ce temps dans une impatience facile à concevoir, dit la relation; en effet, nous touchions au moment de faire connaissance avec un peuple que les Européens n'avaient encore jamais vu, et dont ils avaient à peine entendu parler; nous allions pénétrer dans une ville dont l'existence et la véritable position avaient été jusqu'alors une espèce de problème. Puis on ne saurait imaginer combien les gens de notre escorte variaient dans leurs récits sur le cheik, avec lequel nous devions entrer en relations; au point que le lendemain, quand nous avançâmes vers Kuka, nous ne savions pas si nous rencontrerions le gouverneur de cette ville à la tête de plusieurs milliers d'hommes en armes, ou s'il nous recevrait assis sous un arbre, entouré de quelques esclaves nus. Mais notre incertitude ne tarda guère à cesser; car nous eûmes à peine marché dix minutes, que nous aperçûmes soudain en face de nous une ligne formidable de cavaliers qui

s'étendait à droite et à gauche, aussi loin que nous pouvions voir.
A notre aspect, ils poussèrent un cri général, puis vinrent à notre
rencontre, au son d'une bruyante musique. Tandis que le corps
principal marchait lentement et en bon ordre, trois petits corps
détachés s'élancèrent au grand galop vers nous, s'approchèrent
jusqu'à quelques pas de nos chevaux, nous crièrent dans leur
langue nationale que nous étions les bienvenus, et s'en retournèrent aussi vite qu'ils étaient arrivés, pour recommencer plusieurs fois de suite le même manége. Pendant qu'ils exécutaient
ces évolutions, les deux extrémités de la grande ligne de cavalerie
se rejoignirent peu à peu, et bientôt notre petite troupe se trouva
entourée de toutes parts par des guerriers dont les compliments
semblaient une sorte d'insulte à sa faiblesse. Bientôt nous fûmes
serrés de si près, qu'il nous fut impossible de faire un pas : nous
étouffions. »

Le cheik de Kuka, aussi intelligent qu'affable, s'employa tout
entier à satisfaire les désirs des voyageurs. Ceux-ci visitèrent
d'abord les environs de la ville et firent quelques excursions sur
les bords du grand lac Tchad, qu'ils venaient de découvrir. La
saison des pluies les mit dans l'obligation de séjourner à Kuka
depuis le mois de juillet jusque vers la fin de l'année 1823. Pendant ce long intervalle de repos forcé, ils recueillirent des détails
de mœurs pleins d'intérêt.

Un jour, les dames du lieu, par suite sans doute des rapports
défavorables qui avaient été faits au cheik sur la conduite de la
plupart d'entre elles durant l'absence de leurs maris, reçurent
l'ordre de s'assembler toutes devant son palais : il faut savoir
que ce prince était fort sévère envers le beau sexe, punissait avec
une extrême rigueur et quelquefois même de mort les plus légères fautes que commettaient les femmes, enfin se vantait d'avoir
introduit une notable amélioration dans toutes leurs manières depuis qu'il résidait parmi elles. On ne peut nier en effet que, depuis
cette époque, les maris des villes voisines ne les proposent sans
cesse à leurs épouses comme des modèles à suivre. La somme de
leurs offenses, en cette occasion, paraissait se réduire à ce
qu'elles s'étaient montrées trop souvent dans les rues, et la figure

non voilée, tandis que leurs seigneurs et maîtres avaient suivi une expédition. Ces derniers se plaignaient aussi généralement de ce qu'elles avaient pris la mauvaise habitude de parler haut, arguant de là qu'elles devaient avoir beaucoup parlé pendant leur absence. Le cheik, après les avoir rudement sermonnées, les congédia, et fit défendre qu'aucune femme mariée qui avait des esclaves sortît à l'avenir de sa maison ou y reçût des visiteurs ; celles qui étaient sans mari (et, à cause de la fréquence des divorces, elles sont nombreuses) réclamèrent contre une pareille défense, disant que pour trouver à se marier, il fallait bien qu'elles reçussent des hommes chez elles ; mais le cadi leur répliqua très-sensément « que, comme une femme ne pouvait épouser qu'un homme, elles n'avaient pas besoin d'en recevoir plusieurs dans sa maison, et qu'en conséquence elles n'en recevraient qu'un à la fois, pas davantage. » Le cadi fut cependant interrompu par le cheik, qui, dans sa grande sagacité, comprit que des inconvénients encore plus graves pourraient résulter de semblables tête-à-tête, quand il serait impossible que rien les troublât. « Non, non ! dit-il, je ne veux pas d'une telle prohibition. S'opposer à ce qu'une femme ouvre sa porte aux gens qui viennent lui faire la cour, c'est entraver le mariage, chose contraire à la loi du prophète ; mais il ne faut pas que ces visites aient lieu à des heures indues de la nuit, il ne faut pas non plus qu'il y ait de préférence, et qu'une personne soit admise au préjudice d'une autre; car si on trouve une fois la porte d'une femme fermée à l'intérieur, soyez sûrs que Satan est en train de lui arracher un cheveu; or, quand Satan nous a pris un cheveu, il faut bientôt lui abandonner toute la tête. »

Souvent, dans la soirée, une assemblée nombreuse se réunissait devant la porte du cheik, et alors de vigoureux esclaves venaient lutter en présence de leurs maîtres et du cheik lui-même, qui se postait ordinairement à une petite fenêtre au-dessus de la principale porte du palais. Souplesse et force étaient les qualités qui assuraient la victoire aux combattants; ils luttaient avec un acharnement qui peut à peine avoir été surpassé dans les combats avec armes des gladiateurs romains, et qui était vivement soutenu par les voix de leurs maîtres, qui les exhortaient à déployer toutes les ressources dont ils étaient capables. Une rauque trompette, qui n'était autre qu'une corne de buffle, sonnait l'attaque : les combattants entraient nus dans l'arène, à l'exception d'une ceinture de cuir qu'ils portaient autour des reins ; et ceux qui, en de précédentes occasions, avaient été victorieux, étaient reçus avec de bruyantes acclamations par les spectateurs. Des esclaves de toutes nations étaient d'abord opposés les uns aux autres : dans le nombre, les naturels du Soudan étaient les moins robustes, et rarement vainqueurs. Les luttes les plus chaudes avaient lieu entre les Mangowiens et les nègres du Baghirmi : quelques-uns de ces esclaves, et particulièrement les derniers, se faisaient remarquer par leurs belles formes et leur stature gigantesque ; mais les exploits du jour se terminaient habituellement par le combat de deux Baghirmis l'un contre l'autre ; et souvent, de ces engagements entre compatriotes, résulte une fracture de quelques membres, ou même la mort. Ils commencent par poser leurs mains sur les épaules l'un de l'autre ; ils ne font aucun usage de leurs pieds ; mais ils se baissent fréquemment, et recourent à mille artifices pour mettre l'adversaire hors de ses gardes. Celui qui peut y parvenir l'empoigne par les hanches, et, après l'avoir élevé très-haut en l'air, le précipite contre terre avec une telle violence, qu'il demeure sur la place, baigné de sang et incapable de continuer la lutte. Un vainqueur de ce genre est salué par de longs cris de joie ; des vêtements lui sont jetés de toutes parts par les spectateurs ; et quand il va s'agenouiller aux pieds de son maître, ce qui termine toujours le triomphe, il est souvent revêtu par les esclaves qui entourent celui-ci, d'une tunique valant trente ou quarante dollars ; ou, ce qui est regardé comme une marque de faveur encore plus grande, le possesseur de l'esclave victorieux se dépouille de la tunique qu'il porte et la lui met sur le dos.

Dès que les pluies eurent cessé, le major Denham explora les rives occidentales du lac Tchad et le pays des Baghirmis. De leur côté, le capitaine Clapperton et le docteur se rendirent de Kuka à Sakatou. Durant le trajet, la science du docteur fut souvent mise à contribution. Ce n'étaient pas seulement des malades qui

venaient le consulter, mais des hommes et des femmes de tout
genre ; ceux-ci voulaient des remèdes à leur impuissance, celles-
là à leur stérilité. Il y en avait d'autres qui venaient solliciter des
préservatifs contre des calamités simplement éventuelles et possibles : cherchant dans leur tête tous les maux auxquels la vie est
exposée, ils s'adressaient à lui avec la confiance et l'espoir qu'il
était capable de les en garantir. Les femmes surtout ne tarissaient
pas en consultations de ce genre; elles l'importunaient sans cesse
pour qu'il leur donnât la recette de conserver l'affection de leurs
amants ou la tendresse de leurs maris, et quelquefois, ce qui était
odieusement mal, le moyen de causer la mort d'une rivale préférée.

Malheureusement, le docteur Oudney dut bientôt cesser ses
consultations, à cause du mauvais état de sa santé. Le 11 janvier
1824, sa triste situation devint telle, que son compagnon, le capitaine Clapperton, perdit presque l'espoir qu'il pût survivre à la
journée du lendemain. « Hélas! mes craintes n'étaient que trop
fondées, dit la relation. Le 12, en effet, le docteur but une tasse
de café, et demanda lui-même qu'on se mît en route. Je l'aidai à
se vêtir, et, soutenu par son domestique, il sortit de sa tente ;
mais, avant que nous eussions eu le temps de le placer sur son
chameau, je remarquai sur sa figure la pâleur de la mort, et je le
fis aussitôt replacer dans sa tente. Là je m'assis à son côté, et au
bout de quelques instants j'eus l'affreuse douleur de le voir s'é-
teindre.... Ainsi mourut à trente-deux ans M. Walter Oudney,
docteur-médecin, homme non moins remarquable par sa modes-
tie, sa bonté, son courage et sa persévérance, que par son savoir,
sa vertu et sa religion, enfin le meilleur de mes amis. En tout
temps, en tout lieu, la perte d'un tel ami m'eût été extrêmement
douloureuse; qu'on imagine donc si elle dut m'accabler de tristesse et de chagrin, moi son camarade de voyage, moi dont la
santé était aussi chancelante, moi qui dès lors me trouvais seul
au milieu de nations étrangères, et dans un pays dont le pied
d'un Européen n'avait encore jamais foulé le sol!... La dernière
marque d'attachement que je pus témoigner à mon malheureux
compatriote fut de lire près de son cadavre le service funèbre de
l'Eglise d'Angleterre, et de l'ensevelir dans une fosse assez pro-

fonde pour que les bêtes féroces ne vinssent pas le déterrer. »

Le capitaine Clapperton continua sa route vers Sakatou. Le 20 février, il atteignit la ville de Kano, capitale d'une province du même nom, et y resta jusqu'au 23 février.

Le 15 mars, il fit son entrée dans Sakatou au milieu d'une foule avide de le voir. Il fut reçu avec la plus grande bienveillance par le gouverneur, qui lui remit une lettre pour le roi d'Angleterre, avec des assurances mille fois répétées de ses sentiments affectueux pour la nation anglaise. Dans les premiers jours de juillet, le capitaine Clapperton fut de retour à Kuka; il y retrouva son compagnon, le major Denham, et tous deux ils reprirent le chemin de Tripoli, à travers le Sahara. Au mois de juin de l'année 1825, ils revoyaient l'Angleterre.

Dans la lettre que le capitaine Clapperton remit au roi d'Angleterre de la part du gouverneur de Sakatou, le sultan Bello, celui-ci témoignait le désir que des relations de commerce et d'amitié s'établissent entre les sujets du roi et les siens; que différents objets de fabrication anglaise lui fussent envoyés à la côte de la mer où il possédait un vaste port appelé Funda; enfin qu'un consul et un médecin anglais vinssent résider dans un autre de ses ports qu'il nommait Raka. De son côté, il se déclarait disposé à faire tout ce qui serait en sa puissance pour empêcher son peuple de se livrer à la traite des noirs. Cette lettre produisit un immense effet en Angleterre. Le gouvernement, croyant ne devoir négliger ni cette bonne occasion de se mettre en rapport avec les nations du centre de l'Afrique, ni celle de porter sans doute un coup fatal au trafic des noirs, dont le golfe de Benin est le principal théâtre, et d'ajouter en même temps aux connaissances géographiques de cette partie du monde, chargea le capitaine Clapperton de tenter une nouvelle expédition.

Celui-ci quitta Portsmouth le 27 août 1825. Comme, lors de son précédent voyage, il avait, pour parvenir à Sakatou, pris un point de départ sur la côte d'Afrique que baigne la Méditerranée, il voulut, pour retourner à cette capitale, en prendre un sur la portion presque opposée de celle que baigne l'océan Atlantique, de façon à pouvoir dire, s'il réussissait dans sa seconde tentative, qu'il avait entièrement traversé l'Afrique dans la direction du sud-ouest au nord. Ce fut d'après cette considération scientifique, et aussi pour satisfaire aux vœux du sultan Bello, qu'après avoir touché à Ténériffe et à Santiago, il navigua vers la côte de Sierra-Leone. Le 26 novembre, il arriva dans le golfe de Benin. Mais là, lorsqu'il s'enquit auprès des indigènes de la position des ports désignés par le sultan, personne ne sut ce dont il voulait parler. On sait en effet aujourd'hui que Funda, capitale d'un royaume de ce nom, est à cent cinquante milles au moins des côtes de la mer, et que Raka est situé plus encore dans l'intérieur des terres. Etait-ce par ignorance ou à dessein que Bello avait indiqué la position si erronée de ces deux villes? Néanmoins la contrée était connue de nom; et comme Clapperton avait lui-même déterminé la situation géographique de Sakatou, il ne fut pas en peine pour savoir de quel côté il dirigerait ses pas. Le 7 décembre, il s'embarqua dans des canots que lui avait prêtés le roi de Badagarry, remonta la rivière de Lagos et arriva bientôt à la capitale de l'Yoruba, que les naturels appellent Katunga. Là, il fut obligé de séjourner pendant près de deux mois, par suite des difficultés que fit le roi du pays pour le laisser traverser le Niger, qui coule à quelque distance.

Le 5 mars 1826, il se remit en marche pour se rendre à Boussa, sur le Niger, où, suivant le récit d'Amadi-Fatouma, avait péri Mungo Park. Dans cette ville, Clapperton chercha vainement à se procurer des renseignements sur la catastrophe; le sultan et les principaux habitants se montrèrent fort peu communicatifs; mais tous parurent mal à leur aise aux questions de Clapperton, et se contentèrent de répondre que l'événement était trop ancien pour qu'ils pussent s'en souvenir. Un vieillard seul consentit à avouer que la chaloupe qui portait les infortunés voyageurs s'était engagée entre deux rocs et avait été brisée.

Le 2 avril, Clapperton quitta la ville de Boussa. Au mois d'octobre suivant, il revit Sakatou et le sultan Bello. Celui-ci le reçut d'une façon assez étrange, et fut loin de lui témoigner la même bienveillance que lors du premier voyage. « Vous ne me tromperez pas, lui dit-il; ce n'est pas vers moi que vous a envoyé votre maître; votre but est de parvenir jusqu'au cheik de Bornou. Or, je suis en guerre avec ce cheik; peu m'importe que vous soyez venu en ce pays par ordre du roi d'Angleterre, je ne vous permettrai pas d'aller vers mon ennemi. Vous avez, d'ailleurs, pour retourner dans votre patrie, trois routes à choisir : je vous donnerai une escorte qui vous accompagnera par celle que vous choisirez. » Le sultan demanda ensuite à voir la lettre adressée au cheik, et, quand elle lui fut remise, à l'ouvrir. Clapperton protesta que c'était chose impossible; il rappela au sultan, avec toute l'énergie dont il fut capable, que ce serait indigne à lui, lorsqu'il avait promis l'année précédente aide et protection, de manquer à ses promesses, de violer sa parole, et de pousser l'audace jusqu'à prendre connaissance du contenu d'une lettre adressée à un autre. Mais, sans presque l'écouter, le sultan brisa le cachet et fit signe à Clapperton de sortir.

La vive contrariété que le courageux voyageur éprouva de se voir arrêté à moitié chemin altéra profondément sa santé, déjà éprouvée par les fatigues du voyage et les pernicieuses influences du climat. Le 11 mars 1827, il cessa d'écrire son journal; ce fut son fidèle domestique, Richard Lander, dont le nom est devenu si célèbre, qui le continua. Le 13 avril, Clapperton rendit le dernier soupir; il n'était âgé que de trente-huit ans. Le sultan se montra véritablement affligé de la mort de cet Européen pour lequel, malgré ses craintes et ses susceptibilités récentes, il éprouvait une véritable affection; aussi permit-il à Lander de célébrer avec toute la pompe possible les funérailles de son malheureux maître. Ce triste devoir accompli, Lander obtint la permission de retourner dans son pays; mais il résolut de se rendre à Funda, sur le Niger; déjà il était parvenu à la hauteur de cette ville, après avoir franchi des régions nouvelles, bordées par de longues chaînes de montagnes, lorsqu'il fut rejoint par des cavaliers que le roi de Zeg-Zeg envoyait à sa poursuite.

Ce chef africain fit comparaître le voyageur en sa présence; il se montra satisfait des explications que celui-ci dut lui donner avec une grande adresse sur le but que se proposent les Européens, amis de la science, en envoyant en Afrique des explora-

teurs, et il lui fit même présent d'une jeune négresse. Cette entrevue avait détourné Lander de la route qu'il comptait suivre. Ce
courageux jeune homme, que son intelligence et les hautes qualités
de son esprit avaient fait sortir de sa basse condition et rendu
l'égal du grand voyageur Clapperton, se vit pour le moment forcé
de renoncer à son dessein ; il regagna le port de Badagarry, en
novembre 1827. Trois mois après, il était de retour en Angleterre.

La relation du capitaine Clapperton, rapportée par Richard
Lander, annonçait que le Niger coulait vers l'ouest depuis Boussa,
et qu'il devait, selon toutes les apparences, aboutir à l'océan
Atlantique. La précision des détails fournis par Clapperton et
confirmés par Lander, qui, dans son trajet pour revenir seul en
Angleterre, avait souvent entendu parler du Niger comme descendant vers l'Océan, détermina le gouvernement britannique à
ordonner, vers la fin de 1829, une expédition dans le but de suivre
le fleuve depuis Boussa jusqu'à la mer. L'infatigable Richard
Lander offrit ses services, qui furent acceptés avec empressement,
et le 9 janvier 1830 il partit de Portsmouth, en compagnie de son
frère John Lander.

Les deux voyageurs descendirent dans la rade de Badagarry,
ainsi que l'avait fait Clapperton. Leur premier soin fut d'aller
rendre visite au roi du pays, le terrible Adouley, qu'ils trouvèrent
en train de manger des oignons crus. Ce prince était nonchalam-
ment assis sur une vieille table ; il se montra plein de bienveillance
et promit aux voyageurs de leur fournir les moyens de traverser
le pays en toute sécurité. Mais, comme condition à leur départ, il
voulut visiter les objets qu'ils emportaient, afin de s'assurer qu'il
n'y en avait aucun qui pût leur être préjudiciable dans la suite.
C'était une manière adroite de se réserver un choix parmi ces
objets.

Le lendemain, en effet, le roi Adouley vint à la case des voyageurs. Deux hommes le portaient dans un palanquin. Son habillement consistait en une chemise de toile anglaise, un manteau
espagnol, une calotte avec un turban, et des sandales. Sa suite se
composait simplement de trois jeunes garçons à demi nus, qui se

placèrent l'un devant l'autre aux pieds de leur maître, selon leur
habitude. Le premier portait une longue épée, le second un pistolet, et le troisième un sac rempli de tabac. Les voyageurs pré-
sentèrent au roi une espèce de bière aussi spiritueuse que le vin.
Il en but une quantité considérable avec un plaisir extrême. Il
fuma presque tout le temps qu'il passa dans la case ; cependant,
à chaque malle que l'on ouvrait, il retirait doucement sa pipe de
sa bouche et observait avec une grande curiosité chaque article
soumis à son examen. Tout objet qui, dans son opinion, requérait
une attention plus particulière, ou, pour mieux dire, se trouvait à
son gré, était, sur sa demande, remis entre ses mains ; mais comme
si c'eût été une infraction capitale à la politesse que de le rendre,
après l'avoir souillé par le contact de ses doigts, il le faisait passer
à un de ses pages couchés à ses pieds, qui le cachait soigneusement entre ses jambes. Le roi, comme bien l'on pense, ne se
gênait pas ; aussi fut-ce sans surprise, mais non sans chagrin, que
les voyageurs virent les principaux objets renfermés dans les malles
passer de ses mains dans celles de ses favoris. Il n'y avait malheureusement rien à objecter. Il était fort tard lorsque Adouley
se retira, emportant un habit écarlate, un manteau, des armes à
feu et des munitions, des pièces de coton, des pipes, des boîtes à
tabac, des canifs, des plumes, du papier, de l'encre et même plusieurs malles ; mais il oublia de remercier.

Deux jours après, les voyageurs reçurent enfin l'invitation de se
rendre à la résidence du roi pour régler définitivement les mesures
relatives à leur voyage dans l'intérieur des terres. Ils furent reçus
avec la politesse et la courtoisie ordinaires. Adouley leur annonça
qu'il avait l'intention de les retenir quelques jours de plus, parce
que la route n'était pas encore assez sûre et que sa réputation ne
lui permettait pas de les exposer à un péril évident, ce qui serait
infailliblement arrivé sans les précautions qu'il avait adoptées.
Après cette déclaration si pleine d'intérêt, il pria les voyageurs
de dresser par écrit la promesse de lui faire remettre quelques
objets qui lui seraient envoyés soit du fort du cap Coast, soit
directement d'Angleterre, en retour de sa protection. Entre
autres articles, Adouley demanda quatre uniformes semblables à

ceux que portait le roi d'Angleterre et quarante moins magnifiques à l'usage de ses gardes, cinquante mousquets, vingt barils de poudre à canon, quatre épées de première qualité, quarante coutelas, deux barils de rhum, des outils de charpentier, de l'huile et des pinceaux, une demi-douzaine de fusées à la Congrève, un obusier pour les lancer et un soldat qui fût en état de le manœuvrer, enfin le remboursement des dépenses qu'il avait faites pour repousser les attaques de plusieurs tribus voisines, attaques dont, paraît-il, l'expédition du capitaine Clapperton avait été la cause.

Les voyageurs demandèrent alors au roi si, outre ces objets de peu de valeur, il ne désirait pas autre chose. Celui-ci réfléchit un instant, s'entretint à voix basse avec quelques-uns des chefs qui se trouvaient dans la case, et répondit qu'il avait encore besoin d'une large ombrelle, de quatre caisses de boulets, et d'un baril de pierres à feu. Ces différents objets furent couchés par écrit à la suite des précédents, et la liste, close et dûment paraphée, fut remise au roi, qui devait se charger de la faire porter par un de ses capitaines au fort du cap Coast, où ledit capitaine resterait jusqu'à la remise de tous les objets. « S'il en a été ainsi, écrit un des voyageurs, j'imagine que le capitaine a fait un long séjour au fort du cap Coast. »

Dans la soirée, le roi, s'étant ravisé, envoya dire aux voyageurs qu'à la place des quatre caisses de boulets il préférait une chaloupe canonnière montée par cent marins anglais, plus quelques pipes ordinaires pour son usage personnel. John Lander, dont l'esprit était naturellement porté à la gaîté, répondit qu'il serait fait comme le roi le désirait, et joignit à sa réponse la promesse d'envoyer, aussitôt de retour en Angleterre, quarante onces d'or à titre de cadeau gracieux pour remercier Adouley de sa discrétion et de sa bienveillance. Ces diverses affaires réglées à la satisfaction de tout le monde, nos voyageurs purent enfin partir de Badagarry.

Quelques jours après, ils arrivèrent à Jenna. Le chef de cette ville, tributaire du roi de Katunga, capitale du Yoruba, était mort depuis plusieurs mois, et on avait choisi pour le remplacer le dernier de ses esclaves : ce choix avait été dicté par la pensée qu'à une si grande distance de la capitale, un personnage d'un rang élevé qui posséderait du talent et du courage pourrait facilement déterminer les habitants à se rendre indépendants. Il était donc politique d'élever à la dignité de gouverneur de la ville un homme simple et sans ambition ; c'est ce qui avait été fait : le chef de Jenna poussait, au dire des voyageurs, la simplicité jusqu'à l'idiotisme.

Dans ce pays, quand un gouverneur vient à mourir, une ou deux de ses femmes doivent se donner la mort le même jour, afin que le défunt ait quelque agréable compagnie dans sa nouvelle demeure. Les fidèles épouses du dernier gouverneur, pour des raisons à elles particulières, n'avaient eu ni l'ambition ni le goût de suivre leur vénérable époux dans la tombe. Elles s'étaient échappées avant la fin des cérémonies funèbres, et depuis cette époque étaient restées soigneusement cachées. Mais, pendant le séjour de nos voyageurs à Jenna, une de ces infortunées fut découverte et mise en demeure d'observer la coutume ; on lui laissa seulement, comme faveur, l'alternative de prendre du poison ou d'avoir la tête brisée par la massue du prêtre. Elle opta pour le premier genre de mort.

La malheureuse victime voulut passer ses dernières heures en compagnie de ses esclaves. Quand celles-ci eurent appris le malheur qui menaçait leur maîtresse, elles brisèrent leurs fuseaux, abandonnèrent la préparation du maïs, laissèrent leurs chèvres, leurs moutons, leurs volailles errer en liberté, et se livrèrent avec emportement à leur douleur. Tout le long du jour, des femmes vinrent pour consoler leur vieille amie et pleurer avec elle ; les hommes les plus considérables de la ville vinrent aussi pour offrir leurs derniers hommages ; on n'entendait que des gémissements et des sanglots.

Malgré les représentations et les remontrances du ministre du culte, malgré les prières de la victime, qui demandait à ses dieux la fermeté nécessaire pour subir sa cruelle destinée, le courage lui manqua plusieurs fois. Elle s'avançait, résolue à mourir dans les bras de ses esclaves, puis repoussait tout à coup la coupe fatale, pour se promener encore et admirer une dernière fois la splendeur du soleil et la magnificence des cieux. Elle ne pouvait supporter la pensée de renoncer pour toujours à la vie. A chaque instant arrivaient de longues processions de femmes, l'air consterné et les yeux en pleurs, qui venaient gémir sur la mort prochaine de la veuve : elles se lamentaient, se frappaient la poitrine, s'arrachaient les cheveux, poussaient des sanglots, et exprimaient par tous les moyens possibles la douleur que leur causait cette perte inévitable. La femme qui ouvrait la marche du cortége poussait de temps en temps un cri auquel répondaient les autres femmes ; ce chant de douleur commençait sur un ton sourd et monotone, et se terminait par un cri aigre et perçant.

Cependant, on apprêtait le tombeau et on disposait tout pour la veillée des funérailles ; la victime devait être enterrée dans une hutte dès que l'esprit aurait quitté le corps, ce dont les indigènes s'assurent d'ordinaire en frappant la terre sur laquelle le défunt est couché : si on n'aperçoit aucun mouvement, aucune convulsion, la mort est considérée comme complète. Mais la veuve ne pouvait se décider à boire le poison dont il est fait usage dans ces circonstances, et qui donne la mort en moins de dix minutes. Alors les habitants de la ville, trouvant qu'elle retardait par trop le moment du sacrifice, envoyèrent un exprès à ses parents pour leur annoncer que si leur fille refusait plus longtemps de subir son destin, ils seraient réduits en esclavage et leur demeure serait brûlée, conformément à une ancienne loi encore en vigueur ; ils les engageaient en conséquence, tant dans leur intérêt personnel que dans celui du public, à faire tous leurs efforts pour décider leur fille à en finir courageusement et honorablement. Le bruit se répandit, sur ces entrefaites, que la victime avait séduit plusieurs des principaux habitants, au moyen de riches présents, et que, par leur intermédiaire, elle avait obtenu du roi l'autorisation d'attendre le terme naturel de ses jours. A cette nouvelle, le peuple, frappé d'horreur par tant d'impiété, se leva en masse et mit lui-même à exécution la vieille loi du pays.

Le 7 avril 1830, nos voyageurs quittèrent les scrupuleux habitants de Jenna pour se rendre à Katunga. Le trajet ne présenta rien de bien remarquable, si ce n'est la rencontre de nombreuses femmes portant sur la tête de petites figures d'enfants grossièrement sculptées dans du bois : c'étaient des mères en deuil. Toutes les fois qu'elles prenaient leur nourriture, elles ne manquaient jamais d'en présenter une partie devant la bouche de ces statuettes, comme elles auraient fait à un enfant vivant.

A Katunga, capitale du Yoruba, où ils parvinrent le 13 mai, les voyageurs furent reçus avec beaucoup de bienveillance par le roi Mansolah; pour leur témoigner toute son estime et son affection, il leur donna, par ordonnance, le droit de faire couper la tête à quiconque les importunerait. Il va sans dire qu'ils n'usèrent pas de ce singulier privilége; ils préférèrent obtenir la faculté de partir de suite pour Boussa, où ils devaient s'embarquer sur le Niger. Ce fameux fleuve ne leur parut ni majestueux ni imposant; ils le remontèrent jusqu'à la ville de Yowri, où ils furent retenus, pendant plusieurs semaines, par le souverain, sous le plus ridicule des prétextes.

Ce personnage envoya aux voyageurs quelques plumes sans aucune valeur, arrachées à une autruche vivante, avec promesse d'en donner d'autres, de façon à faire un cadeau digne d'être offert en son nom au souverain de l'Angleterre. Mais comme, suivant lui, il n'était pas prudent pour la vie de l'animal de lui enlever d'une seule et même fois tout son plumage, il pria les voyageurs d'attendre que les plumes déjà arrachées eussent repoussé avant de dépouiller l'autre partie du corps de l'oiseau, ajoutant qu'il était d'ailleurs tout disposé à faire les frais de beurre nécessaires pour activer cette pousse. Cette singulière idée fut peu goûtée par les voyageurs, et déjà ils commençaient à craindre qu'on ne voulût les retenir à tout jamais, lorsque fort heureusement un envoyé du roi de Boussa vint les délivrer.

Le 2 août, ils purent reprendre leur voyage, mais pour revenir sur leurs pas et regagner Boussa, où ils étaient attendus par le souverain, qui voulait à toute force consulter le Niger, afin de savoir s'il était prudent que les Anglais s'embarquassent ou non. Tant de sollicitude parut, avec raison, très-peu naturelle aux voyageurs. A peine étaient-ils arrivés, en effet, que la reine, dont l'influence sur l'esprit de son mari était sans borne, leur conseilla d'aller voir un roi voisin, celui de Wowow, sous prétexte qu'ils trouveraient chez lui des canots bien plus solides et qui leur seraient vendus bien moins cher. Or, ce roi de Wowow n'était autre que le propre frère de la reine de Boussa, et celle-ci voulait le faire profiter de la visite des étrangers. Les voyageurs ne furent pas dupes de cette petite ruse; cependant, ils suivirent le conseil qui leur était donné, quoique, pour satisfaire la curiosité flatteuse du frère de la reine, il dût leur en coûter encore des cadeaux. Ils se rendirent donc à Wowow, où ils furent d'ailleurs bien reçus.

De Wowow, les voyageurs revinrent à Boussa pour terminer, non sans peine, les négociations entamées au sujet de l'achat d'un canot. La veille de leur départ définitif, ils assistèrent aux cérémonies qui accompagnent une éclipse de lune, et recueillirent la singulière légende qui, dans le pays, explique ce phénomène.

« Vers dix heures du soir, dit la relation, lorsque nous dormions sur nos nattes, nous fûmes soudain réveillés par un grand cri de détresse que poussaient d'innombrables voix; et, en outre, un épouvantable vacarme, qui semblait produit par le choc de toute espèce d'ustensiles de ménage, et que l'heure avancée rendait plus effrayant, parvenait à nos oreilles. Avant que nous eussions pu revenir de notre surprise, un habitant se précipita dans notre hutte tout hors d'haleine, et nous apprit, d'une voix tremblante, que le soleil entraînait la lune à travers les cieux. Cherchant quel pouvait être le sens d'une si singulière et si sotte histoire, nous sortîmes à demi habillés dans la cour de notre habitation, et nous découvrîmes que la lune était complétement éclipsée. Bientôt nous fûmes environnés d'un grand nombre d'habitants, qui tous, en proie à la plus vive frayeur, criaient que la fin du monde était arrivée, et que c'était le commencement d'une destruction universelle.

« Nous apprîmes par eux que les prêtres musulmans qui résidaient dans la ville, personnifiant le soleil et la lune, avaient dit au roi et au peuple que l'éclipse était occasionnée par suite de l'obstination et de la désobéissance du dernier de ces deux astres. Ils prétendaient que depuis fort longtemps la lune était mécontente de la route qu'elle était forcée de suivre dans le ciel, parce que cette route était remplie de ronces et d'épines et obstruée de mille autres difficultés; qu'elle avait en conséquence épié une occasion favorable, et que la trouvant le soir dont il s'agit, elle s'était écartée de son chemin habituel pour entrer dans celui du soleil. Elle n'était cependant pas encore allée loin dans la voie défendue, lorsque le fait fut remarqué par le soleil, qui aussitôt courut après elle en grande colère, et la punit de sa présomption en l'enveloppant de ténèbres, la ramenant de force vers son propre territoire, et lui défendant de répandre sa clarté. Le conte, tout bizarre qu'il puisse paraître, avait été cru de la meilleure foi du monde par le roi, la reine et la plupart des habitants de Boussa. Quant au charivari dont notre sommeil avait été troublé et qui continuait toujours avec un redoublement de véhémence, la cause en était, nous dit-on, qu'ils s'étaient tous rassemblés dans l'espoir de contraindre le soleil à regagner sa sphère et à laisser la lune éclairer le monde comme d'habitude. »

Le 20 septembre, les voyageurs s'embarquèrent pour descendre le Niger. Bien des vicissitudes remplirent encore les deux grands mois de leur navigation; mais enfin, après avoir suivi dans toutes ses sinuosités le grand fleuve, ils parvinrent à son embouchure. Là, ils eurent le bonheur de rencontrer un brick anglais qui les prit à son bord et les débarqua à Fernando-Po. Ils restèrent dans cette île jusqu'à l'arrivée d'un autre bâtiment chargé de provisions envoyées par le gouvernement anglais pour l'usage de la colonie. Ce bâtiment devait se rendre ensuite à Rio-Janeiro, afin d'y prendre un chargement. Comme les voyageurs ne pouvaient espérer aucun autre moyen de quitter Fernando-Po, ils s'embarquèrent pour Rio-Janeiro, où ils arrivèrent le 16 mars et d'où ils repartirent à destination de l'Angleterre. Le 9 juin suivant, ils descendirent enfin à Portsmouth.

Il était constaté cette fois que le Niger se jette, par plusieurs embouchures, dans l'océan Atlantique, entre les golfes de Benin et de Biafra. Richard Lander, dans l'espoir d'établir des relations commerciales régulières entre l'Angleterre et l'intérieur de l'Afrique, revit plusieurs fois les contrées qu'il venait d'explorer ; ce fut dans un de ces voyages qu'il fut lâchement assassiné, au commencement de l'année 1834.

CHAPITRE II

VOYAGE DE RENÉ CAILLIÉ A TOMBOUCTOU

(1827)

René Caillié. — Sa vie. — Ses premiers voyages. — Départ de Kakondy. —
Les porteurs. — Le pays de Touma. — Détails de mœurs. — Le pays de
Kankan. — Séjour à Bagaraya. — Le mariage chez les Mandingues. —
Arrivée sur les bords du Niger. — La ville de Kankan. — Son marché. —
Le pays de Ouassoulo. — Timé, ville du Bambarra. — Mœurs et usages
des habitants. — Triste condition des femmes. — Arrivée à Jenné. —
Séjour dans cette ville. — Embarquement sur le Niger. — Premier aspect
de Tombouctou. — Audience du roi. — Détails sur les habitants. — Départ
de Tombouctou. — Entrée dans le désert. — Pénible traversée. — Arrivée
à Tanger. — Retour en France.

L'Angleterre semblait avoir le monopole des difficiles et glorieuses expéditions d'Afrique, lorsqu'un Français, René Caillié,
entra à son tour dans la lice.

René Caillié naquit en 1800, à Mauzé, département des Deux-
Sèvres. Issu de parents pauvres, il les perdit de bonne heure, et
ne put recevoir qu'une éducation très-élémentaire dans son village ; elle se bornait à savoir lire et écrire. Il apprit ensuite un
métier ; mais il avait lu les *Aventures de Robinson Crusoé*, et
contracta bien vite le goût des voyages. Il se sentait dévoré par
l'ambition de faire des découvertes, et il lui tardait de pouvoir
courir les hasards de Mungo Park. On lui prêta des livres de géographie et des cartes ; celles d'Afrique présentaient des lacunes ;
il ambitionnait la gloire d'en combler une partie. Le jeune Caillié
avait un oncle ; il lui parla de son désir de voyager. Cet oncle eut

beaucoup de peine à laisser partir son neveu; mais le penchant était irrésistible, et, à force de prières, il obtint la permission de s'embarquer pour le Sénégal. On était en 1816.

Caillié ne possédait alors pour toute fortune que 60 fr. C'est avec de si faibles ressources qu'il partit de Rochefort sur la gabarre *la Loire*, qui faisait voile pour Saint-Louis du Sénégal. Ce bâtiment marchait de conserve avec la *Méduse*, à bord de laquelle se trouvait Mollien, qui devait bientôt découvrir les sources du Sénégal. Arrivé à Saint-Louis, Caillié se rendit au cap Vert, d'où il revint au bout de quelques mois dans la rivière même du Sénégal, après la reddition de la colonie par les Anglais aux Français. De Saint-Louis, Caillié partit pour la Guadeloupe, à bord d'un navire marchand où il avait obtenu le passage gratuit. Il ne resta qu'environ six mois dans cette île, d'où il revint à Bordeaux, pour de là retourner au Sénégal, où il reparut à la fin de 1818, avec une bourse bien légère, mais avec une ardeur plus vive que jamais de pénétrer dans l'intérieur du continent africain.

Il profita de l'expédition dirigée par M. Partarrieu, compagnon du major Gray, et partit le 5 février 1819 du Cayor, royaume voisin du Sénégal; il parvint bientôt dans celui des Ghiolof. Il eut ensuite à franchir un désert, et souffrit cruellement de la soif. Il attteignit Boulibaba, village habité par des Foulahs pasteurs, lesquels vivent de lait assaisonné du fruit du baobab. Ici le voyageur trouva des sources limpides, et put s'y désaltérer à loisir. Il marcha ensuite vers le Fouta-Toro. Après quelques jours de marche, arrivée dans le Bondou, la caravane rencontra le major Gray. L'almamy, ou roi de Bondou, força les voyageurs à rebrousser chemin. Les Français furent obligés de se séparer des Anglais, et Caillié parvint à gagner la rive gauche du Sénégal près de Bakel, d'où il descendit le fleuve jusqu'à Saint-Louis, et revint en France rétablir sa santé délabrée.

En 1824, il s'embarqua de nouveau pour le Sénégal avec une petite pacotille, et toujours avec le projet de visiter l'intérieur de l'Afrique. En arrivant à Saint-Louis, notre voyageur obtint de la philanthropie éclairée de M. le baron Roger, alors gouverneur des possessions françaises dans ces parages, l'autorisation de voyager sous les auspices du gouvernement. M. Roger lui accorda quelques marchandises pour aller vivre chez les Bracknas, apprendre parmi eux la langue arabe et les pratiques du culte des naturels. C'est ici que commence véritablement le voyage de Caillié, et nous allons le suivre dans sa traversée hardie du continent africain, depuis l'embouchure du Rio-Nunez, sur la côte de Sénégambie, jusqu'au détroit de Gibraltar, en passant par le Bambara et Tombouctou, puis par le Sahara et le Tafilet, dans l'empire de Maroc ; traversée ou trajet que le voyageur accomplit en moins de deux années, car le jour du départ pour son grand voyage ne date que du 19 avril 1827. Nous passerons sous silence les détails qu'il a recueillis pendant son séjour parmi les Bracknas et chez quelques autres peuples voisins de la côte, et nous partirons avec lui du Rio-Nunez pour aller trouver le Niger, et, descendant ce fleuve jusqu'à Jenné et Tombouctou, franchir ensuite le grand désert de l'Afrique centrale.

A l'embouchure du Rio-Nunez, Caillié fut mis en rapport avec les Mandingues de Kakondy, village situé sur le bord de ce fleuve, à cinquante lieues au nord de Sierra-Leone, et où il n'existait pas d'établissements européens. Notre voyageur, qui possédait environ 2,000 fr., fruit de son industrie, les convertit partie en argent, partie en marchandises. Il employa 1,700 fr. à acheter de la poudre, du papier, du tabac, des verroteries, de l'ambre, du corail, des mouchoirs de soie, des couteaux, des ciseaux, des miroirs, des clous de girofle, trois pièces d'étoffe de Guinée bleue et un parapluie, tous ces objets pesant un peu moins de cent livres. Les 300 fr. restant, moitié en argent et moitié en or, furent mis dans une ceinture. Il avait de plus reçu de quelques amis, à Sierra-Leone, divers médicaments. Muni de tout cela et de deux boussoles de poche, vêtu d'un costume arabe, dont les poches étaient remplies de feuillets d'un Coran déchiré, Caillié, qui, aux yeux des Mandingues, se donna pour un Egyptien retournant vers sa patrie, partit donc de Kakondy, en compagnie d'une caravane. C'était le 20 avril 1827.

On suivit la rive gauche du Rio-Nunez. La caravane se composait de cinq Mandingues libres, de trois esclaves, d'un pasteur foulah spécialement attaché à la personne de Caillié, d'un guide nommé Ibrahim et de sa femme. A l'exception de ces deux derniers et de Caillié, tous les autres portaient des charges énormes. Après deux heures de marche, on atteignit la factorerie Bethmann, dont le jardin renferme les restes du major Peddie et de plusieurs autres voyageurs anglais, martyrs de leur amour des découvertes. La campagne était couverte de nédé, espèce de mimosa dont le fruit contient une substance féculeuse qui sert de nourriture aux nègres de cette partie de l'Afrique.

A douze milles vers l'est, on fit halte, et la femme du guide de Caillié prépara le souper ; car, dans toute l'Afrique, les marchands ont adopté l'usage d'emmener une de leurs femmes pour préparer les repas de la caravane. Ces malheureuses ne marchent que chargées de pots en terre, de calebasses, de sel, etc.; elles portent les plus lourds fardeaux, tandis que les maris ne s'embarrassent de rien. Seulement, les Foulahs et les Mandingues portent sur la tête un fardeau d'environ deux cents livres pesant, ce qui ne les empêche pas de marcher avec une grande vitesse, et de franchir avec une agilité merveilleuse les montagnes d'Irnanké, un bâton à la main pour les aider à soutenir leur charge, contenue dans une corbeille longue de trois pieds sur un de large, et faite de morceaux de bois minces et flexibles. Quand les porteurs sont fatigués, ils posent un bout de cette corbeille entre les branches d'un arbre, et soutiennent l'autre avec leur bâton. Ils vont ainsi chargés jusque dans Kankan pour vendre leur sel.

Caillié prit station à l'ombre d'un superbe bombax, sous lequel on lui prépara un lit de feuilles sèches, après lui avoir donné des fruits du nédé, ressource habituelle des voyageurs, parce qu'il est très-nourrissant, et qu'il sert à économiser le riz que l'on réserve pour acheter du sel. Les Foulahs, auxquels on avait dit que Caillié était Arabe, eurent pour lui une grande vénération : ils le plaignaient d'avoir une si longue route à faire pour retourner dans son pays, et surtout d'être souvent obligé comme eux de dormir sur les pierres. Il avait grand soin de se cacher d'eux pour écrire ses notes, car il eût été imprudent d'éveiller leurs soupçons.

Continuant sa route vers l'est, notre voyageur traversa le ruisseau de Tankilita, que ses compagnons lui déclarèrent être le

Esclave saluant son maître.

Rio-Nunez. On passa près du village d'Oréouss, habité par des
Foulahs qui élèvent beaucoup de troupeaux. Le village est situé
sur le penchant d'une haute montagne couverte de la plus belle

végétation. De là, on fit plusieurs milles à l'est, et on arriva près d'un village dont les habitants se livraient à l'agriculture. Caillié remarque que tous les villages de cette partie de l'Afrique ont une dénomination à peu près commune, lorsque les habitants s'y adonnent aux mêmes travaux. Le nom de ce village est Sancou-badialé. Il est environné de grands arbres. En le quittant, Caillié continua sa route vers l'est, et se trouva bientôt à l'ombre des forêts.

Le 29 avril on était dans le pays de Touma, qui sépare l'Ir-nanké d'avec Fouta-Djalon. Ce pays est hérissé de hautes montagnes, et habité par des Foulahs pasteurs dont les troupeaux font la principale richesse. Ces Foulahs ont le teint couleur marron un peu clair, la figure belle, le front un peu élevé, le nez aquilin, les lèvres minces et la forme de la tête presque ovale. Le seul trait de ressemblance qu'ils aient avec les Mandingues se trouve dans leurs cheveux crépus. Ils se tiennent en général très-droits, et conservent en marchant un air de dignité; ils se croient bien supérieurs aux autres nègres. Leurs costumes, comme ceux des Mandingues, sont de la plus grande simplicité : ils consistent en une coussabe ou chemise de toile blanche du pays et une culotte. Cette culotte est faite de grosse toile; elle est très-large, arrêtée seulement à la ceinture par une coulisse; elle descend jusqu'à moitié des jambes sans y être arrêtée; le bonnet est de la même étoffe. En voyage, les armes sont l'arc, les flèches empoisonnées et les lances. Ils se graissent le corps avec du beurre, qu'ils prodiguent surtout à la tête, ce qui lui donne une mauvaise odeur. Les femmes se distinguent par le soin qu'elles ont de leur coiffure; elles ornent les tresses de leurs cheveux avec diverses verroteries, et portent de l'ambre au cou en forme de collier; elles sont, en général, vives et jolies.

Il y a aussi dans ces montagnes beaucoup de Djalonkis, anciens possesseurs du pays de Fouta-Djalon, conquis très-antérieurement par les Foulahs, qui soumirent une partie de ces peuples au mahométisme; ceux qui persistèrent à rester dans l'idolâtrie devinrent les tributaires de l'almamy, ou chef du pays; ils paient leur tribut en bestiaux. Ces peuples sont très-doux, obligeants envers les étrangers qui traversent continuellement leur pays montagneux. Ils ont un idiome particulier que les Foulahs n'entendent pas bien ; mais, en général, ils parlent tous mandingue.

Poursuivant sa route vers l'est, Caillié traversa, le 29 avril, un petit plateau compris dans la province de Timbi, dont Boulibané est la ville principale. Il passa dans plusieurs villages, dont le plus gros, appelé *Lelewel*, pouvait contenir cinq cents habitants.

Le 10 mai, il arriva auprès du Tankisso, gros ruisseau qui vient d'ouest-sud-ouest, et coule à l'est en faisant mille détours dans les montagnes. Notre voyageur apprit des Mandingues, qui avaient fait plusieurs voyages à Timbo, que ce ruisseau sort du Ba-Fing, un peu au-dessous de cette capitale, qu'il va se perdre dans le Djoliba, et que Bouré, pays fertile en mines d'or, est situé sur la rive gauche du Tankisso, à une demi-journée ou trois quarts de journée du Djoliba. Le Tankisso, après avoir couru dans les montagnes, vient se précipiter en cascades et serpente dans la plaine, qu'il fertilise par ses débordements. Après avoir passé le Tankisso, ayant de l'eau jusqu'à la ceinture, Caillié partit pour le Kankan. Mais avant de l'y suivre, nous devons dire quelques mots sur le Fouta-Djalon, qu'il vient de traverser.

Le Fouta-Djalon, suivant notre voyageur, est gouverné par un almamy que nomment les principaux de l'Etat ; ils se rassemblent à cet effet, et ont également le droit de le déposer, si le peuple n'est pas content de sa conduite ; le gouvernement est théocratique. Les Foulahs du Fouta sont en général grands et bien faits ; leur contenance est noble et fière ; leur teint marron clair est un peu plus foncé que celui des Foulahs nomades ; ils ont les cheveux crépus comme les nègres, le front un peu élevé, les yeux grands, le nez aquilin, la figure un peu allongée ; en un mot, les traits se rapprochent de ceux des Européens.

Ils sont tous mahométans et très-fanatiques ; ils ont en horreur les chrétiens, et sont persuadés qu'ils veulent s'emparer des mines d'or situées à l'est du Fouta : c'est pourquoi ils mettent tant de soin à leur fermer cette route. Ils ne font pas, comme les

Mandingues, de grands voyages; ils préfèrent demeurer paisibles habitants de leur pays, et veiller sur leurs esclaves, qui sont une partie importante de leur fortune. Ils sont jaloux et envieux, exercent souvent des actes de rigueur envers les marchands étrangers qui traversent leur pays, surtout quand ces derniers sont riches. Cependant, ils sont assez hospitaliers et secourent généreusement leurs compatriotes, car on ne voit pas de mendiants parmi eux. Ils cultivent dans leurs montagnes beaucoup de riz, de gros maïs et de petit mil, le coton qui leur sert à fabriquer leurs étoffes, dont les lés n'ont que cinq pouces de large; ces bandes couvrent leur nudité.

Le principal commerce du pays consiste en sel et en étoffes; cependant ils vont vendre à Kakondy des cuirs, du riz, de la cire et du mil, qu'ils échangent contre le sel qu'ils transportent ensuite à Kankan et à Sambatilika pour avoir des étoffes. Il y a aussi quelques Foulahs qui font des voyages à Bouré, où ils achètent de l'or qu'ils viennent échanger à la côte pour des fusils, de la poudre, des verroteries et divers autres marchandises, avec lesquelles ils achètent des esclaves.

Les Foulahs sont belliqueux et pleins de l'amour de la patrie. En temps de guerre, ils partent tous indistinctement ; il ne reste que les vieillards et les femmes dans les villages. Beaucoup sont armés de fusils et de sabres; mais la majeure partie se servent de l'arc et de la lance; ils ont tous des poignards dont la lame est droite et qui paraissent fabriqués dans le pays. Le vêtement est la coussabe et la culotte citées plus haut. Ils portent aussi un pagne qu'ils se passent autour du corps, des sandales et un bonnet rouge; leurs cheveux sont tressés, et ils y mettent du beurre. Rarement ils sortent sans avoir plusieurs lances à la main. Du reste, leurs vêtements sont toujours très-propres, ainsi que leur corps.

Il y a dans tous les villages des écoles publiques pour les enfants. Les esclaves se tiennent en plein air, soir et matin, à la clarté d'un grand feu. Lorsqu'on sait lire le Coran, on est regardé comme très-instruit. Tous les parents sont très-indulgents pour leurs enfants, et ceux-ci très-obéissants et très-doux. Les

Foulahs de cette partie de l'Afrique ne laissent pas leurs enfants
nus : ils ont une espèce de coussabe. Ils font beaucoup usage de
tabac à priser, mais ils ne fument pas.

Les femmes sont vives, jolies et très-douces; elles ont l'habitude de se frotter les dents avec du tabac en poudre. Leur costume est simple et toujours très-propre. Elles montrent une
grande docilité aux volontés de leurs maris, et ne se permettent
jamais la moindre plaisanterie avec eux. Ils peuvent en avoir
quatre chacun; mais les pauvres n'en prennent ordinairement que
deux. Elles sont chargées des soins du ménage, et cultivent aussi
un petit jardin près de leurs cases. Elles ont un logement particulier et font leur ordinaire à part; rarement elles mangent ensemble, et elles font tour à tour le souper de leur mari. On leur
donne à chacune une vache, qu'elles ont soin de traire soir et
matin. Ces femmes sont très-gaies, peu jalouses les unes des
autres, et le mari ne donne jamais quelque chose à l'une sans
donner également quelque chose à l'autre. Leur petit ménage
consiste en quelques calebasses pour conserver le lait et les mets
tout préparés, deux ou trois pots en terre, et une grande jarre
pour mettre le riz sec. On pratique autour de la case, intérieure-
ment, une petite élévation de six à huit pouces, sur un pied de
large, qui sert à placer tous les ustensiles de ménage. Dans
chaque case, quatre piquets plantés en terre soutiennent une
espèce de plafond fait de bambous, pour la garantir de la suie
dont le toit est couvert.

Quant aux Mandingues, chacun d'eux est un chef révéré dans
sa famille; sa case est placée au milieu de celle de ses femmes;
on n'y voit aucun ustensile de ménage, seulement deux grandes
jarres contenant des provisions de graminées pour l'année, que le
mari donne par portions à ces mêmes femmes. Il n'a d'autre
meuble que la peau de bœuf sur laquelle il couche. Ses armes
sont le seul ornement de sa case. Lorsque le maître va aux
champs soigner ses esclaves, ses femmes ont soin de lui porter
son dîner. En prenant leur repas, ils ont l'habitude d'inviter les
passants à le partager avec eux. Si l'invité ne s'assied point auprès de la calebasse, le chef prend une poignée de riz qu'il

tourne longtemps dans sa main, puis il la trempe dans la sauce, et la donne à celui qu'il a invité; cette politesse ne doit jamais se refuser, sous peine de faire injure à l'hôte.

Le 30 mai 1827, Caillié prit congé des Foulahs, traversa sur un pont de bois le Tankisso, et atteignit de bonne heure Bagaraya, village habité par des Djalonkis et des Mandingues, au nombre d'environ quatre cents. Il y a une mosquée particulière pour les femmes, car elles ne peuvent entrer dans celle des hommes. Notre voyageur fut obligé de rester à Bagaraya toute la journée du 31 mai, pour attendre quelques marchands mandingues qui se proposaient de faire route avec lui. Pour arriver à Baleya, il fallait traverser des forêts, et il était nécessaire de n'y passer qu'en nombre suffisant pour se défendre. Dans le cours de cette journée, Caillié reçut la visite de plusieurs habitants, qui disaient qu'ils étaient bien contents de posséder chez eux un shérif (1) qui allait à la Mecque. Le soir eut lieu le mariage du chef; c'était sa quatrième femme.

Plusieurs femmes du voisinage allumèrent un grand feu; les amis du chef s'étaient chargés d'envoyer leurs esclaves chercher le bois pour l'alimenter. On mit sur ce feu deux énormes pots en terre qui pouvaient avoir dix-huit à vingt pouces de hauteur et douze ou quatorze de diamètre. Dans l'un, on fit cuire du riz; dans l'autre, un mouton. D'autres femmes vinrent pour aider leurs camarades; elles allumèrent également du feu pour le souper particulier destiné aux amies de la future épouse. La cuisine se faisait en plein air; les cuisinières tenaient chacune à la main une grande spatule avec laquelle elles remuaient le riz et la viande; chacune venait remuer à son tour. Le riz étant cuit, on apporta d'énormes calebasses dans lesquelles elles l'arrangèrent; elles étaient au moins une douzaine pour chaque plat; elles donnèrent au riz la forme d'un pain de sucre, en y posant les mains et l'arrosant légèrement avec de l'eau froide pour le

---

(1) Les shérifs sont les descendants du Prophète; ce sont les nobles des Arabes.

bien niveler. Il y avait à manger au moins pour deux cents nègres, car la majeure partie des habitants devaient assister à la fête. Ainsi préparées, on enleva les calebasses, qu'on mit dans la case du chef.

Les mariages sont faciles chez les Mandingues. Après avoir vu la personne qui leur convient pour épouse, ils gagnent les bonnes grâces des parents en leur faisant des cadeaux, ainsi qu'à leur fille. On convient du prix que le prétendu doit mettre à la possession de celle qu'il désire : ce prix consiste en un, deux ou trois esclaves, suivant la beauté et les qualités de la future. Ces esclaves sont donnés à sa mère, qui, pour ce prix, consent au mariage de sa fille. Le mari fait tous les frais de la fête, qui d'ordinaire se célèbre la nuit; puis, sans aucune formalité religieuse, on consomme le mariage.

Le 11 juin, Caillié atteignit Couroussa, village d'Amana, entouré d'un grand mur en terre, peuplé de cinq cents habitants, et situé sur la rive gauche du Niger. Il s'arrêta un moment pour contempler ce fleuve mystérieux, qui avait si longtemps exercé l'érudition des savants d'Europe; il ne pouvait se lasser de l'admirer. Il apprit des nègres que le Niger commence ici à déborder en juillet, et qu'alors ils vont en pirogues l'espace de trois milles dans la plaine, où ils cultivent beaucoup de riz. Ces nègres sont Djalonkis, la plupart idolâtres; ils ne voyagent pas, ils vivent paisiblement en cultivant leurs petits champs, que fertilisent les débordements du fleuve, lequel aussi leur fournit beaucoup de poissons qu'ils prennent avec des hameçons que leur donnent les voyageurs venant de la côte. Bouré, pays à mines d'or, est à cinq journées de là en descendant le fleuve.

Le 13 juin, Caillié traversa le Niger dans une pirogue de vingt-cinq pieds de long sur trois de large et un de profondeur. Pendant le passage, il vit une quantité de femmes et de jeunes filles se baigner dans le fleuve; elles paraissaient ne faire aucune attention aux hommes qui les regardaient; elles s'en retournèrent au village avec une calebasse sur la tête et un pagne autour des reins. Le Niger franchi, on fit route au sud-est, puis à l'est; on passa au village de Sambarala, situé sur les bords du fleuve, et entouré de nédés et de cés; on atteignit ensuite le village Counancodo, ombragé par de beaux orangers. Le 14 juin, on était à Fessadougou, village de quatre cents âmes, situé sur les bords d'une jolie rivière appelée *Yendan*, et coulant du sud au nord pour aller rejoindre le Niger vers la limite du Sangaran.

Le 17 juin, Caillié arriva dans la ville chef-lieu de Kankan, située à deux portées de fusil de la rive gauche du Milo, jolie rivière qui vient du sud et arrose le pays de Kissi, où elle prend sa source; elle coule au nord-est et se perd dans le Niger, à deux ou trois journée de Kankan; elle est large, profonde et susceptible de porter des embarcations tirant de six à sept pieds d'eau; dans les mois d'août et de septembre, elle déborde et fertilise le pays qu'elle arrose.

La ville de Kankan est entourée d'une belle haie vive très-épaisse, qui la défend mieux qu'un mur en terre; elle a deux portes, l'une à l'ouest, l'autre à l'est; elle contient environ six mille habitants; elle est située dans une belle plaine fertile, terminée par des monticules dans le lointain. On aperçoit dans toutes les directions de jolis villages désignés sous le nom générique d'*ourandés*; c'est là qu'on envoie les esclaves pour cultiver les terres. On récolte l'igname, le maïs, le riz, le foigné, l'oignon, la pistache et le gombo, qui y viennent en abondance. Les habitants de Kankan sont gouvernés par un chef qu'ils appellent *dougoutigus*; mais ce chef ne décide jamais rien sans assembler le conseil des vieillards, dans lequel règne le plus profond silence. Les décisions ne sont jamais prises qu'avec une grande circonspection; toujours on craint de se tromper : aussi les délibérations durent-elles longtemps. On professe ici le mahométisme, et on porte une haine mortelle aux païens ou infidèles.

Il y a à Kankan un marché qui se tient trois fois par semaine. On y porte toutes sortes de marchandises et les choses les plus utiles à la vie. Il est toujours bien garni de marchandises d'Europe, apportées de la côte par les marchands mandingues : elles consistent en fusils, poudre, pierres à feu, indienne de couleur, guinée blanche et bleue, ambre, corail, verroteries et quincailleries. On vend aussi à ce marché du bois de chauffage; ce sont

les esclaves qui font ce commerce pour se procurer une petite
provision de sel, qui est un objet très-cher et le premier article
d'échange. Tous les marchands sont porteurs de petites balances,

Naturels du Kankan.

faites dans le pays, et qui sont très-justes ; ils n'ont d'autres poids
que les graines d'un arbre du pays. Ces graines sont noires et
lourdes ; le poids en or de deux graines équivaut à 6 fr.

Le 16 juillet 1827, Caillié s'éloigna de Kankan et traversa diverses contrées, notamment le Ouassoulo, pays arrosé par la rivière du Sarano et plusieurs gros ruisseaux qui fertilisent le sol. Les habitants sont doux, humains et très-hospitaliers, mais, en général, sales et mal vêtus. Ils tressent leurs cheveux, portent des boucles d'oreilles en petite verroterie, et des colliers au cou, des bracelets en fer aux bras et aux jambes, comme les femmes. Ils semblent n'avoir aucun culte. Les jeunes gens se rasent la tête comme les mahométans et sont en général très-adroits à tirer de l'arc. Les femmes n'ont d'autre vêtement qu'un pagne qu'elles se passent autour des reins ; elles ont autour de la tête une petite bande de toile qui leur sert de coiffure. Il y a dans ce pays des tisserands et des forgerons.

Les femmes fabriquent des pots en terre ; elles emploient de la terre glaise grise, qu'elles se procurent sur les bords des ruisseaux : elles pétrissent cette vase et en extraient tous les corps étrangers ; quand elle a pris de la consistance, elle s'emploie plus facilement. Alors les ouvrières lui donnent la forme convenue et la polissent avec les mains. Lorsque les vases sont montés, on les met à l'ombre pour qu'ils sèchent lentement, car la trop grande chaleur du soleil les ferait fondre. Quand ils sont à moitié secs, on les polit de nouveau avec un morceau de bois fait exprès pour cet usage, ce qui leur donne une espèce de lustre, puis on les remet au séchoir. Mais avant qu'ils aient pris toute leur consistance, on les expose à un soleil très-doux, et, huit ou dix jours après, on les soumet à la cuisson, qui s'opère en mettant les pots l'un sur l'autre, entre deux couches de paille de mil auxquelles on met le feu.

Le 3 août, Caillié atteignit Timé, village habité par des Mandingues mahométans et situé dans la partie sud du Bambarra. Là il tomba dangereusement malade ; il fut atteint du scorbut et blessé aux pieds. Pendant le long intervalle que dura sa maladie, il reçut les soins d'une vieille négresse, et ce fut à elle qu'il dut son rétablissement. Il crut bien des fois ne plus jamais revoir le sol natal ; seul en un pays sauvage, couché sur la terre humide, n'ayant d'autre oreiller que le sac de cuir contenant son bagage, il passa ainsi plus de quatre mois entre la vie et la mort, soutenu par un peu de riz que la vieille négresse lui apportait dans sa hutte enfumée. Il n'entra en convalescence que vers le 15 décembre. Tout aussitôt il chercha à se procurer un guide pour se rendre à Jenné.

Les indigènes de Timé sont naturellement paresseux et se reposent sur leurs esclaves du soin des cultures. Ils aiment beaucoup les réunions ; dans la belle saison, un peu après la prière du soir, ils se rassemblent avec tout le voisinage pour prendre leur souper en commun. Ces repas sont toujours très-gais. Ils médisent de ceux qu'ils appellent les infidèles ; ils rient beaucoup et s'amusent aux dépens des absents. Les femmes ne sont point admises à ces réunions ; elles mangent dans leurs cases avec leurs enfants ; à l'âge de dix ans, ceux-ci mangent avec leur père. Le repas fini, chaque femme vient reprendre ses ustensiles de ménage.

Ces nègres prennent autant de femmes qu'ils peuvent en nourrir. Ils ne les épousent pas toutes en même temps, et même ce n'est qu'à des époques éloignées, quelquefois à trois ou quatre ans de distance. Chaque femme qu'ils prennent est pour eux un objet de dépenses considérables, auxquelles ils ne peuvent suffire qu'après avoir acquis quelques bénéfices dans leur commerce, pour acheter les esclaves qu'ils sont obligés de donner aux parents de leur fiancée ; autrement, ils ne trouveraient pas à se marier. Cette espèce de dot varie beaucoup : si la fille est de bonne famille, qu'elle soit jolie, qu'on lui reconnaisse des qualités, les parents exigent trois ou quatre esclaves, qui sont toujours la propriété de la mère ; si la fille est d'un rang peu distingué ou d'une figure désagréable, on ne donne que deux esclaves. D'ailleurs, belles ou laides, les filles se marient toutes. Le prétendu est obligé de livrer la dot avant de posséder la fille, à laquelle il fait encore quelques petits cadeaux ; de plus, il lui envoie tous les jours de grandes calebasses pleines de riz. Deux mois avant le mariage, la future est toujours en fête, et sa mère invite les voisins à venir y prendre part. Quand le jeune homme a fait toutes les libéralités et rempli toutes les formalités exigées, si la fiancée ou même ses parents se refusent à terminer le mariage, ils sont obligés de lui rembourser toutes les dépenses qu'il a faites; si, au contraire, le refus vient de la part de l'homme, soit par jalousie ou tout autre motif, il perd tout ce qu'il a donné; et quand il s'élève une discussion entre le mari et la famille de sa future, si les arrangements viennent à se rompre, la femme est tenue de rendre tout ce que ses parents ont reçu.

Ces conditions sévères font que, chez un peuple intéressé et même avide, les premiers engagements se rompent très-rarement. Les femmes en sont souvent les victimes; car les hommes, les regardant comme leur étant très-inférieures, sont toujours maîtres absolus dans leurs ménages. Ces malheureuses peuvent être assimilées aux esclaves pour les travaux pénibles auxquels on les oblige : elles vont chercher l'eau et le bois à des distances très-éloignées; leurs maris les envoient faire les semences, arracher les mauvaises herbes ou faire la récolte. Lorsqu'elles suivent les caravanes, ce sont elles qui portent les fardeaux sur leur tête, et les maris suivent gravement à cheval. Ils les grondent sévèrement pour la moindre faute qu'elles commettent; alors elles crient, tempêtent et courent dans le village, en se plaignant à haute voix; mais ils n'y font pas beaucoup attention, car ils ne croient jamais avoir tort; et la dispute se termine par des coups de fouet donnés à la femme, qui se lamente jusqu'à ce que les anciens du village arrivent à son secours et rétablissent la paix dans le ménage.

Sous le rapport des souffrances physiques, les femmes sont très-courageuses : elles se livrent aux travaux les plus pénibles pendant tout le temps et jusqu'au dernier moment de leur grossesse; elles accouchent sans se plaindre, et, dès le lendemain, reprennent une partie de leurs occupations. Les enfants naissent blancs jaunâtres et noircissent progressivement jusqu'au dixième jour; ils sont alors tout à fait noirs. Les mères ont une tendresse et des soins extrêmes pour leurs enfants; elles les confient rarement à des étrangères; elles les nourrissent elles-mêmes, et les portent partout sur leur dos, attachés avec leur pagne. Les garçons sont circoncis à l'âge de quinze à vingt ans, et les filles subissent une opération du même genre quand elles sont nubiles.

Les cases de Timé ne sont ni aussi grandes ni aussi propres que celles de Kankan, quoiqu'elles soient construites dans la

Une forêt du Bambarra.

même forme, entourées de même d'un mur en terre de six pieds de haut sur cinq pouces d'épaisseur. Les femmes sont chargées du soin d'enduire ce mur de bouse de vache, qu'elles se pro-

curent au marché pour quelques colats. Ces cases sont recouvertes en paille; on n'y voit aucun meuble, seulement quelques
nattes tendues par terre pour s'asseoir dans le jour et coucher la
nuit, des pots en terre pour la cuisine, des plats en bois, des calebasses, des spatules, et une jarre en terre pour mettre l'eau. Les
femmes placent leur bois dans un coin de la case, dans la
crainte que les paresseuses ne le prennent pour s'éviter la peine
de s'en procurer.

L'arbre à beurre ou *cé* est très-répandu dans les environs de
Timé; il y croît spontanément et vient à la hauteur du poirier,
dont il a le port. Quand l'arbre est jeune, ses feuilles sont
longues de six pouces; elles viennent par touffes, et sont suppor-
tées par un pétiole très-court; elles sont terminées en rond. Quand
l'arbre a atteint une certaine vieillesse, les feuilles deviennent
plus petites et ressemblent à celles du poirier de Saint-Jean. Il
fleurit à l'extrémité des branches, et les fleurs réunies en bouquet sont très-petites; elles ont des pétales blancs et beaucoup
d'étamines à peine perceptibles à l'œil nu. Le fruit venu à maturité est gros comme un œuf de pintade, un peu ovale et égal des
deux bouts; il est recouvert d'une pellicule de couleur vert pâle;
en ôtant cette pellicule, on trouve une pulpe de trois lignes d'é-
paisseur, verdâtre, farineuse et très-agréable au goût; les nègres
l'aiment beaucoup. Sous cette pulpe, il y a une seconde pellicule
très-mince, ressemblant à la peau blanche qui tapisse intérieure-
ment la coquille de l'œuf; elle couvre l'amande, qui est couleur
café au lait clair; le fruit, ainsi dégagé des deux pellicules et de
la pulpe, est couvert d'une coque aussi mince que celle de l'œuf;
l'amande seule est grosse comme un œuf de pigeon.

On expose ce fruit au soleil pendant plusieurs jours pour le
faire sécher, puis on le pile dans un mortier. Réduit en farine, il
devient couleur de son de froment. Quand il est pilé, on le met
dans une grande calebasse, puis on jette de l'eau tant soit peu
tiède dessus, jusqu'à consistance d'une pâte claire que l'on pétrit
avec les mains. Quand on veut connaître si elle est assez mani-
pulée, on y jette un peu d'eau tiède; si l'on voit les parties
grasses se détacher du son et monter sur l'eau, on y met à plu-

sieurs reprises de l'eau tiède ; il faut qu'il y en ait assez pour que
le beurre, détaché du son, puisse flotter. On le ramasse avec une
cuiller en bois pour le mettre dans une calebasse ; puis on le fait
cuire sur un grand feu ; on l'écume bien pour enlever le son qui
y est resté attaché ; quand il est bien cuit, on le verse dans une
calebasse avec un peu d'eau au fond, pour le rendre plus facile à
enlever ; ainsi préparé, on l'enveloppe dans des feuilles de l'arbre,
et il se conserve deux ans sans se gâter. Ce beurre est d'un blanc
cendré et a la consistance du suif. Les habitants en font commerce ; ils en mangent, s'en frottent le corps et s'en servent
aussi pour leur éclairage ; ils prétendent que c'est un remède
souverain pour les douleurs et pour les plaies.

De Timé, notre voyageur gagna Jenné, ville située sur le Niger ;
il y arriva le 10 mars 1828. Il avait fait route avec une caravane
composée de quarante-cinq à cinquante Mandingues portant des
charges sur leur tête, d'environ trente-cinq femmes également
chargées, et de huit chefs conduisant une quinzaine d'ânes. Ces
chefs avaient leurs esclaves et leurs femmes, qui portaient les bagages et faisaient la cuisine pendant les haltes.

D'ordinaire, les femmes prennent les devants et les hommes
viennent après : le bruit qu'ils font avec leurs sonnettes prévient
de leur approche. Les Mandingues aiment beaucoup les sonnettes,
dont le tintement les distrait en route ; ils en fabriquent eux-
mêmes avec du fer et du cuivre. A leur arrivée dans un village,
les femmes vont puiser de l'eau, et pilent le mil pour préparer le
dîner de tout le monde ; elles font ensuite chauffer, dans de
grands vases qu'elles empruntent, de l'eau qui est destinée pour
le bain des hommes, et recommencent à piler le mil pour le
souper. Les esclaves sont chargés d'aller à la recherche du bois
pour faire la cuisine. Les hommes arrivent, se couchent en attendant qu'on leur donne à manger ; puis, après s'être reposés,
ils visitent les charges ; ils vont ensuite se promener et vendre
des étoffes fabriquées dans leur village. Ils s'occupent aussi de
régler les droits de passe, car tous les marchands étrangers, quel
que soit leur nombre, sont obligés solidairement de payer, dans
chaque lieu où ils stationnent, une petite rétribution qui varie

quelquefois, mais est communément fixée à 20 colats par charge, environ 20 sous de France.

Lorsque la caravane est nombreuse, ce qui arrive souvent, parce qu'elle se grossit en route, un homme peu chargé prend les devants pour arriver le premier au village, afin de retenir des logements pour ses compagnons. Il dépose son fardeau, et revient à la rencontre de la caravane pour lui indiquer les cases. Ceux qui ne prennent pas cette sage précaution sont exposés à chercher pendant une heure dans le village pour trouver un logement, et souvent sont obligés d'aller plus loin.

Le 10 mars 1828, Caillié entra dans la ville de Jenné, située dans une île au milieu du Niger. Cette ville, dit le voyageur, peut avoir deux milles et demi de tour; elle est entourée d'un mur en terre assez mal construit, ayant dix pieds d'élévation et quatorze pouces d'épaisseur. Il y a plusieurs portes, mais elles sont toutes petites. Les maisons sont en briques cuites au soleil; elles sont aussi grandes que celles des villages européens. La plupart ont un étage, toutes sont à terrasses; elles n'ont pas de fenêtres à l'extérieur, et les chambres ne reçoivent d'air que par une cour intérieure. Leur unique entrée, d'une grandeur ordinaire, est fermée en planches assez épaisses et sciées; cette porte ferme en dedans avec une double chaîne de fer, et en dehors avec une serrure en bois ou en fer. Les chambres sont toutes longues et étroites; les murs, surtout à l'extérieur, sont très-bien crépis en sable, car il n'y a pas de chaux. Chaque maison a un escalier pour conduire sur la terrasse. Il n'y a pas de cheminée, et assez souvent les esclaves font leur cuisine en plein air. Les rues de Jenné ne sont point alignées, mais assez larges pour un pays où l'on ne connaît pas l'usage des voitures; on peut y passer huit ou neuf personnes de front; elles sont très-propres et balayées presque tous les jours.

Les environs de Jenné sont marécageux et entièrement dénués d'arbres. On aperçoit cependant à des distances très-éloignées, sur de petites élévations, des bouquets de ronniers; les plaines sont labourées avant les pluies et toutes ensemencées en riz, qui croît avec les eaux du fleuve; les esclaves sont chargés de la

culture; sur les bords du Niger, ils récoltent un peu de gombo,
de tabac et des giraumonts. Dans la saison des pluies, on récolte
aussi des choux et des carottes, dont les graines ont été apportées
du Tafilet. On coupe dans les marais une espèce de fourrage
qu'on fait sécher au soleil, pour nourrir les bestiaux. Dans les
endroits qui ne sont pas exposés aux débordements du fleuve, on
ne cultive que du mil et du maïs.

La ville de Jenné est bruyante et animée; tous les jours il part
et arrive des caravanes nombreuses de marchands qui apportent
toutes sortes de productions utiles. Jenné a une grande mosquée
en terre, dominée par deux tours massives et peu élevées; elle
est grossièrement construite, bien que très-grande; elle est
abandonnée à des milliers d'hirondelles, dont les nids produisent
une odeur infecte. Les abords de cette mosquée sont obstrués
par des mendiants et des vieillards aveugles ou infirmes. La
ville est ombragée de quelques baobabs, mimosas, dattiers et
ronniers.

Les habitants de Jenné sont très-industrieux, intelligents,
faisant travailler leurs esclaves par spéculation, tandis que,
parmi les hommes libres, les riches s'adonnent au commerce et
les plus pauvres à divers métiers. On trouve ici des tailleurs qui
font des habits que l'on envoie à Tombouctou, des forgerons, des
maçons, des cordonniers, des portefaix, des emballeurs et des
pêcheurs; ici tout le monde se rend utile. On se sert, pour em-
baller les marchandises, de nattes faites en feuilles de ronnier;
on recouvre ce premier emballage d'un second en cuir de bœuf.
Tous les habitants de Jenné sont mahométans; les Foulahs sont
les plus fanatiques, ils ne permettent pas l'entrée de leur ville
aux infidèles, et quand les Bambaras idolâtres viennent à Jenné,
ils sont obligés de faire la prière; sans quoi ils seraient impi-
toyablement maltraités par les Foulahs, qui forment la majeure
partie de la population. Du reste, les habitants sont très-affables
et très-doux envers les étrangers, du moins ceux de leur religion; ils facilitent même aux marchands le débit de leurs marchandises.

Les Jennéens ont plusieurs femmes, et ils ne les maltraitent

point comme les nègres des pays situés plus au sud; elles sortent
sans être voilées; cependant jamais elles ne mangent avec leurs
maris, ni même avec leurs enfants mâles. Les Jennéens ne connaissent d'autre écriture que celle des Arabes; presque tous
peuvent la lire, mais peu en comprennent la signification.
Lorsque les enfants savent lire le Coran, ils passent pour des
hommes savants.

Le 13 mars 1828, Caillié s'embarqua pour Tombouctou sur
une pirogue montée par des nègres, et descendit ainsi le Niger.
Il arriva le 2 avril parmi de grandes îles qui se trouvent non loin
de l'embouchure du lac Débo. Le fleuve, en cet endroit, est divisé
par plusieurs îles qui le partagent en plusieurs branches étroites,
mais très-profondes. Il y en a deux plus grandes que les autres,
et sur l'une d'elles sont des cases de pêcheurs et de bergers. Le
fleuve, en sortant du lac Débo, peut avoir environ six milles de
largeur. Plus bas, il se rétrécit jusqu'à un mille. Plus bas encore,
il se divise en deux branches, c'est-à-dire un peu avant d'arriver
à Cabra, qui est le port de Tombouctou. Ce fut le 19 avril 1828,
c'est-à-dire un an après son départ de Kakondy sur la côte, que
Caillié se trouva devant Cabra, village situé sur une petite montagne qui le préserve de l'inondation; il est entouré de marais
qui, dans la saison des pluies, sont couverts de dix pieds d'eau,
moment où il est alors facile aux grosses embarcations d'aller
mouiller devant Cabra. Un petit canal conduit à ce village; mais
il n'y a que des embarcations moyennes qui puissent entrer dans
le port.

Caillié, arrivé à Cabra, vit quantité de cases en paille habitées
par des esclaves marchands, et près desquelles mûrissaient les
fruits du nénufar. Il remarqua dans les rues un grand concours
de peuple et de marchands. Les maisons de Cabra, en général,
sont construites en terre et à terrasses; elles n'ont que le rez-de-
chaussée. Il y en a peu de bien bâties; ce sont en partie des
cahutes, car les personnes riches habitent de préférence Tombouctou, centre du commerce. Cabra, qui se trouve à une lieue
de cette ville, contient environ mille à douze cents habitants,
tous occupés à travailler, soit pour débarquer les nombreuses

marchandises qui viennent de Jenné, soit pour les conduire à Tombouctou, au moyen d'ânes et de chameaux, le chemin qui

Vue de Tombouctou.

mène à cette ville étant un sable mouvant sur lequel la marche est très-pénible. Il y a tous les jours, à Cabra, un marché approvisionné des marchandises du Soudan. Le port de Cabra s'étend de l'est à l'ouest sur une longueur d'un demi-mille et une largeur de soixante-dix pas. Il offre toujours un grand concours d'hommes et de femmes pour charger et décharger les marchandises.

Le 20 avril, Caillié partit de Cabra pour Tombouctou à trois heures et demie après midi, et arriva dans cette ville au moment où le soleil touchait à l'horizon. Tombouctou n'offre, au premier aspect, qu'un amas de maisons en terre mal construites. La chaleur étant excessive, le marché ne se tient que le soir. Caillié vit exposés en vente beaucoup de fusils doubles français, des verroteries, de l'ambre, du corail, du soufre et des dents d'éléphant. Tombouctou est habitée par des nègres de la nation Kissour. Le roi est un nègre que rien ne distingue des autres ; il n'a pas plus de luxe dans son logement que les Maures commerçants ; il est marchand lui-même. Sa dignité est héréditaire. Il ne perçoit aucun tribut sur le peuple ni sur les marchands étrangers ; cependant, on lui fait des cadeaux. Il n'a pas non plus d'administration ; c'est un père de famille qui gouverne ses enfants avec les mœurs douces et simples des anciens patriarches.

Ce prince reçut le voyageur au milieu de sa cour ; il était assis sur une belle natte avec un riche coussin. Il pouvait avoir cinquante-cinq ans ; ses cheveux étaient blancs et crépus ; il était de taille ordinaire, avait une belle physionomie, le teint noir foncé, le nez aquilin, les lèvres minces, une barbe grise et de grands yeux. Ses habits, comme ceux des Maures, étaient faits en étoffes d'Europe ; il portait un bonnet rouge avec un grand morceau de mousseline autour, en forme de turban.

Il y a beaucoup de Maures établis à Tombouctou ; ils ont les plus belles maisons de la ville. Le commerce les enrichit promptement : on leur envoie en consignation des marchandises d'Adrar et de Tafilet ; il leur en vient aussi de Touat, Ardamas, Tripoli, Tunis, Alger : ils reçoivent beaucoup de tabac et de marchandises d'Europe, qu'ils expédient par des embarcations sur la ville de Jenné. Tombouctou peut être considéré comme le principal entrepôt de l'Afrique ; on y dépose tout le sel provenant des mines de Toudeyni ; ce sel est apporté par des caravanes à dos de

chameau. Les Maures du Maroc et ceux des autres pays qui font
les voyages du Soudan restent de six à huit mois à Tombouctou,
pour exercer leur commerce et attendre un nouveau chargement
pour leurs chameaux.

La ville de Tombouctou peut avoir trois milles de tour ; elle
forme une espèce de triangle ; les maisons sont grandes, peu
élevées, et n'ont qu'un rez-de-chaussée ; dans quelques-unes est
un cabinet au-dessus de la porte d'entrée. Elles sont construites
en briques de forme ronde, roulées dans les mains et séchées au
soleil ; à la hauteur près, les murs ressemblent à ceux de Jenné.
Les rues sont propres et assez larges pour y passer trois cavaliers de front ; en dedans et en dehors, on voit beaucoup de cases
en paille, de forme presque ronde, comme celle des Foulahs
pasteurs ; elles servent de logement aux pauvres et aux esclaves,
qui vendent des marchandises pour le compte de leur maître.
Tombouctou renferme sept mosquées, dont deux grandes, qui
sont surmontées chacune d'une tour en brique, dans laquelle on
monte par un escalier intérieur.

Cette ville mystérieuse, sur laquelle l'érudition s'est exercée
depuis des siècles, et dont la population a été singulièrement
exagérée, de même que sa civilisation et son commerce avec l'intérieur du Soudan, est située dans une immense plaine de sable
mouvant, où il ne croît que de faibles arbrisseaux rabougris, tels
que le mimosa *ferruginea*, qui ne vient qu'à la hauteur de trois à
quatre pieds. Elle n'est fermée par aucune clôture ; on peut y
entrer de tous côtés. On remarque, dans son enceinte et autour,
quelques balanites et un palmier doum situé au centre. La population est d'environ douze mille habitants, tous commerçants, en y
comprenant les Maures établis. Il y vient souvent beaucoup
d'Arabes amenés par les caravanes, qui séjournent dans la ville
et augmentent momentanément la population. Au loin, dans la
plaine, il croît quelques chardons et graminées, dont les chameaux se nourrissent ; le bois à brûler est très-rare ; on va le
chercher près de Cabra ; on en fait un objet de commerce, et les
femmes le vendent au marché ; les riches seuls en brûlent. Les
pauvres font usage de viande de chameau. L'eau se vend égale-

ment sur le marché ; les femmes en donnent une mesure d'environ un demi-litre pour un cauris.

Tombouctou, bien que l'une des plus grandes villes de l'Afrique vues par Caillié, n'a, selon lui, d'autres ressources que son commerce de sel, le sol n'étant aucunement propre à la culture. C'est de Jenné qu'elle tire ses approvisionnements alimentaires, comme riz, mil, beurre végétal, coton, étoffes du Soudan, bougies, savon, piment, oignons, poissons secs, pistaches, etc. Si les flottilles venant à Cabra étaient arrêtées en route par les Touaregs, les habitants de Tombouctou pourraient être réduits à la plus affreuse disette. C'est afin d'éviter ce malheur qu'ils ont soin que leurs magasins soient toujours amplement fournis de toute espèce de comestibles ; cette considération empêche aussi les flottes qui descendent le Niger jusqu'au port de Cabra de lutter avec les Touaregs, malgré tout ce qu'elles ont à souffrir de leurs exigences.

Tous les habitants natifs de Tombouctou sont de zélés mahométans ; leur costume est le même que celui des Maures, et ils ont quatre femmes, comme les Arabes ; mais ils n'ont pas, comme les Mandingues, la cruauté de les battre ; elles sont cependant chargées de même des soins du ménage. Les femmes à Tombouctou ne sont pas voilées, comme dans l'empire de Maroc ; elles sortent quand elles veulent, et sont libres de voir tout le monde. Les habitants sont doux et affables envers les étrangers ; ils sont industrieux et intelligents dans le commerce, qui est leur unique ressource ; la plupart des habitants sont riches et ont beaucoup d'esclaves. Les hommes sont de taille ordinaire, bien faits, se tenant très-droits, ayant la démarche assurée ; leur teint est d'un beau noir foncé ; ils ont le nez un peu plus aquilin que chez les Mandingues, et, comme eux, les lèvres minces et de beaux yeux. Caillié a vu à Tombouctou des femmes qui pourraient, dit-il, passer pour très-jolies.

Le 4 mai 1828, Caillié quitta Tombouctou et se dirigea vers le nord. La température était pesante et la chaleur extrême. L'eau manquait, bien entendu ; à mesure qu'on s'éloignait du sud, le pays devenait de plus en plus aride ; on n'apercevait même plus de chardons, et tout se réunissait pour attrister la vue au milieu d'une nature aussi affreuse. C'était une véritable image des ondulations de l'Océan.

Ce ne fut que quatre mois après, le 7 septembre 1828, que Caillié atteignit Tanger. Il s'y embarqua, le 28, sur une goëlette française qui le ramena à Toulon, où il prit terre le 10 octobre suivant, pour venir recevoir à Paris le grand prix annuel de la Société de Géographie, récompense qu'on avait promise au premier voyageur qui serait parvenu à Tombouctou en partant de la Sénégambie.

Le voyage de Caillié, commencé le 20 avril 1827, à Kakondy, à l'embouchure du Rio-Nunez, en Sénégambie, sur l'Atlantique, et terminé à Tanger, sur le détroit de Gibraltar, le 7 septembre 1828, avait duré environ seize mois et demi, dont neuf pour les séjours faits en dix-huit endroits différents, et le restant en journées effectives de marche. Caillié a été, nous le répéterons avec orgueil pour la France, le premier voyageur européen qui ait vu Tombouctou et en soit revenu, car l'infortuné major Laing, qui était arrivé dans cette ville, avait péri d'une façon tragique peu de jours après l'avoir quittée.

CHAPITRE III

Notice biographique. — Premier voyage de 1826 à 1829. — De Toulon à la
Nouvelle-Zélande. — La baie de Wangaroa. — Un singulier certificat. —
Shouraki. — Le chef Rangui. — Détails géographiques sur la Nouvelle-
Zélande. — Aspect général et productions. — Les Nouveaux-Zélandais. —
Mœurs et coutumes. — Le tatouage. — Les îles Tonga ou des Amis. — Le
tabou. — Enlèvement d'une embarcation par les sauvages. — Les îles Viti
ou Fidji. — La Nouvelle-Guinée. — Mouillage au havre Doréi. — Mœurs et
coutumes des indigènes. — Relâche à Hobart-Town, capitale de la Tasmanie.
— Traversée de Hobart-Town à Vanikoro. — Découverte des restes du
naufrage de La Pérouse. — Retour en Europe. — Second voyage de 1837 à
1840. — Les régions antarctiques. — Découvertes des terres Louis-Philippe
et Joinville. — Relâche aux îles Gambier. — L'archipel des Marquises. —
Détails de mœurs. — Navigation à travers les îles de la Mélanésie et de la
Malaisie. — Une mauvaise année. — Retour dans les régions antarctiques.
— Nouvelles découvertes. — Retour en France. — Triste fin de Dumont
d'Urville.

Jules-Sébastien-César Dumont d'Urville, né le 23 mai 1790 à
Condé-sur-Noireau (Calvados), est regardé avec raison comme
une des gloires de la France et comme le plus grand navigateur
de ce siècle. Entré dans la marine impériale avec le titre d'aspi-
rant, en 1808, il fut nommé enseigne de vaisseau en 1812. Deux
ans après, en 1814, il commença sa carrière maritime à bord de
la *Ville-de-Marseille* qui ramenait de Sicile en France la famille
d'Orléans. En 1818, il accompagna le capitaine Gautier, chargé
du relèvement des côtes de la mer Méditerranée et de la mer
Noire. Quatre ans plus tard, il fit, comme lieutenant en premier,
à bord de la corvette *la Coquille*, partie de l'expédition dirigée

par le capitaine Duperré, et qui ne dura pas moins de trois années. Il dirigea lui-même deux autres expéditions, qui resteront à jamais mémorables dans les fastes de la marine française : l'une à bord de la corvette *l'Astrolabe*, de 1826 à 1829 ; l'autre, de 1837 à 1840, sur le même navire, ayant pour conserve une autre corvette, la *Zélée*. Ce sont ces deux célèbres expéditions que nous nous proposons de résumer dans les pages qui suivent.

Dumont d'Urville reçut, au mois de décembre 1825, sa lettre de commandement avec les instructions du gouvernement et de l'Académie des sciences. Le 22 avril de l'année suivante, il partit de Toulon et se dirigea vers le détroit de Gibraltar. Ce ne fut que le 6 juin qu'il put le traverser, à cause des vents contraires. Le 14, il atteignit les îles Canaries, et, le 28, les îles du cap Vert. Le 20 juillet la ligne fut franchie avec les cérémonies d'usage. Le 31 du même mois, Martin-Vaz et la Trinité furent signalées. Depuis ces îlots jusqu'à la Nouvelle-Hollande ou Australie, où l'expédition arriva le 7 octobre, aucune terre ne fut aperçue.

Après quelques jours d'un repos nécessaire, Dumont d'Urville fit l'exploration d'une grande partie des côtes de la Nouvelle-Hollande, et notamment des contrées qui avoisinent les établissements fondés par les Anglais. Le 19 décembre 1826, il quitta Sydney pour se rendre à la Nouvelle-Zélande. La traversée eût pu s'exécuter en huit jours d'un vent ordinaire ; mais elle éprouva des vents contraires, une mer houleuse et de mauvais temps, de manière qu'elle ne put atterrir que le 10 janvier 1827 sur la côte occidentale de Tavaï-Pounamou, à quelque distance dans le sud du cap Foul-Wind de Cook. Depuis lors, *l'Astrolabe* côtoya le rivage à quatre ou six milles de distance, l'explora dans tout son développement les 11, 12 et 13, jusqu'au détroit de Cook, c'est-à-dire sur une étendue d'environ cinquante lieues.

Le 13, la corvette donna dans le détroit de Cook, en prolongeant à deux ou trois milles de distance sa côte méridionale. Après avoir contourné un banc dangereux, elle entra dans la baie Tasman, dont Cook n'avait aperçu que de fort loin l'entrée, et trouva qu'au lieu d'un petit enfoncement de trois à quatre milles de large sur quelques milles de profondeur qu'avait figuré Cook, c'était

une baie de trente à quarante milles de largeur, et dont la profondeur échappait aux regards. Durant trois jours entiers l'*Astrolabe* y navigua à pleines voiles pour en contourner les bords.
Le 16 janvier, elle mouilla dans un petit havre fort commode et parfaitement sûr, situé sur la côte occidentale de cette baie, et qui reçut le nom d'*anse de l'Astrolabe*. La corvette y resta cinq jours, afin de remplacer l'eau et le bois, régler les montres et lever le plan du havre, ainsi que d'un second havre, plus éloigné dans le nord, et que Dumont d'Urville nomme *anse des Torrents*, à cause de trois beaux torrents qui s'y déchargent. Il avait vu le 12 janvier que l'enfoncement compris entre les terres du cap Farewell, d'une part, et celles du cap Stephens, de l'autre, et que le célèbre Cook avait nommé *baie des Aveugles*, se divise en deux bassins très-distincts par une pointe remarquable que d'Urville appela *pointe de Séparation*, en laissant au bassin méridional le nom que lui avait donné Cook, celui de *baie Tasman*.

Le 22 janvier, la corvette remit à la voile, et gouverna vers la côte occidentale de la baie Tasman, sur une coupée qui offrait une communication avec la baie de l'Amirauté, passage étroit et périlleux, où le commandant de l'*Astrolabe* montra une persévérance et une ténacité au-dessus de tout éloge, pendant les six jours qu'il fallut employer à franchir ce détroit ou canal qui fut nommé *passe des Français*, et à la sortie duquel la corvette vogua tranquillement dans les eaux paisibles de la baie de l'Amirauté. Elle fila rapidement devant les baies de la reine Charlotte et Cloudy, dont on releva toutefois les entrées avec soin. On passa la nuit du 23 janvier dans l'entrée orientale du détroit de Cook, où les courants ont une si grande force. Le 29, on donna dans un vaste enfoncement situé immédiatement à l'ouest du cap Kawa-Kawa ou Palisser, et l'*Astrolabe* y mouilla le soir.

Dès le lendemain, 30 janvier, on commença la reconnaissance de la côte orientale de l'île septentrionale de la Nouvelle-Zélande, appelé *Ika-Na-Mawi* par les naturels. Jusqu'au 8 février, cette reconnaissance s'opéra sans obstacles bien graves, dans une étendue de cent vingt lieues environ. Mais lorsqu'on eut doublé le cap Waï-Apou, ou cap Est de Cook, les bourrasques d'ouest et de sud-ouest qui s'élevèrent firent perdre plus de trente lieues sous le vent.

Le 14, une belle brise d'est permit à la corvette de se rapprocher de terre. Le 15, elle donna dans la baie spacieuse d'Abondance du capitaine Cook, et y gouverna par une mer tranquille. Le 16, un vent furieux, si commun sur les côtes de la Nouvelle-Zélande, et dont les naturels ont tellement peur, qu'ils se cachent dans leurs cabanes ou dans les antres des rochers pour en éviter les effets, se leva et devint un véritable tourbillon. Les lames, soulevées dans tous les sens à une hauteur prodigieuse, retombaient de toute leur masse et menaçaient à chaque instant d'engloutir la corvette. Ce ne fut qu'avec une peine extrême qu'on réussit à montrer un coin de voile pour gouverner le bâtiment, et cette situation critique dura plus de quatre heures, pendant lesquelles le salut de l'équipage ne tint qu'à un fil. Le vent devint enfin un peu maniable. L'horizon s'éclaircit et permit de reconnaître la position du bâtiment. Ce fut alors qu'on aperçut un brisant formidable à moins d'un tiers de mille de distance du vaisseau. Il fallut le doubler au risque de périr. En un moment, toutes les voiles furent dehors ; et bien que la mer elle-même fût horrible, on parvint à sortir de ce danger. Depuis lors, la navigation de la corvette n'eut plus à essuyer que par intervalles le choc des vents contraires. Elle promena son pavillon dans tous les canaux de l'immense baie appelée *Kouraki* ou *Shouraki* par les naturels, et *rivière Tamise* par le capitaine Cook. On découvrit une trentaine d'îles nouvelles qui n'avaient pas encore figuré sur les cartes.

Le 21 février, on entrevit les îles Tawiti-Rahi, appelées *Pauvres-Chevaliers* par le capitaine Cook, et l'on gagna le mouillage de Wangaroa. Aussitôt une pirogue de guerre se détacha du fond de la baie et s'approcha rapidement du navire. Tous ceux qui la montaient avaient le costume des naturels du pays, à l'exception d'un seul qui portait des vêtements européens. On le prit d'abord pour quelque déserteur réfugié parmi les sauvages ; mais lorsqu'il fut monté sur le pont, on reconnut bien à son visage tatoué que c'était un véritable insulaire. Bientôt, au moyen d'un langage

mi-anglais, mi-zélandais, aidé de gestes expressifs, Dumont d'Urville apprit que son hôte se nommait Rangui. Il se disait avec
orgueil compagnon de Pomaré, personnage fameux dans les fastes
de la Nouvelle-Zélande ; il avait résidé quelque temps à Sydney,
d'où il avait rapporté son costume et ses manières semi-euro-
péennes.

« Pour achever de me convaincre, dit Dumont d'Urville, il dé-
ploya avec gravité un chiffon de papier, que je pris d'abord pour
quelque certificat de capitaine baleinier. En effet, c'était bien un
certificat, mais au nom de deux individus de Sydney, qui attes-
taient avoir hébergé Rangui quelques jours chez eux, ajoutant que
celui-ci avait promis en retour de leur envoyer des lances, des
coquilles et autres objets curieux de son pays. Ces deux individus
invitaient, en conséquence, tous les capitaines entre les mains
desquels ce papier viendrait à tomber à rappeler soigneusement
cette promesse au porteur. Cette plaisante invitation m'amusa
beaucoup, et je pensai que ceux qui la verraient songeraient à en
tirer parti pour eux-mêmes plutôt que pour les deux habitants de
Sydney. Je remis du reste à Rangui son écrit d'un air très-sérieux,
comme si sa teneur m'eût donné d'utiles renseignements sur son
compte, et il me parut très-satisfait. »

Le 26 février, la corvette entra dans la baie de Shouraki. Trois
pirogues vinrent le long du bord. Elles appartenaient à un chef
puissant du nom de Rangui (c'était un autre que celui dont il a
été parlé plus haut). Rangui lui-même, revêtu d'une tunique
écossaise, se trouvait dans la plus grande de ces embarcations.
D'après l'invitation du commandant, il monta à bord sans défiance.
C'était un fort bel homme : sa taille atteignait un mètre quatre-
vingt-huit centimètres; sa démarche était noble et imposante, et
les traits de son visage, quoique ornés de sillons nombreux,
marque de son rang, respirait un air remarquable de calme, de
confiance et de dignité.

« Nous ne tardâmes point, dit Dumont d'Urville, à être ensemble
le mieux du monde, et, dans le cours de la longue conversation
qui eut lieu entre lui et moi, voici les principaux renseignements
que je pus saisir :

« Les naturels de Shouraki se trouvent en guerre continuelle avec les peuples du Nord, qui viennent chaque année ravager leur territoire : les armes à feu donnent à ceux-ci un immense avantage. Rangui témoignait le plus vif désir d'en obtenir pour sa tribu. Un an s'était écoulé depuis qu'il avait combattu le redoutable Pomaré. Ce dernier avait succombé ; comme de coutume, son corps avait été mangé sur le champ de bataille, et sa tête était conservée dans le pâ de Waï-Kato, principale forteresse de la ligue des peuples de la baie de Shouraki. Je pouvais en devenir possesseur pour quelques livres de poudre ; il ne s'agissait que d'attendre quatre ou cinq jours, temps rigoureusement nécessaire pour envoyer un messager chercher cette tête. Cette proposition était assurément séduisante pour moi : j'aurais été jaloux de rapporter en Europe les dépouilles d'un guerrier devenu si fameux dans les guerres antarctiques ; malheureusement l'exploration de la Nouvelle-Zélande n'était, pour la campagne, qu'une opération de second ordre, et mes instructions me prescrivaient de me rendre le plus tôt possible entre les tropiques.

« Rangui déjeuna avec nous, et se comporta convenablement à table. Il me donna une foule de détails sur le pays, sur les habitants, sur les guerres qui les divisent. Il ne manqua pas de répéter plusieurs fois avec emphase qu'il avait tué et mangé Pomaré, montrant avec orgueil sa tunique écossaise, comme trophée de sa victoire. A l'entendre, il préparait le même sort à Shongui, autre chef redouté. Cependant, quand je vins par hasard à lui parler de son homonyme, la jactance de mon héros diminua tout à coup pour faire place à une inquiétude très-marquée, et qui avait quelque chose de comique. Il s'informa à plusieurs reprises des forces de cet adversaire, de ses projets, et il demanda plus de vingt fois de suite s'il n'allait pas arriver incessamment. Tout annonçait que cette nouvelle l'agitait cruellement et qu'il était tourmenté de savoir ses ennemis si près de lui.

« A l'instant même où les chefs s'embarquaient dans leurs pirogues, il arriva une petite aventure propre à faire connaître le caractère de ces peuples. Pendant tout le temps qu'ils étaient restés à bord, Rangui et les autres chefs s'étaient comportés avec beaucoup de décence ; leurs sujets mêmes avaient commercé le long du bord avec une bonne foi digne d'éloges. Comme je mettais à la voile, on vint m'avertir qu'un des naturels avait enlevé un plomb de sonde laissé négligemment à la traîne, dans le porte-haubans. Pris sur le fait, cet homme rendit son larcin sans aucune résistance et se hâta de s'esquiver. Alors, m'adressant à Rangui, je lui dis à haute voix et d'un ton sévère qu'il était indigne d'honnêtes gens de commettre de pareilles actions, et que je châtierais les voleurs sans pitié. Ce reproche et cette menace parurent l'affecter profondément. Il s'excusa en alléguant que ce crime avait été commis, à son insu, par un esclave. Puis il me demanda d'un air soumis si je n'allais pas le punir pour ce fait. Je lui répondis qu'il n'en serait rien pour cette fois, et lui souhaitai le bonjour amicalement pour m'occuper uniquement de la manœuvre. Un instant après, le bruit de coups redoublés, accompagnés de cris pitoyables partant de la pirogue de Rangui, attira de nouveau mes regards de ce côté. Alors je vis Rangui et un de ses compagnons frappant sur un manteau qui semblait recouvrir un homme ; mais il me fut facile de reconnaître qu'ils ne frappaient que sur un des bancs de la pirogue. Après avoir joué quelque temps cette farce, la pagaie de Rangui se brisa entre ses mains ; l'homme fit semblant de tomber, et Rangui, m'interpellant, me dit qu'il venait d'assommer le voleur, et me demanda si j'étais satisfait. Je répondis affirmativement, riant en moi-même de la ruse de ces sauvages. »

Le 28 février, la corvette quitta la baie de Shouraki et reconnut plusieurs îles. Elle mouilla ensuite devant la rivière Mogoïa, puis traversa un canal de sept à huit milles de largeur qui sépare les deux îles Shoutourou et Otsa. Le 4 mars, elle doubla les îles Tawiti-Rahi. Le 5, elle arriva près du cap Bret de Cook. Le 6, le cap nord de la Nouvelle-Zélande fut signalé ; Dumont d'Urville lui donna le nom de cap Otou. Au delà se trouve le cap Otahe, puis un autre qui est au nord-ouest et auquel Tasman donna le nom de cap Maria de Van-Diemen. Ce dernier est le fameux Reinga, le Ténare des Nouveaux-Zélandais, dernière limite de leur monde connu, lieu où les âmes des morts, appelées waidouas, viennent immédiatement après le trépas pour prendre leur essor vers leur dernière demeure, celle de la gloire brillante ou celle des ténèbres éternelles.

L'équipage de l'*Astrolabe* ne fut point tenté de pénétrer dans ces abîmes de la superstition zélandaise. Il ne se trouvait d'ailleurs aucun nouvel Enée qui voulût faire ce dangereux voyage, d'où il eût craint de ne pouvoir revenir, eût-il même possédé le rameau d'or du cygne de Mantoue; car ce rameau ne l'eût pas préservé de l'anthropophagie des naturels. La corvette s'éloigna donc de ces parages poétiquement terribles, et, revenant sur sa route, gagna la baie des Iles, le 13 mars 1827. Elle venait d'explorer, en deux mois, près de quatre cents lieues de côtes.

La Nouvelle-Zélande comprend les îles australes, situées au sud-est de l'Australie, entre le 164° et le 176° de longitude orientale et entre 34° 12 et 48° de latitude méridionale. Il s'en faut de beaucoup cependant que ces îles occupent la moyenne partie de la surface indiquée par cette espèce de trapèze. Leur superficie se réduit à peu près à celle d'une bande de terre de quatre cents lieues environ de longueur sur vingt-cinq à trente lieues de largeur moyenne. Cette bande est interrompue vers son centre par un canal appelé détroit de Cook, dont la largeur varie de vingt-quatre à vingt-cinq lieues; elle est en outre disposée de manière à former une espèce d'arc très-courbé, dont la concavité se présente au nord-ouest.

Les deux grandes îles principales de la Nouvelle-Zélande s'appellent, celle du nord, Ika-Na-Mawi, et celle du sud, Tavaï-Pounamou. Elles sont environnées par plusieurs petites îles, parmi lesquelles on remarque l'île Barrière, sur la côte nord-est de l'île Ika-Na-Mawi, et l'île Stenart, sur la côte méridionale de l'île Tavaï-Pounamou. Ce fut le navigateur hollandais Tasman qui découvrit en 1642 la côte occidentale de la Nouvelle-Zélande. Cette découverte resta longtemps sans résultat. Un navigateur français, Surville, doubla en 1769 le cap Nord et découvrit la côte orientale de la baie de Lauriston. En 1779, Marion détermina le pic Mascarin. Le célèbre Cook visita ces régions dans la même année et découvrit le détroit qui porte son nom.

Les côtes de la Nouvelle-Zélande sont généralement très-découpées et très-accidentées ; elles présentent plusieurs caps importants, dont les plus remarquables sont le cap Nord ou Otou, qui termine au nord-ouest l'île Ika-Na-Mawi ; le cap Egmont, à l'ouest ; le cap Palisser, au sud, et le cap Est, à l'est de la même île ; les caps Farewell et Campbell, la presqu'île de Banks, la pointe Windsor, sur les côtes de l'île Tavaï-Pounamou. L'intérieur des terres n'est pas encore parfaitement connu ; il paraît être extrêmement accidenté et pittoresque.

L'île du Nord est une haute terre montueuse qui renferme plusieurs volcans, dont les plus élevés sont : au centre, le Tongariro, volcan éteint, haut de près de 2,000 mètres; le Ruapehou, volcan actif, haut de 2,800 mètres ; et, à l'ouest, le mont Egmont, volcan éteint, haut de 2,500 mètres. Entre le Tongariro et la baie d'Abondance se trouve la plus curieuse région volcanique du globe ; elle renferme de grands lacs alimentés par des sources d'eau bouillante (90° c.) qui jaillissent du sol en immenses gerbes, au milieu de bruits sourds et de trépidations du terrain, et des espaces considérables, dont la surface accidentée et brûlante laisse échapper partout de la vapeur d'eau et est couverte de solfatares, de volcans de boue et de grands bassins circulaires remplis aussi d'eau bouillante. Le sol de cette région volcanique s'élève constamment ; on croit que dans l'espace d'une vingtaine d'années certains points se sont exhaussés de deux mètres. Le nord-ouest de l'île Ika-Na-Mawi est formé par une grande presqu'île qui se rattache à la terre principale par l'isthme d'Auckland, formé par le golfe Hauraki. La contrée dont Auckland est le centre est encore une région volcanique, couverte d'une innombrable quantité de petits cratères éteints, hauts de 100 à 300 mètres. Tout le pays semble arrosé par de nombreuses rivières, et les côtes présentent la baie d'Abondance ou Plenty-Bay au nord, la baie Hawke à l'est et le golfe Hauraki au nord-ouest.

L'île du Sud est traversée dans toute sa longueur, du nord au sud, par une haute chaîne de montagnes, boisée, escarpée, dépourvue de cols, brisée et coupée en tous sens par de profondes gorges dans lesquelles coulent de petits cours d'eau torrentiels;

les plus hauts sommets sont le mont Cook, 4,000 mètres, le mont Franklin, le mont Earnstan, 3,000 mètres, le mont Aspiring, 2,800 mètres. Cette chaîne, plus rapprochée de la côte occidentale de l'île, la partage en deux versants inégaux. Le versant oriental, le plus étendu, est arrosé par de nombreux cours d'eau, qui sortent presque tous de grands lacs, situés dans le massif même des montagnes, et dont le lit est partout encombré de blocs de rochers. Les torrents du versant occidental se précipitent à la mer par une suite de cascades et de bonds, en roulant d'énormes amas de débris rocheux qui forment à leurs embouchures des barres impraticables. On remarque sur la côte orientale de l'île la presqu'île de Banks, couverte de petits volcans éteints et sur le rivage de laquelle on trouve la baie d'Akoroa.

Ainsi qu'on l'a observé de la plupart des terres situées sous une latitude méridionale plus ou moins avancée, les îles de la Nouvelle-Zélande jouissent d'une température moyenne plus froide que celle des terres situées dans l'hémisphère septentrional, à une distance égale de l'équateur ; mais cette température est plus constante et la marche du thermomètre n'offre jamais ces différences qu'on observe dans nos climats d'Europe, entre les indications de l'hiver et celles de l'été. La température moyenne de l'année est de 15° centigrades. Le climat est partout très-salubre.

La végétation de la Nouvelle-Zélande est abondante. Sur quelque point de la côte qu'il pose pour la première fois le pied, le voyageur est frappé avant tout de deux particularités dans le caractère de cette végétation : l'abondance des fougères et des arbrisseaux et l'absence de prairies et de fleurs, absence qui s'explique par la disette de gazon et le petit nombre de plantes annuelles. Les champs qui, vus de loin, à côté des immenses forêts, ne paraissent que pâturages et gazons, se composent, en y regardant de plus près, de buissons à hauteur d'homme avec de petites fleurs blanches microscopiques, et surtout de fougères dont la racine formait autrefois le principal aliment des indigènes. On ne se fait jour qu'avec peine à travers ces fourrés épais, où rarement on rencontre de sentier tracé ; et sur les chemins mêmes

les tiges ligneuses de cette fougère embarrassent d'une manière
très-désagréable les pieds du voyageur.

Paysage de la Nouvelle-Zélande.

Si de la lisière des forêts on pénètre dans l'intérieur, ce sont
encore des fougères qui frappent d'abord les yeux, de magnifiques fougères arborescentes aux superbes couronnes, aux tiges

revêtues d'écailles. Çà et là se dressent des arbres gigantesques,
dont le bois est excellent pour la marine, les constructions et
l'ébénisterie. Parmi ces arbres, on remarque le phormium, qui
est pour les indigènes ce que le bambou est pour les habitants de
l'Asie orientale et méridionale. On l'utilise pour des besoins innombrables.

La culture commence déjà à transformer le sol inculte en
champs fertiles et en grasses prairies ; des groupes de fermes
s'élèvent rapidement, et des localités grandes et petites se forment
de toutes parts. « Si l'on veut se faire une idée, rapporte un voyageur, de la somme de travail qu'il a fallu pour changer ces déserts
en de riantes campagnes, que l'on remonte le cours des rivières
qui les traversent. Une journée de voyage suffit souvent pour pénétrer au delà des contrées cultivées, où les bûcherons et les bergers forment les premiers avant-postes de l'agriculture, et où
bientôt commence le sol vierge à peine foulé par un pied humain.
Les pauvres huttes de ces pionniers, dans lesquelles on peut trouver l'hospitalité et des visages amis, prennent, sur ces limites de
la nature sauvage, l'importance d'une oasis dans le désert ou d'une
île dans le vaste océan. On éprouve un sentiment étrange en
abandonnant les dernières cabanes habitées par des hommes, pour
explorer des régions inconnues où aucun sentier ne conduit plus,
et dans lesquelles, aussi loin que le regard peut s'étendre, sur la
montagne et dans la vallée, rien ne trahit plus la trace de l'existence humaine.

On avance péniblement à travers bois et buissons ; on suit les
rives des fleuves au milieu d'un gazon monotone ; on traverse
avec effort, et même avec péril, des torrents rapides ; on rampe
sur des rochers et sur des montagnes ; et l'on a à combattre des
difficultés de toute sorte. Personne ne peut dire où l'on va, et
c'est avec un ravissement joyeux que l'on regarde, du sommet
des hauteurs, le paysage inconnu jusque-là. Collines, vallées et
rivières n'ont pas encore de nom ; on les baptise suivant l'humeur
et la fantaisie du moment, d'après les souvenirs de la patrie ou
des amis absents, et l'on se transporte, par la pensée, aux temps à
venir où toutes ces plaines et ces vallées seront habitées jusqu'aux

montagnes neigeuses les plus éloignées, dont les sommets se dressent à l'horizon, et où des routes et des chemins commodes permettront d'atteindre, en un jour, le but auquel on a peine à arriver aujourd'hui après un voyage fatigant d'une semaine entière. »

La faune de la Nouvelle-Zélande présente, comme la flore, une physionomie toute particulière. Avant la venue des Européens, elle ne se composait que de deux sortes de quadrupèdes, le chien et le rat; le premier appartient à l'espèce répandue dans les diverses îles de l'Océanie, l'autre est un peu plus petit que le rat commun d'Europe. Les Européens ont transporté dans le pays beaucoup d'animaux domestiques. Les porcs sont répandus partout et vivent en plusieurs endroits à l'état sauvage. Les moutons sont au nombre de plusieurs millions et les bêtes à cornes forment déjà d'immenses troupeaux. La famille des oiseaux présente plusieurs espèces; les plus communs sont les perroquets, les mésanges, les alouettes, les oiseaux de mer.

La population de la Nouvelle-Zélande est évaluée à 200,000 habitants environ, dont plus de 120,000 Européens, presque tous Anglais. Les indigènes présentent deux divisions : les Maoris et les Manga-Manga. Les Maoris, qui sont les plus nombreux, sont d'une couleur basanée, un peu plus foncée que celle des Espagnols. Ils sont d'une grande taille ; leurs traits sont généralement réguliers et agréables. L'influence d'un climat plus froid rapproche leur physionomie de celle des Européens; leur nez aquilin, leur regard pensif, leur front ridé annoncent un caractère plus mâle, des passions plus durables, une activité plus persévérante. Leurs cheveux sont longs, plats, lisses et quelquefois châtains; leurs yeux sont grands et bien fendus. Les Manga-Manga sont moins grands, plus gros; leur couleur est assez foncée ; ils ont des cheveux crépus, une barbe frisée, des yeux petits. Les femmes zélandaises sont généralement petites ; elles ont les jambes grosses, les seins très-forts et les traits du visage peu expressifs. Les privations qu'elles ont à subir font disparaître rapidement le peu de fraîcheur et d'attraits qu'elles pouvaient avoir étant jeunes filles.

Le tatouage ou moko est encore très-usité chez les Nouveaux-

Zélandais. Cet usage est généralement répandu parmi tous les insulaires de l'Océanie, mais ceux de la Nouvelle-Zélande se distinguent en creusant en véritables sillons cet ornement qui, partout ailleurs, n'entame que la superficie de la peau. Ils emploient pour l'exécuter une manière de taille au ciseau, au lieu d'une simple suite de piqûres, comme le font les autres peuples. Ils paraissent aussi attacher à cette décoration des idées de distinction et de privilége bien plus positives qu'à Taïti, Tonga-Tabou, Hawaii, etc.

« L'opérateur, dit Dumont d'Urville, commence par tracer sur la peau avec du charbon les dessins qu'il a l'intention d'exécuter ; puis il prend un instrument composé d'un os d'albatros, ajusté à angle droit à un petit manche en bois de trois à quatre pouces de long, dans la forme d'une lancette de vétérinaire. L'os est tantôt simplement tranchant à son extrémité, tantôt aplati et muni de plusieurs dents aiguës comme un peigne. Il applique cet instrument contre la peau, et frappe avec un petit bâton sur le dos du ciseau pour le faire pénétrer dans l'épiderme et l'entailler d'une manière suffisante, en suivant le dessin préparatoire. On conçoit que le sang doit couler en abondance ; mais l'opérateur a soin de l'essuyer à mesure avec le revers de sa main ou avec une petite spatule en bois. A mesure que la peau est entaillée, la couleur ou le *moko* est introduite dans la coupure au moyen d'un petit pinceau. Elle se compose de charbon pilé, de manganèse, suivant Nicholas, ou enfin d'une teinture végétale. Après quoi, le patient reste *taboué*, c'est-à-dire interdit, durant trois jours.

« Rien n'est plus douloureux à subir que cette opération ; il faut quelquefois plusieurs mois pour terminer un moko ; les suites en sont souvent plus pénibles que l'opération elle-même, à cause des plaies qui en résultent et que certaines circonstances peuvent envenimer d'une manière effrayante. Les naturels nous exprimaient par des gestes très-significatifs les douleurs intolérables que l'opérateur leur faisait éprouver quand il venait à attaquer le bord des lèvres, le coin de l'œil, et surtout la cloison des narines.

« Les jeunes gens ne subissent guère les premières opérations

du *moko* avant l'âge de vingt ans ; il est rare aussi qu'ils soient
admis à cet honneur avant d'avoir assisté à quelques combats.

« Il est impossible de prétendre à aucune considération, à aucune influence dans sa tribu, sans avoir été soumis à cette opération. Le jeune homme qui s'y refuse, quand même il appartien-
drait à une famille distinguée, est regardé comme un être pusilla-
nime, efféminé et indigne de participer aux honneurs militaires ;
aussi est-il fort rare que ce cas se présente. Cet usage semble
généralement répandu dans toute la Nouvelle-Zélande, et les

Tatouages d'un chef zélandais.

habitants du détroit de Cook nous ont paru aussi vains de leur
tatouage que ceux des parties septentrionales d'Ika-Na-Mawi.

« Cet ornement est interdit aux koubis, aux hommes du
peuple, et même à ceux qui n'osent se présenter aux combats, à
moins qu'ils ne soient autorisés à le porter par une haute naissance. Touai m'assurait que les hommes du peuple acquéraient

le droit du moko par des exploits à la guerre, et qu'après une campagne honorable les chefs se faisaient d'ordinaire ajouter quelque nouveau dessin pour en consacrer le souvenir. Il me disait aussi qu'on repassait sur les mêmes dessins plusieurs fois dans la vie, quelquefois jusqu'à quatre ou cinq reprises différentes. Chongui, disait-il, avait reçu tous ses mokos, car sa figure avait subi cinq tatouages. Lui-même n'était arrivé qu'à son second tatouage; et il comptait obtenir le troisième au retour d'une expédition qu'il méditait alors. Peut-être ces gradations dans les honneurs du moko ne sont-elles pas aussi précises que Touai voulait les établir à mes yeux; au moins est-il certain que ces priviléges sont limités aux hommes d'une naissance distinguée ou aux guerriers célèbres par leurs hauts faits, et qu'un rangatira se croit d'autant plus honoré que son visage est plus décoré des dessins du moko.

« Cette distinction n'est permise aux femmes, sur la figure, qu'aux sourcils, aux lèvres et au menton, et ne peut consister qu'en quelques traits de peu d'importance; mais elles peuvent se faire imprimer des dessins plus compliqués sur les épaules et d'autres parties de leur corps.

« Tout bizarre, tout grotesque que soit, au premier abord, l'effet de ces dessins sur une figure humaine, je dois convenir, et l'on en sera sans doute surpris, que l'œil s'y accommode promptement, et finit par trouver que l'aspect n'en est point du tout désagréable. Il y a plus : il me semblait que ces marques imprimaient au visage de ces hommes un caractère de noblesse et de dignité très-prononcé; elles suppléaient en quelque sorte au défaut d'ornements étrangers et à la nudité habituelle de leur corps. Par un sentiment involontaire, et dont j'aurais eu souvent peine à me rendre compte, ceux de ces naturels dont le visage n'était point tatoué me paraissaient effectivement d'une condition inférieure et destinés à être les esclaves de ceux qui avaient reçu leurs insignes.

« En outre, l'opération du moko, en donnant au système cutané un surcroît d'épaisseur et de solidité, rend ces insulaires plus en état de résister aux piqûres des moustiques, aux intempéries des

saisons, aux coups de leurs ennemis, en un mot, à tous les accidents auxquels l'homme sauvage est incessamment exposé. Les
souillures de la saleté, les traces des maladies et jusqu'aux rides
de la vieillesse sont peu sensibles sur ces peaux gravées, endur-
cies et fréquemment ointes d'huile. Enfin, ces décorations
étranges ont l'avantage d'annoncer sur-le-champ et d'une manière
authentique le rang de chaque individu, et de lui assurer la considération à laquelle il a droit. »

L'habillement général des Nouveaux-Zélandais se réduit pour
les deux sexes à deux nattes carrées, d'un tissu assez grossier,
mais cependant assez serré pour mettre le corps à l'abri des injures de l'air; l'une d'elles enveloppe les reins, descend jusqu'à
demi-jambes et est retenue par une ceinture; l'autre, située simplement sur les épaules, s'attache sur le devant de la poitrine.
Dans les occasions solennelles, dans les fêtes, lorsqu'ils reçoivent
des étrangers de distinction, les Nouveaux-Zélandais portent des
nattes d'un tissu plus fin, tantôt d'une blancheur éclatante, avec
des bordures élégantes et variées, tantôt couvertes de dessins sur
toute leur surface, tantôt enfin garnies de plumes d'oiseaux. Ils
vont généralement nu-tête et nu-pieds. Les chefs relèvent leurs
cheveux vers le sommet de la tête et les réunissent en une touffe,
dans laquelle ils plantent trois ou quatre plumes. Les femmes
mariées ont seules le droit d'attacher leurs cheveux sur le sommet
de la tête; les jeunes filles les coupent ou les laissent flotter sur
leurs épaules.

Les villages des Nouveaux-Zélandais sont généralement forti-
fiés et presque toujours situés sur des points élevés. Une première
palissade formée de pieux solidement enfoncés dans la terre et
hauts de deux à trois mètres entoure le village. Au delà de cette
palissade se trouvent des fossés de deux mètres de largeur sur
autant de profondeur. Après les fossés vient une seconde palissade semblable à la première, qui entoure immédiatement les
habitations. Les portes ne sont pas vis-à-vis les unes des autres,
de sorte que, pour franchir le triple rempart, il faut en faire plusieurs fois le tour. L'intérieur du village se compose de deux
rangées de maisons placées le long des palissades; ces maisons

sont basses et ont une porte ornée de sculptures qui marquent le rang de l'habitant. Chacune d'elles est accompagnée d'un appentis qui sert de cuisine et de salle des repas. Les seuls meubles que l'on remarque dans ces huttes sont des armes, des lignes, des hameçons, des outils en pierre, des calebasses. Un petit carré creux indique la place du foyer; la fumée n'a d'autre issue que la porte. L'espace plus ou moins considérable qui sépare les deux rangées d'habitations dans chaque village est une espèce de place d'armes.

Les Nouveaux-Zélandais ont le droit d'épouser plusieurs femmes; mais comme elles ne peuvent habiter ensemble, ils sont obligés de fournir à chacune un logement. Parmi ces femmes, il y en a une qui occupe le premier rang, qui participe aux honneurs de son mari et dont les enfants sont destinés à succéder au père. Les filles se marient généralement de très-bonne heure. Le mariage a lieu sans cérémonie. L'adultère est très-souvent puni de la peine de mort.

La religion des Nouveaux-Zélandais est purement métaphysique; ils croient à un Dieu suprême, aux génies et à l'immortalité de l'âme. Les funérailles des chefs sont accompagnées de nombreuses cérémonies. L'intelligence de ces indigènes est assez développée; ils sont actifs et industrieux. Leurs terres sont bien cultivées; leurs maisons, leurs canots et leurs outils sont bien construits. Ils sont très-courageux dans les combats et très-sensibles aux injures.

Dumont d'Urville quitta la baie des îles le 19 mars 1827, dans l'espérance de pouvoir se rendre à Tonga-Tabou en dix à douze jours; mais il fut bien trompé dans son calcul. D'abord, douze jours de calme continuel le retinrent dans le voisinage de la Nouvelle-Zélande, ordinairement si orageux; ensuite il eut des vents faibles et variables, qui ne permirent à la corvette d'avancer qu'avec beaucoup de lenteur. Cependant, les 2, 3 et 4 avril, l'*Astrolabe* passa près des îles Curtis, Macauley et Sunday, cette dernière étant l'île Raoul de d'Entrecasteaux.

Le 9, on eut connaissance de l'île Eoa. Le 10, on vit plusieurs des îles Hapaï, à l'est de l'île d'Anamouka. Le 16, on donna dans

le canal de Tonga-Tabou, et lorsqu'on en eut parcouru la moitié,
les vents poussèrent la corvette sur des coraux déchirants.
L'*Astrolabe* y fut exposée plusieurs jours à une perte imminente;
mais enfin elle parvint à sortir du danger, et put mouiller le

L'île d'Amsterdam, dans l'océan Indien.

26 avril devant la petite île de Pangaï-Modou, après avoir eu à
lutter douze grands jours contre la violence du vent, et après plus
d'un mois d'une navigation pénible, depuis son départ de la
Nouvelle-Zélande.

Les îles Tonga furent découvertes en 1643 par le navigateur hollandais Tasman. Il mouilla devant l'île Tonga-Tabou, à laquelle il donna le nom d'*Amsterdam*, après avoir imposé ceux de Middelbourg et Rotterdam aux îles d'Eoa et de Namouka. Le capitaine Cook visita ces terres en 1773, et découvrit l'année suivante la plupart des petites îles situées au nord de Tonga-Tabou et qui portent le nom distinct d'*îles Hapaï*. En 1777, le même Cook visita les îles Tonga dans le plus grand détail. En 1781, le navigateur espagnol Maurelle découvrit Vavao et plusieurs îles voisines, toutes situées au nord de l'archipel Tonga. La Pérouse vit ces mêmes parages en 1787, et Bligh passa trois jours à l'île Namouka. En 1797, le capitaine Wilson, qui conduisait des missionnaires aux îles de la Polynésie, passa aussi devant Tonga-Tabou, dont l'archipel avait reçu de Cook le nom bien peu mérité d'*Archipel des Amis*, car les insulaires se montrèrent depuis perfides et cruels dans leurs rapports avec les Européens.

Les îles Tonga forment un archipel d'environ cent îles, ou îlots, situé au nord-est de la Nouvelle-Zélande et au sud-est des îles Viti, entre le 18° et le 22° de latitude méridionale et entre les 176° et 178° de longitude occidentale. Les principales de ces îles sont Tonga-Tabou, Navao et Eoa. Ce sont des terres assez basses, entourées de récifs, de coraux fort dangereux.

L'île Tonga-Tabou, la plus grande, présente la forme d'un croissant irrégulier, dont la concavité est tournée vers le nord. Son sol, très-peu élevé au-dessus du niveau de la mer, est d'une très-grande fertilité. L'eau douce est rare sur toute sa surface ; cependant, en creusant à une profondeur peu considérable, on obtient de l'eau potable. Les productions végétales sont assez variées, et la terre est constamment revêtue de la plus riante verdure. Les seuls mammifères que l'on rencontre sont le porc, le chien et le rat. Les oiseaux sont peu nombreux.

Les habitants des îles Tonga sont en général grands, bien faits et bien proportionnés. Leur physionomie est agréable et présente une variété de traits comparable à celle que nous observons en Europe. Plusieurs ont le nez aquilin et les lèvres assez minces ; presque tous ont les cheveux lisses. La couleur de leur peau est peu foncée, surtout parmi les chefs, et cette circonstance donne à plusieurs d'entre eux une ressemblance encore plus marquée avec les Européens des contrées méridionales.

Ces divers caractères se retrouvent à un degré encore plus accentué chez les femmes, principalement chez celles d'un rang supérieur. Il en est qui, à la taille la plus avantageuse, à la démarche la plus noble, aux formes les plus parfaites, unissent les traits les plus délicats, un teint presque blanc ou seulement basané.

L'habillement des hommes, comme celui des femmes, se compose d'une pièce d'étoffe ou d'une natte qui enveloppe le corps de manière à faire un tour et demi sur les reins, où elle est fixée par une ceinture. Les habitations sont proprement et solidement construites. Leur forme générale est celle d'un ovale de trente pieds de longueur sur vingt de large. A dire vrai, ce n'est qu'un toit soutenu par un échafaudage de poteaux et de solives très-artistement ajustés. Le plancher est en terre rapportée, bien battue et recouverte d'une couche de feuilles de cocotier. Le maître et la maîtresse de la maison couchent dans un endroit à part ; les autres membres de la famille n'ont pas de place fixe. Des nattes servent de lit. Les maisons se trouvent ordinairement rassemblées en petits villages, dont plusieurs sont défendus par des fortifications.

Moralement, les naturels des îles Tonga paraissent supérieurs à beaucoup d'autres peuples océaniens. Leur intelligence est très-développée. Ils sont généreux, complaisants, hospitaliers, mais en même temps cupides, audacieux et profondément dissimulés. Ils paraissent d'ailleurs susceptibles d'une force de caractère et d'une énergie surprenantes. Un refus ne les émeut pas ; ils dévorent un affront sans y paraître sensibles, mais le souvenir en reste profondément gravé dans leur mémoire, et ils ne manquent jamais de se venger aussitôt qu'ils en trouvent l'occasion.

Ils aiment beaucoup la conversation et les parties de kava. Le kava ou ava est une espèce d'infusion que l'on obtient en exprimant le jus de certaines racines et en les mélangeant avec de l'eau. Il en résulte un breuvage fade, doucereux, piquant et d'une saveur nauséabonde, mais qui est fort goûté dans la Polynésie, notamment à Tonga. Lorsqu'on en boit une trop grande quantité, il enivre ; et, à force d'en user, on devient idiot. Dumont d'Urville décrit longuement les circonstances où le kava est servi : c'est surtout dans les cérémonies religieuses ou politiques et lors d'une visite importante. Les habitants de Tonga n'entreprennent jamais d'affaires graves sans qu'elles soient précédées du kava, et la plus grande marque de considération qu'ils puissent donner à un étranger dont ils reçoivent la visite, c'est de lui faire servir le kava.

Comme la plupart des îles polynésiennes, les îles Tonga sont esclaves de la terrible superstition du tabou ou interdiction. Sans nul doute, le but primitif du tabou fut d'apaiser la colère de la divinité et de se la rendre favorable, en s'imposant une privation volontaire, proportionnée à la grandeur de l'offense ou à la colère présumée du dieu. Quiconque porterait une main sacrilége sur un objet soumis à un pareil interdit provoquerait le courroux de l'*Atoua* (dieu), qui ne manquerait pas de l'en punir en le faisant périr, non-seulement lui-même, mais encore celui ou ceux qui auraient établi le tabou, ou en faveur desquels il aurait été institué. Mais le plus souvent les naturels s'empressent de prévenir les effets du courroux céleste en punissant sévèrement le coupable. S'il appartient à une classe élevée, il est exposé à être dépouillé de toutes ses propriétés et même de son rang, pour être relégué dans les dernières classes de la société. Si c'est un homme du peuple ou un esclave, il peut arriver que la mort seule puisse expier son offense. Un mot du prêtre, un songe ou quelque pressentiment involontaire donne-t-il à penser à un naturel que son dieu est irrité, soudain il impose le tabou sur sa maison, sur ses champs, sur sa pirogue, etc., c'est-à-dire qn'il se prive de l'usage de tous ces objets, malgré la gêne et la détresse auxquelles cette privation le réduit.

Tantôt le tabou est absolu et s'applique à tout le monde ; alors personne ne peut approcher de l'objet taboué sans encourir les peines les plus sévères. Tantôt le tabou n'est que relatif et n'af-

fecte qu'une ou plusieurs personnes déterminées. L'individu soumis personnellement à l'action du tabou est exclu de toute communication avec ses compatriotes, il ne peut se servir de ses
mains pour prendre ses aliments. Appartient-il à la classe noble,
un ou plusieurs serviteurs sont assignés à son service et participent à son état d'interdiction ; n'est-il qu'un homme du peuple,
il est obligé de ramasser ses aliments avec la bouche, à la manière des animaux.

« On sent bien, dit d'Urville, que le tabou sera d'autant plus
solennel et d'autant plus respectable qu'il émanera d'un personnage plus important. L'homme du peuple, sujet à tous les tabous
des divers chefs de la tribu, n'a guère d'autre pouvoir que de se
l'imposer à lui-même. Le *rangotira* (chef), selon son rang, peut
assujettir à son tabou ceux qui dépendent de son autorité directe.
Enfin la tribu tout entière respecte aveuglément les tabous im-
posés par le chef principal. D'après cela, il est facile de prévoir
quelle ressource les chefs peuvent tirer de cette institution pour
assurer leurs droits et faire respecter leurs volontés. C'est une
sorte de *veto* d'une extension indéfinie, dont le pouvoir est consacré par un préjugé religieux de la nature la plus intime. A
défaut de lois positives pour sceller leur puissance et de moyens
directs pour appuyer leurs ordres, les chefs n'ont d'autres garan-
ties que le tabou. Ainsi, qu'un chef craigne de voir les cochons,
le poisson, les coquillages, etc., manquer à sa tribu par une consommation imprévoyante et prématurée de la part de ses sujets,
il imposera le tabou sur ces divers objets, et cela pour tel espace
de temps qu'il jugera convenable. Veut-il écarter de sa maison,
de ses champs, des voisins importuns, il taboue sa maison, ses
champs. Désire-t-il s'assurer le monopole d'un navire européen
mouillé sur son territoire, un tabou partiel écartera tous ceux
avec qui il ne veut point partager un commerce aussi lucratif.
Est-il mécontent du capitaine, et a-t-il résolu de le priver de
toute espèce de rafraîchissements, un tabou absolu interdira
l'accès du navire à tous les hommes de sa tribu. Au moyen de
cette arme mystique et redoutable, et en ménageant adroitement
son emploi, un chef peut amener ses sujets à une obéissance

passive. Il est bien entendu que les chefs et les arikis ou prêtres savent toujours se concerter ensemble pour assurer aux tabous toute leur inviolabilité. D'ailleurs les chefs sont le plus souvent arikis eux-mêmes, ou du moins les arikis tiennent de très-près aux chefs par les liens du sang ou des alliances. Ils ont donc un intérêt tout naturel à se soutenir réciproquement. »

Le 13 mai 1827, Dumont d'Urville se disposa à quitter les îles Tonga ; mais au moment où le navire allait remettre à la voile, les naturels, jusqu'alors paisibles et affables, attaquèrent et enlevèrent à l'improviste une des embarcations avec les hommes qui la montaient. Cet acte d'hostilité, qu'aucun motif ne pouvait justifier, ne s'expliquait que par leur désir d'avoir parmi eux des Européens. Deux détachements furent envoyés à terre pour délivrer les prisonniers, mais ils échouèrent. Alors Dumont d'Urville dut aller s'embosser devant Manfango, village sacré qui renfermait les tombeaux des chefs et les temples dédiés aux divinités du pays. Ce village était protégé par des fortifications assez bien construites, et les insulaires y soutinrent un siége de plusieurs jours avant de se décider à rendre leurs captifs. Deux de ces derniers restèrent seuls dans l'île, mais de leur propre volonté.

Enfin, le 22 mai, l'*Astrolabe* put s'éloigner de l'archipel des Amis, dont le nom n'avait été pour elle qu'une triste ironie, et le 25 elle signala les plus méridionales des îles Viti ou Fidji.

Les îles Viti ou Fidji sont situées à l'est des Nouvelles-Hébrides et de la Nouvelle-Calédonie ; elles forment un archipel d'environ 400 îles, îlots ou rochers. Le Hollandais Tasman les découvrit en 1643. Pendant près de deux siècles, de même que la plupart des îles disséminées dans cette partie de l'océan Pacifique, elles restèrent presque ignorées. Dans le cours de ses voyages, le capitaine Cook toucha à l'extrémité orientale de l'archipel. Après lui, le capitaine Bligh, en 1789, et le capitaine Wilson, en 1792, y passèrent successivement, mais sans s'y arrêter. C'est à Dumont d'Urville que l'on doit les premiers renseignements précis sur cet archipel.

Les plus importantes des îles Viti sont : Viti-Levou ou la Grande-Viti, au sud-ouest ; Vanna-Levou ou la Grande-Terre, au nord-est; Tavionni, Rambi, Koro, Ovalan, Nairai, Ngan, Kandavou. Elles sont toutes entourées de récifs madréporiques.

Les naturels des îles Tonga attaquèrent une des embarcations.

Leur surface est montueuse et boisée. Le sol est très-fertile, bien arrosé et assez bien cultivé. Les principales productions sont :

les bois de santal, de teck, d'acajou, la canne à sucre, le coton, le tabac, le riz, le manioc, la patate, l'igname. Les porcs et les volailles sont en très-grand nombre.

Les indigènes appartiennent à la famille des Papous; ils sont grands, intelligents, vigoureux; leurs cheveux et leur barbe sont épais et frisés; ils vont presque nus : tout leur vêtement consiste en une ceinture qui passe entre les jambes. Ils portent aux bras et aux jambes des bracelets et suspendent à leur cou des colliers de dents humaines. Quelquefois ils entourent leur tête d'étoffes blanches en forme de turban. Leur tatouage est en relief.

Les missionnaires ont entrepris la conversion des Vitiens, et déjà plus d'un tiers de la population, qui est évaluée à 150,000 individus, est devenu chrétien. Le roi lui-même s'est converti. La société vitienne se divise en plusieurs classes ou castes; ce sont : les souverains de quelques petites îles, les chefs d'île ou de district, les chefs de village et les prêtres, les guerriers renommés, mais d'une naissance inférieure, les maîtres charpentiers et les chefs de pêcheurs de tortues, les prolétaires, enfin les esclaves capturés à la guerre, gent corvéable et mangeable à merci. Le respect des chefs s'est toujours conservé inaltérable parmi cette population aux allures violentes, aux instincts pervers, à laquelle jusqu'ici le meurtre, le vol, le mensonge ont été familiers.

Il serait difficile de trouver l'origine de cette aristocratie et de sa prépondérance autrement peut-être que dans le cours des immigrations anciennes; mais ce qui est incontestable, c'est son autorité, devant laquelle on s'incline avec une profonde déférence. Aux îles Viti, il y a un dialecte purement aristocratique, notamment dans les îles de l'ouest, et on ne parle ni d'un membre de l'aristocratie ni des actes les plus ordinaires de sa vie dans le langage usuel, mais uniquement dans un style figuré et hyperbolique. Cet hommage rendu à la supériorité des chefs se traduit à la fois par la parole et par l'action; les hommes abaissent leurs armes, prennent les bas côtés des sentiers, s'inclinent humblement au passage d'un chef, et, en sa présence, tous gardent constamment l'attitude de la soumission. Une des formes les plus bizarres de ce respect est certainement la singulière coutume d'après laquelle tout inférieur qui voit son maître trébucher et tomber par hasard se laisse choir à son tour, afin de prendre pour son propre compte le ridicule que la chute aurait pu attirer au chef.

Les Vitiens sont encore loin d'avoir renoncé au cannibalisme ; s'il disparaît partout où les missionnaires anglicans étendent leur influence, on en retrouve encore la détestable pratique dans les districts de l'intérieur. Mais là même il se cache et ne se fait pas gloire de ses appétits féroces ; autrefois, au contraire, on tenait à honneur de constater le nombre des victimes dévorées ; parfois c'était à l'aide d'incisions successives sur des arbres ou des poteaux, souvent aussi c'était en plaçant dans les environs de la demeure du chef une pierre commémorative de chaque corps qu'il avait mangé.

Un missionnaire rapporte à ce sujet le fait suivant, à peine croyable s'il n'en attestait sérieusement la véracité. Parmi les chefs les plus renommés pour leur anthropophagie, Ra-Undreundu fut le plus fameux sans contredit ; il était un sujet d'étonnement et d'horreur pour les Vitiens eux-mêmes. La fourchette dont ce monstre se servait avait mérité un nom spécial : on l'appelait *undro-undro*, expression par laquelle on désigne une personne ou un objet supportant un fardeau pesant. Ra-Vatu, le fils de ce cannibale, se promenant avec le missionnaire qui l'avait converti, au milieu de ses domaines héréditaires, montra des rangées de pierres placées là pour indiquer le nombre de corps humains que Ra-Undreundu avait dévorés. On eut la curiosité de les compter, et il s'en trouva huit cent vingt-deux ; si quelques-unes n'avaient pas été enlevées, on serait arrivé à neuf cents. Ra-Vatu affirma que son père avait seul mangé tous ces corps, sans jamais admettre aucun convive à ses affreux festins. Une autre rangée, disposée dans le même but par un autre chef, présentait déjà une ligne de quarante-huit pierres ; la collection s'était heureusement arrêtee là, le collectionneur étant devenu chrétien.

L'anthropophagie a du reste, chez les Vitiens, un caractère

d'autant plus révoltant qu'elle ne dérive pas seulement, comme chez la plupart des tribus sauvages, d'un sentiment de vengeance poussé à son extrême limite ; c'est un goût spécial, une prédilection, un raffinement de gourmandise, si on peut le dire. La chair humaine est le mets par excellence, et, pour se le procurer, il n'est pas besoin du prétexte d'une offense à punir. C'est fréquemment l'unique cause et l'unique but des guerres de village à village. Comme le mets recherché n'est pas assez abondant pour suffire à tous les appétits, les chefs se le réservent exclusivement, et ce n'est que par une faveur spéciale qu'ils abandonnent à leurs inférieurs un morceau de cette nourriture délicate.

Un des passe-temps les plus populaires des îles Viti, c'est la danse, ce plaisir également familier aux nations civilisées et aux tribus sauvages. Le chant sur lequel on la règle, habituellement d'un rhythme monotone, rappelle par ses paroles soit un fait actuel, soit un événement historique. Les mouvements des danseurs sont d'abord lourds, puis animés, accompagnés de gestes des mains et d'inflexions du corps. Il y a toujours un chef de bande, et parfois on introduit dans le cercle un bouffon dont les grotesques contorsions provoquent de joyeux applaudissements. Dans les danses régulières des solennités vitiennes, on compte invariablement deux troupes, l'une de musiciens, l'autre de danseurs ; les premiers sont ordinairement au nombre de vingt ou trente, et les seconds réunissent fréquemment cent ou deux cents individus. Ceux-ci, couverts de leurs plus riches ornements, portent en outre les massues ou la lance, accomplissent une suite d'évolutions diverses, marches, haltes, pas, qui feraient supposer aisément à un étranger qu'il s'agit plutôt d'un exercice militaire que d'une danse. A mesure que le divertissement approche de son terme, la rapidité s'accroît, les gestes prennent plus de vivacité et de violence, en même temps que les pieds frappent lourdement le sol, jusqu'à ce qu'enfin les danseurs, hors d'haleine, poussent le cri final, et le mouvement s'arrête.

Reprenons la navigation de l'*Astrolabe*. Après avoir doublé presque toute l'étendue de l'île Viti-Levou, dont les côtes présentent un superbe coup d'œil, elle découvrit un groupe très-nombreux de petites îles plus ou moins élevées et accompagnées de récifs. C'est alors que leurs positions furent exactement déterminées et que les noms de plus de trente de ces îles furent inscrits pour la première fois sur les cartes.

Ayant ainsi glorieusement accompli pour la science l'exploration des îles Viti, l'*Astrolabe* se dirigea sur la partie méridionale des îles Hébrides, et le 12 juin elle apercevait la petite et la haute île d'Erronan, pour voir le lendemain celle d'Anatom. Cette dernière île est surmontée de hautes montagnes qui ne laissent au rivage qu'une lisière de terre basse et étroite ; sur cette lisière, on aperçoit çà et là quelques touffes de cocotiers, et surtout un grand nombre d'arbres presque dépourvus de feuillage et au tronc dépouillé ; ce qui, de loin, les ferait prendre pour des ossements blanchis qu'on a plantés debout. Les montagnes offrent de grands arbres et sont d'ailleurs couvertes de verdure.

Le 15 juin 1827, l'*Astrolabe* aperçut la plus méridionale des îles Loyalty, que depuis ce moment elle ne cessa de longer à quatre ou cinq milles de distance. Ces îles occupent une étendue de près de cent cinquante milles, du sud-est au nord-ouest, et forment un archipel de quatre îles assez grandes, et de dix à douze beaucoup plus petites. Toutes sont peu élevées, faiblement boisées, plus ou moins habitées, et produisent ce pin à forme bizarre que le capitaine Cook a décrit sur l'île des Pins, au sud de la Nouvelle-Calédonie.

En continuant de naviguer vers le nord-ouest, pour se diriger sur la Louisiade, la corvette avait à franchir un grand espace de mer dégagé d'îles et d'écueils. Un capitaine anglais avait fait espérer qu'on pourrait y rencontrer un nouvel archipel ; mais l'*Astrolabe*, qui employa huit jours à faire ce trajet, ne découvrit rien qui annonçât le voisinage d'aucune terre, et dès lors on dut perdre tout espoir de rencontrer vers ces lieux aucune trace du naufrage de La Pérouse.

Le 29 juin, on aperçut les côtes de la Louisiade, et d'abord le cap de la Délivrance, extrémité sud de cet archipel, au sud-est de l'île Rossel. On découvrit en même temps une île peu élevée, d'un demi-mille d'étendue et éloignée de cinq à six milles de l'île

Rossel, à laquelle on reconnut ensuite qu'elle était unie par un récif à fleur d'eau. Comme elle avait déjà été vue précédemment par le brick *l'Adèle*, Dumont d'Urville la nomma pour cette raison *île Adèle*.

Il fallait maintenant longer les côtes méridionales de la Louisiade et s'aventurer dans les périlleux canaux du détroit de Torrès ; mais, dépourvu des moyens nécessaires pour se dégager au besoin des labyrinthes d'écueils dont ce passage est parsemé, d'Urville dut renoncer à ce projet. Alors il prit le parti d'entreprendre sur-le-champ la reconnaissance des côtes méridionales de la Nouvelle-Bretagne et septentrionales de la Nouvelle-Guinée, renvoyant à l'année suivante le trajet du détroit de Torrès.

Comme dans la route on devait passer à peu de distance d'un groupe d'îles récemment découvert et encore peu connu, les îles Laughlan, d'Urville gouverna de manière à en avoir connaissance. Il les aperçut le 1er juillet 1827, et mit trois jours à en lever le plan. Elles sont au nombre de neuf, toutes basses, peu étendues, très-rapprochées les unes des autres, couvertes de cocotiers, parées de la plus riche verdure, et semblent autant de jardins semés au milieu de l'Océan. Près d'elles, c'est-à-dire à environ dix milles dans l'ouest, se montre un rocher assez élevé et que n'avait point reconnu le capitaine qui le premier avait découvert ce petit archipel. Cette reconnaissance accomplie, d'Urville se dirigea vers le havre Carteret, qu'il ne put atteindre sans avoir éprouvé une grosse mer et un temps affreux.

Le 5 juillet, il avait gagné le canal Saint-Georges et doublé l'île Leigh. Le 6, la corvette se trouvait dans le havre, et définitivement amarrée sous l'île aux Cocos, qui offre un plateau considérable assez uni, où il est facile de circuler à l'abri des grands végétaux, dont les tiges se développent en colonnes déliées pour former un dôme aérien sur la tête du promeneur.

Le séjour de la corvette au havre Carteret fut de treize jours, pendant lesquels on fit de nombreuses observations scientifiques et de nouvelles collections naturelles. On vit beaucoup de crocodiles sur les bords de la rade, et même on en prit un monstrueux qui avait douze pieds et demi de longueur, avec des dents et des griffes proportionnées à sa taille.

Le 19 juillet, d'Urville remit à la voile, en sortant du havre par la passe de l'ouest. Il traversa le canal Saint-Georges pour se porter sur le cap Palliser de la Nouvelle-Bretagne et y commencer l'exploration de cette grande île. On longea de très-près toute la côte méridionale ; on s'assura qu'il n'y avait point de passage au port Montagne, et que dans sa partie occidentale cette côte est bordée d'une foule d'îles basses et boisées, qui s'entrecroisent dans tous les sens. On détermina la position d'un grand nombre de ces îles ; le 2 août, la corvette *l'Astrolabe* franchit le détroit de Dampier. Dans ce trajet, elle toucha deux fois un banc de coraux dangereux, sans avoir heureusement éprouvé d'avarie.

Dès qu'on eut dépassé le détroit de Dampier, on commença la reconnaissance de la côte septentrionale de la Nouvelle-Guinée, en la longeant du 3 au 25 août, à quatre ou six milles de distance, dans tout son développement, c'est-à-dire dans une étendue de plus de trois cent cinquante lieues de longueur, sans y laisser de lacunes. On releva et détermina toutes les îles qui la bordent et que l'on connaissait déjà ; on en découvrit quinze à vingt autres plus rapprochées de la côte et que personne n'avait vues avant d'Urville. On reconnut l'entrée occidentale de la baie Geelvink, et, continuant la navigation par le détroit à peine pratiqué de Jobie, on traça les contours de cette grande île, de Mysore, Bultig, et de l'île Longue. Le 25 août, en terminant le travail où d'Entrecasteaux avait commencé le sien, on donna dans le havre de Doréi, pour y rattacher les longitudes aux observations faites sur ce point à la campagne précédente.

La Nouvelle-Guinée ou Papouasie, c'est-à-dire pays des Papous, est située au nord de l'Australie, dont elle est séparée par le détroit de Torrès. C'est une longue terre, dirigée du nord-ouest au sud-est, et terminée par deux presqu'îles très-étendues. On ne connaît guère que les côtes, qui sont généralement basses. L'intérieur paraît être montueux et couvert d'immenses forêts, peuplées d'oiseaux de paradis. Le sol est fertile ; il présente sur le littoral des cocotiers, des arbres à pin, des sagoutiers, des ananas.

La population de la Nouvelle-Guinée provient d'origines très-mélangées. Dumont d'Urville la divise en trois peuples distincts : les Papous, qui habitent principalement le littoral ; les Harfours, qui habitent l'intérieur, et des peuplades métisses tenant plus ou moins à la race malaise ou polynésienne.

Les Papous proprement dits sont des hommes au corps grêle, à la taille moyenne, svelte et dégagée, et aux membres peu vigoureux. Leur physionomie est agréable : le tour du visage est ovale, les pommettes sont légèrement saillantes, les lèvres sont minces, la bouche est petite, le nez arrondi et bien dessiné, la peau est douce et d'un brun très-foncé sans être noire ; les cheveux sont naturellement crépus, mais l'habitude de les friser leur donne un air ébouriffé qui les fait ressembler à une énorme crinière.

Les Harfours sont beaucoup moins nombreux que les Papous. Ils sont petits, agiles et vigoureux. Leurs traits sauvages, leurs yeux hagards, leur teint fuligineux et leur maigreur habituelle rappellent le type des Australiens et en général des Océaniens de la race noire. Ces indigènes, fidèles aux usages de leur race, pratiquent le tatouage par cicatrices, marchent habituellement nus, ou couverts seulement d'une ceinture, et laissent flotter leurs cheveux sur leurs épaules.

Mélangés avec les Papous, en nombre un peu inférieur, vivent des hommes plus petits, trapus et d'une constitution beaucoup plus vigoureuse. Leur physionomie est toute différente : leur figure est presque carrée, aplatie et anguleuse ; leurs traits sont heurtés, leurs pommettes très-saillantes ; ils ont la bouche grande et les lèvres épaisses, le nez plus épaté et quelquefois pointu. Leur peau plus rude offre toutes les nuances, depuis le brun foncé des Papous et la teinte sale et enfumée des Harfours jusqu'au simple basané des Malais. Ces hommes ne portent presque jamais leurs cheveux en boucles arrondies et frisées comme les Papous ; ils se contentent de les relever et de les soutenir en chignon au moyen de morceaux de bois, ou de les couvrir avec un morceau d'écorce.

Les femmes sont laides sans aucune exception, et ce qui ne

contribue pas peu à les flétrir de bonne heure, ce sont les soins
domestiques dont elles sont entièrement chargées. Elles paraissent

Vue de Hobart-Town (Tasmanie.)

industrieuses ; elles font des nattes et façonnent des pots de terre ;
elles manient même la hache, tandis que leurs indolents époux se
reposent.

Partie de Doréi le 6 septembre 1827, l'*Astrolabe* arriva le 25 à Amboine, où elle demeura jusqu'au 10 octobre pour se ravitailler et laisser reposer l'équipage. Le 17 décembre, elle doublait l'Ile-aux-Perdrix et pénétrait dans le canal d'Entrecasteaux.

Dumont d'Urville se proposait, après une relâche de quelques jours à Hobart-Town, de se rendre de nouveau à la Nouvelle-Zélande ; mais comme il arrivait à la capitale de la Tasmanie ou Terre de Van-Diémen, un pilote anglais, qui était monté à bord pour conduire le navire au mouillage, lui demanda dans la conversation s'il avait eu des nouvelles de La Pérouse. Sur la réponse négative du commandant, le pilote lui apprit d'une manière confuse que le capitaine d'un navire anglais avait trouvé récemment des restes du vaisseau de La Pérouse dans une île de l'océan Pacifique, et même qu'il avait ramené l'un des matelots de cette expédition, Prussien d'origine. Il ajoutait que ce capitaine marchand, renvoyé par le gouvernement pour aller chercher les autres naufragés, avait touché à Hobart-Town six mois avant l'arrivée de l'*Astrolabe*, et que le Prussien en question se trouvait encore à son bord.

Ce récit, qui n'avait d'abord semblé à Dumont d'Urville qu'un conte fait à plaisir, lui fut confirmé d'une manière plus explicite par un officier anglais qui accompagnait le pilote. Il apprit de cet officier que le capitaine marchand, nommé Dillon, avait effectivement trouvé à Tikopia (archipel du Saint-Esprit) des renseignements assurés sur le naufrage de La Pérouse à Vanikoro (archipel de Santa-Cruz), et qu'il avait rapporté une poignée d'épée qu'il supposait avoir appartenu à l'infortuné navigateur. Sur de tels avis, Dumont d'Urville n'hésita pas à abandonner ses projets sur la Nouvelle-Zélande et résolut de se rendre à Vanikoro. Parti de Hobart-Town le 5 janvier 1828, il arriva, le 10 février, devant l'île de Tikopia, où il rencontra le Prussien Martin Bushart, le dernier survivant des équipages de La Pérouse. Ayant recueilli tous les renseignements qu'il désirait, d'Urville quitta Tikopia et le 20 février il atteignit Vanikoro.

Une chaîne de récifs forme, à une assez grande distance au large, comme une ceinture autour de Vanikoro. Devant un lieu nommé Ambi, cette chaîne se rapproche beaucoup de la côte. C'est là que l'expédition aperçut, disséminés au fond de la mer, à la profondeur de 4 à 5 mètres, des ancres, des canons, des boulets et divers autres objets, surtout de nombreuses plaques de plomb. Le naufrage des deux navires de La Pérouse sur les récifs de Vanikoro était donc un fait désormais incontestable, et ce n'était pas une gloire médiocre pour Dumont d'Urville d'être parvenu, au prix de tant de fatigues, de dangers et de patience, à déchirer enfin le voile funèbre qui enveloppait depuis un demi-siècle la destinée de son illustre devancier.

Dumont d'Urville conçut le généreux projet d'élever à La Pérouse un monument modeste, mais qui suffirait du moins à attester le passage de l'*Astrolabe*. Il fit construire sur la côte, au milieu d'une touffe de mangliers verdoyants, une pyramide haute de quatre mètres, sur une des faces de laquelle on fixa une plaque de plomb avec cette inscription : *A la mémoire de La Pérouse et de ses compagnons*, l'ASTROLABE, 14 *mars* 1828. L'inauguration se fit avec pompe en présence d'une partie de l'équipage sous les armes, tandis qu'une salve de vingt et un coups de canon faisait retentir les échos de la baie.

Il fallait maintenant sortir de ce dangereux labyrinthe de récifs déchirants : on ne parvint qu'après de longues tentatives infructueuses à trouver un passage où l'*Astrolabe* pût se hasarder. Enfin, le 17 mars, à l'aide d'une faible brise, elle avança lentement, car il n'y avait plus guère à bord qu'une vingtaine d'hommes en état d'agir ; le reste était malade ou grelottait la fièvre. Avec de si faibles ressources, Dumont d'Urville, atteint lui-même du mal, avait encore à surveiller les démarches plus que suspectes des naturels. A force d'habileté et de sang-froid, il parvint à franchir le canal étroit et difficile qui offrait le seul passage praticable pour gagner le large ; la moindre fausse manœuvre eût jeté la corvette sur des écueils, où elle eût eu le même sort que les vaisseaux de La Pérouse, en même temps que l'expédition eût été vraisemblablement massacrée par les indigènes, car on les vit s'armer de flèches et se préparer au pillage dont ils avaient la perspective. Echappé donc à ce double danger, l'équipage ne put retenir sa joie, comparable, dit d'Urville, à celle des prisonniers arrachés aux tourments de la plus dure captivité.

D'après les notions recueillies des sauvages, il est probable que les frégates de La Pérouse échouèrent sur les brisants de Vanikoro par une nuit obscure et à la suite d'un coup de vent. L'un des navires toucha dans la partie méridionale où il coula en eu de temps, après qu'une trentaine d'hommes se furent sauvés sur le rivage. L'autre vaisseau échoua sous le vent de l'île et demeura longtemps en place. L'équipage entier put gagner terre, et construisit un petit navire avec les débris du grand. Ce travail exigea sept lunes, après lesquelles tous les Français seraient partis de Vanikoro, à l'exception de deux, qui y moururent au bout de deux années. Mais en quel lieu la petite embarcation se rendit-elle ? On l'ignore totalement.

Le groupe de Vanikoro se compose de quatre îles, dont deux assez grandes et fort élevées, et deux petites, et qui, toutes ensemble, ne paraissent en former qu'une seule. Un récif de corail de trente à quarante milles de circuit les enveloppe comme une ceinture, à une certaine distance du rivage. Il existe à peine quelques intervalles ou coupures pour servir de passage et d'entrée dans les baies intérieures. Le lagon qui s'étend entre cette ceinture de coraux et la terre offre une nappe d'eau constamment paisible, tandis qu'au dehors la mer est souvent agitée. Le sol de l'île principale est montagneux, couvert d'épaisses forêts et d'une végétation très-riche, par suite de l'éternelle humidité dont le terrain est imprégné, humidité due en partie à des pluies fréquentes qui font que l'atmosphère sur ce groupe est souvent brumeuse, et que le climat, qui ne paraît exercer aucune influence défavorable aux indigènes, est très-fatal aux Européens.

Cette terre paraît avoir été vue pour la première fois, en 1791, par le capitaine Edwards, qui la nomma *île Pitt* ; et c'est la même que le général d'Entrecasteaux appela *île de la Recherche* en 1793. Duperré n'en avait passé qu'à cinq ou six lieues en 1828. Jamais les insulaires n'avaient vu de vaisseaux européens avant ceux de La Pérouse ; le capitaine Dillon fut le second navigateur qui aborda sur ce rivage, et d'Urville le troisième. Dumont d'Urville a conservé à ce groupe d'îles le nom de *Vanikoro*, et à l'île la plus grande et la plus élevée celui d'*île de la Recherche*. Il a donné à la seconde île le nom de *Tavaï*, qui est celui d'un de ses villages, et a laissé aux deux petites îles les noms de *Manevaï* et *Nanoun-ha* qui leur sont attribués par les naturels. Païou et Vanou, dont parle Dillon, ne sont point des îles distinctes, mais seulement des districts de la grande île.

Les naturels de Vanikoro sont grêles et petits, ont la peau noire, les cheveux enveloppés d'un morceau d'étoffe qui pend sur les épaules, le corps ceint d'une liane noire et luisante qui enveloppe les reins ; les bras, les jambes et la tête sont ornés de bracelets, de colliers de coquilles ou de tresses de fleurs. Ils se percent les narines pour y introduire un os arrondi, et les oreilles pour y attacher un morceau de bois également rond. Ces sauvages ont toujours sur eux un arc et un paquet de flèches. Les hommes vont d'ordinaire entièrement nus, à l'exception du rotin tressé dont nous avons parlé, et auquel est suspendu un petit morceau de toile destiné à cacher les parties naturelles. Les femmes sont d'une laideur extrême, et cependant ces sauvages en sont très-jaloux. Elles ont comme eux la ceinture et le pagne. A peine en trouve-t-on une seule qui, même à quatorze ans, présente une ombre de beauté. Les deux sexes mâchent la noix d'arec mêlée avec de la chaux, ce qui teint leurs lèvres en un rouge sanglant, et ce qui en même temps noircit leurs dents.

Les maisons, qui sont assez propres, ont de dix à vingt pieds de long sur six à dix de large. Elles sont soutenues par des pieux ; le toit et les murailles sont en nattes fabriquées avec des feuilles de cocotiers. Un foyer carré se trouve au centre de la cabane. Il en existe une plus grande que les autres, et qui sert de maison publique, où les hommes se réunissent pendant le jour pour fabriquer des flèches et tuer la vermine qui leur couvre la tête, tandis que les femmes vont chercher la nourriture, qui consiste principalement en poisson, ou fruits, ou racines ; car ici les porcs sont rares, et la superstition en a fait le mets exclusif des chefs.

La religion de ces sauvages est fort compliquée. Il paraît qu'ils reconnaissent différents dieux, et qu'il en existe un partout pour leur enlever le meilleur de ce qu'ils possèdent, et en faire profiter chacun des chefs de l'île. Ces sauvages font des consécrations à leurs dieux, et leur donnent une partie des présents qu'ils reçoivent. La langue des habitants de Vanikoro n'a rien de dur à l'oreille ; mais elle est particulière à ce groupe, et diffère essentiellement de celle des Polynésiens du voisinage.

Dès que l'*Astrolabe* fut sortie des récifs de Vanikoro. Dumont d'Urville résolut de faire voile vers l'archipel des Mariannes, où il avait la certitude de procurer quelques soulagements à son équipage épuisé. Ce parti ne put toutefois avoir de commencement d'exécution que le 20 avril, où la corvette rencontra enfin les brises fraîches de l'est et du nord-est, qui la firent avancer vers l'île de Guam, la plus méridionale de cet archipel. Dumont d'Urville avait dirigé sa route de manière à passer sur l'île Mattouchy ou Kennedy, située au nord-est de Vanikoro, vers 9° de latitude sud et 166° de longitude est. Les brumes empêchèrent la corvette de voir cette île. Le 26 avril, elle traversa l'archipel des Carolines, où d'Urville traça le développement d'environ soixante-dix milles de côtes ou de brisants. Le 28, la corvette rangea, à une distance de deux milles environ, les îlots de Tamatan et de Fanadik, situés par environ 6° de latitude nord et 147° de longitude est. Le 29, elle passa sur la position d'une autre île appelée *Lamoursek,* et ne vit aucun indice de terre, ce qui fait présumer qu'il y a eu erreur d'indication. Enfin, le 2 mai, l'*Astrolabe* laissa tomber l'ancre devant le havre de Umata, sur l'île de Guam. Ici d'Urville trouva l'accueil le plus affectueux et tous les moyens de pourvoir aux divers besoins de la corvette. Dès le lendemain, elle était amarrée à poste fixe, et la chaloupe avait porté à terre tous les malades, au nombre de quarante-deux. Ils se rétablirent lentement, car au bout de vingt-huit jours de repos il n'y en eut guère que cinq ou six au rembarquement qui purent à l'instant même reprendre tout leur service.

Le 30 mai 1828, l'*Astrolabe* remit à la voile, et se dirigea de Guam vers les îles Pelew. Le 1er juin, on vit une île basse de deux à trois milles de circuit, laquelle n'est portée sur aucune carte, et

que d'Urville nomma *île Astrolabe*. Le 2, on reconnut un groupe
considérable de petites îles basses, situées sur un même récif
également inconnu : on y compte jusqu'à quatorze îles couvertes
de cocotiers ; des habitants, qui vinrent à bord de l'*Astrolabe*,
dirent que leur groupe se nommait *Elivi*, et se composait d'une
vingtaine d'îles. Le 3, on reconnut l'île d'Yap, et on en leva le
plan. Le 5, on prolongea les récifs dangereux qui ceignent dans
l'ouest le groupe encore peu connu des Matelatas. Le 7, on était
devant les côtes des îles Pelew, dont on rangea la partie orientale
à trois ou quatre milles de distance.

Des îles Pelew, l'*Astrolabe* vogua vers la Nouvelle-Guinée, et
arriva le 20 juin devant les îles Mispalu, situées au nord de la
terre des Papous. De cette terre, l'*Astrolabe* se dirigea au nord
de l'île Waigiou, et passa près du groupe peu connu d'Ayou-Bala,
dont d'Urville fit le relèvement complet, ainsi que du groupe Asia
qui en est voisin. Il découvrit, entre Ayou-Bala et Syand, une
petite île basse, isolée, et qui n'avait encore été mentionnée par
aucun navigateur.

Le 23 juin, l'*Astrolabe* donnait dans le canal formé entre les
îles Guébé et Gilolo, pour reconnaître ensuite les îles Wida et
Gourong. Le 27, elle passait dans le détroit de Gass et Kekek, et,
le 30, elle louvoyait à l'entrée du détroit de Bourou. Comme les
vents étaient contraires, d'Urville se décida à relâcher au village
de Gayéli pour donner quelque repos à l'équipage, et pour y
prendre des vivres frais.

Le 6 juillet, on remit à la voile, et, le 10, l'*Astrolabe* était
encore une fois mouillée sous la rade d'Amboine. De ce point,
d'Urville était dans l'intention de continuer immédiatement sa
route vers l'île de France en passant de nouveau par les canaux
de Timor et d'Ombay ; mais le gouverneur d'Amboine ayant pro-
posé à Dumont d'Urville d'aller avec lui à l'île Célèbes, et cette
île offrant beaucoup d'intérêt pour les sciences naturelles, d'Urville
accepta l'offre du gouverneur. On partit donc, le 18 juillet, d'Amboine, et l'on doubla, le 26, la pointe septentrionale de Célèbes
d'une part, et Gilolo de l'autre, pour aller mouiller dans la baie
Manado.

Le 4 août 1828, la corvette *l'Astrolabe* remit à la voile de Manado pour se rendre à Batavia. Elle passa le détroit de Banka, vit, du 7 au 10, Ternate et Tidore, franchit, le 19, le détroit d'Obi, et, le 28, cingla entre Bourou et Xulla-Bessy pour arriver, le 29, à la rade de Batavia, où, depuis le célèbre Bougainville, aucune expédition scientifique de France ne s'était montrée. Dumont d'Urville y reçut l'accueil le plus distingué, mais il ne resta que trois jours dans cette rade. Le 2 septembre, il poursuivit sa route à travers la mer des Indes, et arriva, le 29, à l'île de France. Il passa de cette île à l'île Bourbon et au cap de Bonne-Espérance, où il se trouvait à la fin de 1828. L'*Astrolabe* en repartit le 2 janvier 1829, s'arrêta trente-six heures à Sainte-Hélène et huit jours à l'Ascension, et, achevant de sillonner l'océan Atlantique, rentra dans la Méditerranée le 17 mars 1829, et à Marseille le 25 du même mois, après une absence de près de trois années et une course d'environ vingt-cinq mille lieues terrestres.

Les magnifiques résultats de ce premier voyage encouragèrent le gouvernement à confier à Dumont d'Urville le commandement d'une seconde expédition, destinée à explorer de nouveau les vastes mers de l'hémisphère austral, et à pénétrer, autant qu'il serait possible, les mystères du pôle antarctique.

Deux corvettes, l'*Astrolabe* et la *Zélée*, furent mises sous les ordres de l'illustre navigateur. Elles quittèrent la rade de Toulon le 7 septembre 1837. Trois mois après, elles arrivèrent dans le détroit de Magellan, où elles firent d'importants relevés hydrographiques, puis, le 11 janvier 1838, elles s'élancèrent vers le sud.

Le 4 février, l'expédition fut arrêtée par une immense banquise, c'est-à-dire une vaste plaine de glace compacte. « Le spectacle qui s'offre à nous, dit Dumont d'Urville, sévère et grandiose au delà de toute expression, tout en élevant l'imagination, remplit le cœur d'un sentiment d'épouvante involontaire. Nulle part l'homme n'éprouve plus vivement la conviction de son impuissance. C'est un monde nouveau dont l'image se déploie à ses regards, mais un monde inerte, lugubre et silencieux, où tout le menace de l'anéantissement de ses facultés. Là, s'il avait le malheur de rester abandonné à lui-même, nulle ressource, nulle consolation, nulle étincelle d'espérance ne pourraient adoucir ses derniers moments, et il devrait s'appliquer la fameuse inscription de la porte de l'Enfer de Dante : *Lasciate ogni speranza, voi ch' entrate ;* laissez toute espérance, vous qui pénétrez dans ces lieux. »

Les bords de la banquise, remarque d'Urville, sont ordinairement bien dessinés, et taillés à pic comme une muraille ; mais quelquefois ils sont brisés, morcelés, et forment de petits canaux peu profonds ou de petites criques dans lesquelles des embarcations pourraient naviguer, mais non les corvettes. Ailleurs, les glaces, agitées et travaillées par les lames, sont dans un mouvement perpétuel, qui, à la longue, amène leur destruction. La teinte habituelle de ces glaces est grisâtre, par l'effet d'une brume presque permanente. Mais s'il arrive que cette brume disparaisse et que les rayons du soleil puissent éclairer la scène, alors il en résulte des effets de mirage vraiment merveilleux. On dirait une grande cité se montrant au milieu des frimas, avec ses maisons, ses palais, ses fortifications et ses clochers. Quelquefois même on croirait avoir sous les yeux un joli village avec ses châteaux, ses arbres et ses riants bocages, saupoudrés d'une neige légère. Le silence le plus profond règne au milieu de ces plaines glacées, et la vie n'y est plus représentée que par quelques pétrels voltigeant sans bruit, ou par des baleines dont le souffle sourd et lugubre vient seul rompre, par intervalles, cette désolante monotonie.

Après avoir été emprisonnées pendant plus d'un mois au milieu de ces solitudes glacées, les deux corvettes parvinrent à se frayer une issue et à regagner la mer libre. Elles allèrent ensuite explorer d'autres banquises, et, durant cette nouvelle exploration, elles découvrirent dans les parages voisins ou peu éloignés des îles New-South-Orkney de grandes terres hautes que d'Urville nomma *Terre Louis-Philippe* et *Terre de Joinville.*

Après cette découverte, l'*Astrolabe* et la *Zélée* traversèrent les îles New-South-Shetland, et vinrent déposer leurs malades à la baie de Talcahuano, sur les côtes du Chili, où elles arrivèrent en avril 1838. Elles y firent un séjour d'environ deux mois, puis elles reprirent la mer, et se dirigèrent aux *îles Manga-Réva* ou *Gambier*. On atteignit ces îles au commencement d'août 1838. On y rencontra des missionnaires français et une population inoffensive. Ces îles, découvertes en 1797 par le capitaine Wilson, qui leur donna le nom de Gambier, amiral anglais, n'avaient plus été visitées depuis lors jusqu'en 1826, année où le capitaine Beechey y mouilla. En 1834, deux missionnaires catholiques de la maison de Picpus, à Paris, y abordèrent sur un navire anglais, et entreprirent la conversion des naturels au christianisme, tâche dans laquelle ils ont en partie réussi.

Le groupe de Manga-Réva ou Gambier se compose d'une réunion de petites îles hautes, entourées par un immense brisant d'environ 40 milles de circuit, dont le sol est assez élevé pour former une bande verdoyante dans la moitié de son étendue, depuis le N.-O. jusqu'au S.-E., en passant par le nord. Cette bande de récifs laisse en divers endroits des solutions de continuité, ou du moins des espaces où les coraux ne sont pas assez près de la surface des eaux pour en interdire l'entrée à de grands navires. Les deux principales sont celles du S.-E. et du S.-O. Parmi les îles hautes, les seules qui soient habitées et même habitables sont Manga-Réva, Taravaï, Aka-Marou et Av-Kena. La principale est Manga-Réva, qui n'a guère que 4 milles de longueur sur 1 mille de largeur moyenne. Dans sa partie méridionale seulement, où s'élève le mont Duff, sa largeur atteint 2 milles et demi, ce qui donne à l'île entière la forme de la coquille appelée huître-marteau. La surface est médiocrement brisée, et les pâturages y dominent.

Les deux corvettes quittèrent le 15 août 1838 Manga-Réva, pour voguer vers l'*archipel des Marquises* ou *Nouka-Hiva*, aujourd'hui possession française, qu'elles atteignirent le 20, après l'avoir aperçu dès le 16.

Le sol des îles Marquises est montueux, déchiré par des vallées profondes et bien arrosé. Sa fertilité est assez grande. Le climat, quoique chaud et humide, passe pour être très-sain. Les alternatives de la saison sèche et de la saison pluvieuse n'y sont pas toujours bien tranchées. Il pleut à torrents pendant les mois de mai, de juin et de juillet. En novembre et en décembre, la sécheresse extrême arrête la végétation. Certaines années sont marquées par des sécheresses terribles : les rivières manquent d'eau, les fruits à pain ne parviennent pas à leur maturité.

Les habitants des Marquises sont bruns-rouges; ils sont en général admirablement faits et pourraient servir de modèles à un statuaire. Comme presque tous les indigènes de la Polynésie centrale, ils ont les cheveux lisses; ils les portent retroussés avec une bandelette d'étoffe, de manière à former une touffe ou une petite corne de chaque côté de la tête; leur front est fuyant; leurs yeux noirs, pleins d'expression. Les hommes ont la figure plus régulière que les femmes; leurs traits sont plus modelés, et, lorsqu'on est habitué à leurs tatouages, on s'aperçoit qu'ils ont parfois de fort beaux visages.

Le tatouage des Marquesans présente d'ailleurs un dessin d'une régularité étonnante. Il est souvent très-compliqué et constitue pour ainsi dire un vêtement. Il y en a dont le corps est tellement couvert de cercles, de courbes et de lignes en zigzag, qu'on les croirait revêtus d'une armure. Autrefois le tatouage était plus simple qu'aujourd'hui. Il ne se composait, sur la figure surtout, que de lignes écartées, disposées en losanges, tandis qu'actuellement le visage est souvent partagé avec de larges bandes horizontales non continues. Les paupières, l'intérieur des oreilles, les lèvres et quelquefois les gencives, portent les marques du tatouage. A quelques exceptions près les femmes sont peu tatouées ; on en compte quelques-unes qui ne le sont pas du tout. La plupart ont sur les lèvres de petites lignes écartées l'une de l'autre, perpendiculaires à l'ouverture de la bouche, ce qui leur donne l'air de faire une petite moue ; cet ornement est d'un effet assez gracieux.

Il y a des naturels qui sont tatoueurs de profession. L'opération se pratique au moyen d'un ciseau dentelé, en os de poisson, fixé sur une baguette. On frappe sur le ciseau avec un petit marteau de bois. Les pointes aiguës de l'instrument sont trempées dans une liqueur bleuâtre. Trois ou quatre personnes maintiennent le patient, dont tous les traits expriment une vive souffrance. La douleur éprouvée est tellement intolérable au bout de quelque temps, qu'on est obligé de cesser l'opération. Le tatouage n'a pu être supprimé par les missionnaires ; les enfants qu'ils ont réussi à garder auprès d'eux les quittent, quand est venu le moment de recevoir ces marques de virilité.

Presque tous les Marquesans se rasent la figure et une partie de la tête ; dans les parties de l'archipel où les rasoirs n'ont pas pénétré, on se sert d'une dent de requin, emmanchée d'un couteau ou d'un morceau de verre. Les vieillards laissent pousser leur barbe ; le plus souvent c'est une spéculation, la barbe blanche se vendant fort cher pour faire des ornements. Le costume consiste en une pièce d'étoffe faite d'écorce d'arbre, qui entoure les reins et descend sur les jambes comme un jupon.

Les cases des insulaires sont d'une architecture fort simple : quatre poteaux plantés dans le sol au-dessus d'une plate-forme en grosses pierres plates forment les coins ; à leur extrémité supérieure, une entaille sert à recevoir des troncs de cocotiers lisses et minces qui forment le contour du toit ; le derrière de la case est plus élevé que la façade. Sur les poteaux et sur les troncs de cocotiers, on pose transversalement d'autres petites pièces de bois léger ; elles sont reliées à la charpente principale par des cordes en bourre de coco ; le vide qui les sépare est rempli par des bambous serrés, qui laissent cependant librement circuler l'air, dont l'action est si indispensable dans les chaleurs de la journée. Pour achever la toiture, on enveloppe les perches avec de longues feuilles de cocotier pliées en deux ; ces perches sont ensuite posées sur les cadres formés par les poutres et les lattes. Les feuilles de la première recouvrent celles de la seconde, et ainsi de suite ; le toit déborde un peu les parois de la case et les préserve parfaitement de la pluie.

Le 3 septembre 1838, l'expédition fit voile pour les îles de la Société. Ces îles sont situées au nord-est de l'archipel de Cook. Elles forment deux groupes : le groupe de l'ouest, qui comprend les îles Maupiti, Matou-Iti, Borabora, Tahoa, Raïatéa, Houakine ; le groupe de l'est, qui comprend les îles Taïti, Timéo ou Mooréa, Maïtéa, Tétouroa, Tabouaï-Manou. Ce dernier groupe est sous le protectorat de la France depuis 1847.

Les îles de la Société sont volcaniques, couvertes de hautes
montagnes boisées et de vallées verdoyantes. L'île de Taïti, qui
est la plus grande et la plus importante, présente de magnifiques
forêts de bois précieux. Les indigènes, au nombre de 40,000 environ, sont en général de couleur cuivrée ou brun rougeâtre. Ils
sont grands et bien proportionnés. Les femmes sont gracieuses.
Depuis l'introduction du christianisme et l'établissement des
Européens, le tatouage est abandonné, et les deux sexes sont
habillés à l'européenne. Les maisons sont disséminées dans les
vallées de la manière la plus agréable, au milieu de bouquets
d'arbres et de plantations riantes; elles sont meublées de tables
et de chaises comme en Europe.

Après une relâche de quelques jours aux îles de la Société,
l'expédition remit à la voile. Elle visita les îles Hamoa ou Samoa,
appelées aussi îles des Navigateurs; celles de Tonga-Tabou, que
Dumont d'Urville avait déjà explorées dans son premier voyage;
l'île de Vavao, où l'on retrouva un des deux matelots qui, dix ans
auparavant, avaient déserté l'*Astrolabe*, et enfin les îles Hapaï.
Profitant d'une brise favorable, elle franchit ensuite la ligne
géographique qui sépare la Polynésie de la Mélanésie et arriva
aux îles Viti.

Ici Dumont d'Urville avait à remplir une mission rigoureuse et
qui n'était pas sans danger. Les Vitiens s'étaient signalés depuis
quelques années par des actes odieux de brigandage. Un chef de
l'île Piva, entre autres, nommé Nakalassé, avait surpris et pillé
un navire de commerce français et mis à mort le capitaine et les
matelots. Il s'agissait de châtier ce crime et d'inspirer, par un
coup d'éclat, aux sauvages insulaires le respect du pavillon français. On s'attendait à une vive résistance de la part de Nakalassé,
fortement retranché dans une sorte de forteresse; mais, au
moment décisif, ce chef terrible eut peur et prit la fuite.

Les derniers mois de l'année 1838 furent employés par Dumont
d'Urville à relever et à explorer les îles Lavouka, Aurore, Santa-
Cruz, Salomon et Hoyoleu. L'année 1839 ne fut pas heureuse. La
dyssenterie, qui faisait à bord des deux corvettes de nombreuses
victimes, les obligea de faire plusieurs relâches très-prolongées

dans les îles de la Malaisie, notamment à Tarnate, à Amboine, à
Banda, à Makassar, à Batavia. Enfin, le 12 décembre, on atteignit
le port si vivement désiré d'Hobart-Town, en Tasmanie. Ce fut
seulement après un séjour de plusieurs semaines dans ce port que
le fléau disparut.

Au commencement de janvier 1840, Dumont d'Urville résolut
de tenter une nouvelle expédition vers le pôle antarctique. Après
une lente et pénible navigation d'environ un mois, il se retrouva
sous la latitude même du cercle antarctique. Là ses efforts
reçurent leur récompense. De hautes montagnes de glace étaient
accumulées, comme des défenses naturelles, devant la longue
côte d'une terre élevée de 400 à 600 mètres. Les officiers purent
s'avancer sur un canot jusqu'à une petite île située en face de
cette terre ; ils y plantèrent le pavillon aux trois couleurs et en
prirent possession au nom de la France. Cette région, que Dumont
d'Urville nomma Terre Adélie, est morte et désolée ; elle ne porte
aucune trace de végétation. Obligé de remonter un peu vers le
nord, d'Urville trouva encore une banquise s'étendant sur une
très-grande largeur. Il supposa qu'elle devait s'appuyer contre
une côte ; il crut même reconnaître celle-ci dans les lignes
blanches de l'horizon et la nomma côte Claric.

Après ces importantes découvertes, l'expédition revint à
Hobart-Town. Puis elle alla compléter l'hydrographie de la
Nouvelle-Zélande, gagna, à travers l'Océan, l'île Timor dans la
Malaisie, en passant par les îles Loyalty, l'archipel de la Louisiade
et le détroit de Torres, toucha à l'île Bourbon, au cap de Bonne-
Espérance, à Sainte-Hélène, et enfin rentra à Toulon, le 6 no-
vembre 1840, après une absence de plus de trois ans.

Dumont d'Urville, revenu à Paris, fut élevé au grade de contre-
amiral et reçut la grande médaille d'or de la Société de Géographie. Mais l'illustre navigateur ne jouit pas longtemps de sa
gloire. Après avoir fait deux fois le tour du monde, bravé tant de
périls et accompli tant d'héroïques travaux, il mourut misérablement, d'une mort horrible, avec sa femme et son fils, dans la trop
fameuse catastrophe arrivée, le 8 mai 1842, sur le chemin de fer
de Paris à Versailles.

CHAPITRE IV

VOYAGE DE V. JACQUEMONT DANS L'INDE

(1828-1832)

Notice géographique. — Bornes et superficie de l'Inde. — La température et
les climats. — Aspect général. — L'Indus, le Gange et le Brahmapoutre. —
Population. — Voyage de Jacquemont. — Arrivée et séjour à Calcutta. — Le
service domestique dans l'Inde. — Triste condition de la famille. —
L'esclavage. — Un fanatique. — Insensibilité physique des Hindous. —
Bénarès. — Delhi. — Les monts Himalaya. — Superstition religieuse à
l'égard de la vache. — La polyandrie. — Excursion dans le Pendjab. —
Lahore. — Le Kachemyr. — La fabrication des châles. — Retour à Delhi et
à Bombay. — Mort de Jacquemont. — L'Inde actuelle. — La domination
anglaise. — Divisions politiques et statistique.

L'Inde ou Hindoustan est une immense péninsule, située au
sud du continent asiatique. Ses bornes sont : au nord, les monts
Himalaya, qui la séparent de l'empire chinois; à l'ouest, les
monts Soliman et Hala, qui la séparent de l'Afghanistan et du
Béloutchistan, et la mer d'Oman ; au sud, l'océan Indien ; à l'est,
le golfe du Bengale et les monts qui séparent les affluents du
Brahmapoutre de ceux de l'Iraouaddy.

Les peuples désignés par les Grecs sous le nom d'Indoi, par les
Latins sous celui d'Indi, étaient bien certainement ceux que
l'Europe actuelle connaît sous le nom d'Hindous. Le pays que les
Hindous sont supposés avoir occupé comme corps de nation, de
temps immémorial, a été nommé par les Persans Hindoustan,
pays des Hindous. Le mot Hindoustan, que l'on écrit quelquefois
Indostan, a passé dans notre langue; il a la même signification
que le mot Inde. Cependant l'idée exprimée par ce dernier n'est

pas précisément la même que celle que représente le mot Hindoustan ; celui-ci a en effet une signification plus restreinte ; il ne désigne, à proprement parler, que l'Inde supérieure ou septentrionale. Au sud de la rivière de Nerbuddah, qui se jette dans le golfe de Cambay, à l'ouest de la péninsule, commence la région nommée improprement presqu'île en deçà du Gange et que les Hindous appellent le Dekkan, c'est-à-dire le pays du Midi : c'est l'Inde inférieure ou méridionale. Dans la langue sanscrite, ces deux contrées, l'Inde supérieure et l'Inde inférieure, portent les noms de Djamboudwyp ou île de l'arbre Djambou ; Bharat-khanda ou contrée de Bharat, le plus ancien roi de l'Inde ; Medyah-khanda ou contrée du Milieu, Pounayé-Bhoum ou terre de la Vertu.

Le littoral de l'Hindoustan est peu accidenté. La partie baignée par la mer d'Oman se divise en côtes de Goudjérate ou de Kattywar, du Konkan et de Malabar. La côte de Goudjérate est basse et profondément découpée par les golfes de Katch et de Cambay, entre lesquels se trouve la presqu'île de Goudjérate. Les côtes du Konkan et de Malabar sont élevées, à cause du voisinage de la chaîne de montagnes appelée Ghats occidentales ; elles présentent de nombreux ports. Le cap Comorin, qui termine au sud l'Hindoustan, marque la séparation entre la mer d'Oman et la mer de Bengale ; il est haut de 1,400 mètres environ.

La mer de Bengale baigne les côtes de Coromandel, d'Orissa et du Bengale. La côte de Coromandel est formée partout de falaises blanches qui tombent sur une mer très-peu profonde ; les autres ne présentent qu'une suite de plages basses et dangereuses, souvent formées par des îles marécageuses. Sur toute cette partie du littoral de l'Hindoustan, on ne rencontre pas un seul port, mais seulement de petites rades peu profondes ; les navires sont obligés de se tenir à une certaine distance de la côte. La mer y est mauvaise et soumise à un violent ressac, surtout pendant tout le temps que soufflent les vents du nord-est.

Les îles qui dépendent de l'Hindoustan sont l'île Diu, les îles Laquedives et les îles Maldives, dans la mer d'Oman ; l'île de Ceylan, dans le golfe de Bengale, au sud-est du cap Comorin.

Les Laquedives et les Maldives sont une réunion de petites îles de corail, couvertes de cocotiers, de rizières et de jungles. L'île de Ceylan est une grande terre montueuse et boisée; elle est séparée du continent par le détroit de Palk. Ce détroit, très-encombré de bas-fonds, commence au sud du cap Calimere; il est barré dans la partie méridionale par une suite d'îlots de corail désignés sous le nom de Pont-d'Adam. Au sud du Pont-d'Adam, le détroit de Palk s'appelle golfe de Manar.

La superficie de l'Hindoustan est de 4 millions de kilomètres carrés environ.

L'année est divisée par les Hindous en trois saisons : la saison pluvieuse, la saison froide et la saison chaude. La saison pluvieuse commence ordinairement en juin et finit en octobre; la saison froide dure de novembre à février, et la saison chaude de mars à la fin de mai. Les variations qui se produisent chaque année dans les époques où commence chacune de ces saisons ne permettent pas de leur attribuer des périodes fixes. En divisant l'année autrement, on peut dire que la saison saine commence en novembre et dure jusqu'au temps des pluies périodiques, et que la saison malsaine se prolonge pendant toute la durée des pluies, et même encore quelque temps après elle.

Quoique plus rapproché de l'équateur, l'Hindoustan n'est pas soumis à des chaleurs aussi considérables que celles de l'Arabie ou du golfe Persique. Il doit cet avantage aux vents périodiques, appelés moussons, qui soufflent sur toute sa surface, pendant six mois de l'année, du sud-ouest au nord-est, et, pendant les six autres mois, du nord-est au sud-ouest. De ces deux moussons, la plus remarquable est celle du sud-ouest. Elle fait sentir son influence depuis la côte d'Afrique jusqu'à la presqu'île de Malacca, et, pendant quatre mois au moins, inonde tout l'espace compris entre ces deux points de torrents de pluie. Dans le sud de l'Hindoustan, elle commence à se déclarer ordinairement vers les premiers jours de juin et successivement ensuite, à mesure qu'on remonte vers le nord.

L'approche de la mousson s'annonce par des masses de nuages qui s'élèvent de l'océan Indien et se dirigent vers le nord-est, s'épaississant à mesure qu'ils approchent des terres. Après quelques jours de temps couvert, le ciel semble se troubler vers le soir, comme si la tempête menaçait ; bientôt de violents coups de tonnerre retentissent, tels que ceux qu'on entend dans les régions tempérées ne sauraient en donner une idée ; ils sont accompagnés de coups de vent impétueux et suivis d'un déluge de pluie. Pendant quelques heures, les éclairs se succèdent presque sans interruption ; ils illuminent le ciel ; ils inondent les nuages d'une lueur éclatante et couvrent de leurs reflets les cimes des montagnes. Quand le tonnerre cesse d'éclater, on n'entend plus que le bruit continu de la pluie qui tombe à flots précipités, et que les mugissements des torrents qui se gonflent et débordent. Le lendemain, toute la nature présente un triste spectacle. La pluie tombe toujours si fort', qu'on peut à peine voir à quelques pas devant soi ; les rivières bouillonnantes entraînent avec elles tout ce qu'elles rencontrent sur leur passage et inondent au loin les campagnes.

Ce déluge dure quelques jours ; mais ensuite le ciel s'éclaircit et il montre la nature rajeunie bientôt par une puissance magique. Avant les orages, la terre était brûlée par le soleil ; excepté dans le lit des rivières, c'était à peine si l'on pouvait découvrir quelques traces de verdure ; l'immuable sérénité du ciel n'était pas troublée par le plus léger nuage ; l'atmosphère était chargée d'une poussière brûlante à travers laquelle le soleil paraissait large et rouge comme dans un brouillard d'hiver ; un vent dévorant échauffait même à l'ombre le bois, le fer, les pierres. Mais maintenant la terre se couvre comme par enchantement d'une fraîche et admirable végétation ; les fleuves rentrent dans leur lit ; l'air est pur et délicieux ; le ciel s'embellit d'un manteau de nuages aux couleurs les plus variées : toute la nature enfin semble renaître. Dès lors, les pluies se succèdent à des intervalles presque réguliers, pendant un mois, pour reprendre encore avec une grande abondance en juillet. Pendant le troisième mois, elles diminuent sensiblement. En septembre, elles deviennent encore plus rares, et, enfin, vers la fin du mois, elles disparaissent comme elles étaient venues, au milieu des tempêtes et des éclats de la foudre. Telle est la

mousson dans la plus grande partie de l'Hindoustan. Les pluies
sont naturellement plus abondantes auprès de la mer, d'où sortent
les nuages qui s'épuisent après avoir parcouru un grand espace
dans les terres.

Au commencement d'octobre, lorsque la mousson du sud-
ouest, c'est-à-dire la saison pluvieuse, tire à sa fin, c'est la
mousson du nord-est qui s'établit peu à peu. Cette mousson produit un temps de sécheresse pour toute la péninsule, excepté pour
la côte de Coromandel. Sur cette côte, elle amène les pluies périodiques, qui commencent vers le milieu d'octobre et finissent
ordinairement dans le courant de décembre. La mousson du
nord-est cesse avec le mois de février ou dans les premiers jours
de mars, et, depuis cette époque jusqu'au commencement de juin,
les vents sont irréguliers. C'est le temps des plus grandes chaleurs.

Considéré dans son ensemble, l'Hindoustan présente la figure
d'un immense triangle, dont le sommet est au sud, au cap Comorin, et dont la base est formée au nord par les monts Himalaya.
Ce pays est comme un monde à part dans l'univers; il renferme
des contrées soumises aux plus dévorantes ardeurs du soleil des
tropiques, et d'autres qui ne peuvent se comparer qu'aux déserts
glacés du pôle. La différence dans le degré d'élévation au-dessus
du niveau de la mer y produit, dans la température, des différences qu'on ne remarque ordinairement qu'entre des pays
séparés par de grandes distances en latitude. Ses vastes plaînes
produisent chaque année deux moissons; elles sont couvertes de
l'éternelle verdure ou desséchées par les sables brûlants de la
zone torride. Les fruits des climats tempérés naissent et mû-
rissent au pied de ses montagnes, dont les flancs se couvrent des
pins du Nord et dont les sommets portent jusqu'aux cieux les
glaces perpétuelles du monde arctique. La nature n'y a donc pas
cette mélancolique uniformité qui attriste le voyageur dans les
plaines de l'Afrique ou les déserts des régions polaires. Au contraire, l'observateur peut passer, dans l'Hindoustan, par toutes
les transitions qui séparent les extrêmes opposés de la nature sur
la planète entière.

L'Hindoustan se divise physiquement en deux grandes régions : une plaine au nord, un plateau montueux au sud.

La plaine s'étend du Brahmapoutre à l'Indus, et des monts Himalaya aux monts Windhya au sud, sur une longueur de plus de cinq cents lieues et sur une largeur de cent à cent cinquante. Sa direction générale court du sud-est au nord-ouest en suivant la chaîne de l'Himalaya. Cette plaine est, pour ainsi dire, le cœur de l'Hindoustan, le théâtre où la nature déploie les trésors de son inépuisable fécondité, le terrain sur lequel se sont élevés les plus grands empires. Après la région qu'arrosent, en Chine, le Yang-Tse-Kiang et le fleuve Jaune, c'est peut-être la plus féconde et la plus belle qui soit au monde. Toute cette immense superficie, si l'on en excepte une certaine partie déserte, ne présente partout qu'un tapis de verdure, sur lequel des fleuves majestueux, au cours presque insensible, promènent lentement leurs eaux.

Nulle part l'aspect de ces magnifiques plaines de l'Hindoustan ne se produit avec plus d'effet que dans le Bengale. Là rien ne borne un horizon toujours sans limite, où la vue se perd sans jamais s'arrêter sur une ondulation de terrain ni même sur un rocher isolé. Le Gange traverse cette grande province, augmentant sans cesse la largeur de son cours, et, pendant la saison des pluies, couvrant de ses eaux fertilisantes une grande étendue. Le soleil, frappant de ses rayons énergiques ce sol si riche, si profond, si bien arrosé, y éveille une puissance de végétation presque incroyable, et il en fait, au temps de la moisson, comme une mer d'épis et de verdure mollement balancés par les vents. En remontant le fleuve, le Bahar présente le même aspect, quoique sa surface développe de légères ondulations. La province d'Allahabad, un peu plus élevée cependant, est unie comme le Bengale, chaude et fertile comme lui.

Au nord du fleuve, la province d'Aoude, s'élevant vers les montagnes par une pente insensible, jouit d'un climat plus frais et plus salubre, et donne à profusion les productions les plus précieuses de l'Europe et de l'Asie. Là se trouve la vallée du Gange proprement dite et commence celle de son affluent la Djemma, plus

élevée et moins fertile. Le Doab, ou territoire qui sépare les deux
cours d'eau, ne peut être arrosé en plusieurs de ses parties que
par des moyens artificiels; cependant ses forêts sont vigoureuses,
et, en même temps que le froid modéré de son hiver permet d'y
faire une récolte de froment ou de grains européens, la chaleur de
son été est suffisante pour y faire mûrir le riz. Sur les rives du
Tchambal, tributaire de la Djemma, le sol est accidenté de collines
et de rocs aux flancs perpendiculaires, aux sommets plats, où
sont bâties les forteresses imprenables si célèbres dans l'histoire
de l'Hindoustan. Au nord-ouest de Delhi commence le grand
désert hindou, et à l'ouest s'étend la plaine du Pendjab, c'est-à-
dire des cinq fleuves, où les tributaires de l'Indus, roulant leurs
eaux puissantes, entretiennent une fertilité égale à celle de la
vallée du Gange.

Pour compléter la description de la plaine de l'Hindoustan, il
nous reste à parler d'une de ses parties, complétement différente
des autres. A quelque distance à l'ouest de la Djemma, le niveau
général du terrain atteint un maximum d'élévation d'où il redescend à l'est et à l'ouest. Tous les cours d'eau qui partent de ce
point vont grossir l'Indus d'un côté, le Gange de l'autre côté.
Mais entre les sources de ces affluents s'étend un espace considérable, à peine arrosé çà et là par quelques faibles ruisseaux qui
se perdent dans les sables. Ce désert, d'une étendue suffisante,
s'il était habitable, pour former un Etat puissant, présente un
aspect en tout semblable aux régions les plus désolées de l'Arabie
et de l'Afrique; c'est un terrain abandonné par les eaux de la
mer, comme l'indiquent les incrustations salines et les détritus
marins qu'il renferme. Toutefois on y rencontre quelques buissons
de plantes épineuses et même, séparés, il est vrai, par de grandes
distances, des villages ou plutôt des assemblages de huttes bâties
en boue détrempée, autour desquelles les habitants, utilisant les
eaux de quelques sources, parviennent à établir de maigres
cultures.

Le plateau qui forme la partie méridionale de l'Hindoustan, et
que l'on désigne sous le nom de Dekkan, ne présente aucun des
caractères particuliers qui distinguent la grande plaine du nord.

Des ondulations de terrain, qui deviennent quelquefois des montagnes et qui produisent des plateaux de diverses élévations, donnent à cette région un aspect plus varié et y réunissent souvent sur un petit espace le climat et les produits de la zone torride avec ceux des zones tempérées. L'accident naturel le plus remarquable qui la caractérise, c'est une ceinture de montagnes qui se développe en suivant la forme triangulaire de cette partie du continent.

La ligne du nord se compose d'une série de terrains assez élevés qui s'étend du golfe de Cambay à celui du Bengale : c'est ce qu'on appelle la chaîne des monts Windhya. Mais cette chaîne s'étend sur une largeur si considérable et ses sommets sont si peu élevés, qu'on doit la regarder comme un plateau très-accidenté plutôt que comme une chaîne véritable de montagnes. De ses deux extrémités partent, en se dirigeant au sud, deux autres chaînes qu'on appelle les Ghats et qui, suivant le rivage, enceignent les côtes de Malabar et de Coromandel.

Les Ghats occidentales, qui longent la côte de la mer d'Oman, s'éloignent rarement du bord de la mer, et quelquefois même s'en approchent de si près que leur pied est baigné par les flots. Ordinairement situés assez avant dans l'intérieur des terres, leurs sommets sont couronnés, non pas, comme ceux de l'Himalaya, par les arbres du monde arctique ou des climats tempérés, mais par le pittoresque palmier et les plantes aromatiques de la zone torride. Vers la frontière méridionale du Mysore, un chaînon assez élevé traverse le continent de l'ouest à l'est, sous le nom de monts Nilgiri ou Nelgherries : il sert de lien entre les deux grandes chaînes des Ghats et projette au sud un rameau qui aboutit au cap Comorin.

Les Ghats orientales, qui bordent à distance la côte de Coromandel, sont généralement très-peu élevées, mais détachent un grand nombre de rameaux et s'étendent sur un large espace. Elles laissent une plaine d'une certaine largeur entre elles et la mer. Vers le nord, dans la province d'Orissa et les Sarkars, cette plaine est plus étroite et couverte en grande partie de jungles.

Dans son aspect général, le Dekkan est un pays destiné par a nature à un peuple de pasteurs. La région centrale, partagée autrefois entre les puissants royaumes de Golconde et de Bedjapour, se compose de plaines très-étendues, très-fertiles, et abritées par leur élévation même contre les chaleurs excessives qui règnent sur la côte. La partie tout à fait au sud, et qu'on appelle le Karnatak, est divisée en deux plateaux, le Balaghat et le Mysore, plus élevés que ceux du Dekkan proprement dit, et par cette raison même riches d'une plus grande variété de climats et de productions naturelles.

Les principaux cours d'eau de l'Hindoustan sont : le Sind ou Indus, le Luni, le Mahi, le Nerbuddah, le Tapty, tributaires de la mer d'Oman ; le Kavery, le Penaur, la Kistnah, le Godavery, le Mahanady, le Gange, le Brahmapoutre, tributaires de la mer du Bengale.

C'est à ces fleuves et à leurs innombrables affluents que l'Hindoustan doit en grande partie la fertilité de son sol. Ils présentent les phénomènes les plus variés : dès leur origine, aux lieux mêmes où ils ont encore la marche impétueuse d'un torrent, ils ressemblent déjà, par leur volume d'eau, aux plus grands fleuves de l'Europe ; plus loin, arrivés dans les plaines, ils se creusent des lits de plusieurs kilomètres de largeur et sont sans cesse agités par le vent ; enfin la marée, facilement admise dans leurs larges embouchures, les force à rétrograder à une grande distance, en couvrant d'écume leur vaste surface.

Le *Sind* ou *Indus* naît dans le Thibet, sur le revers septentrional de l'Himalaya, à une élévation de plus de 4,000 mètres ; il coule d'abord du sud-est au nord-ouest, puis il tourne brusquement au sud-ouest, à travers des défilés effroyables, et débouche dans les plaines du Pendjab. Arrivé à Tattah, il se partage en plusieurs branches, qui embrassent un delta de 200 kilomètres, et finit au milieu de terres inondées, après un cours de 3,000 kilomètres environ. Ses principaux affluents sont : à droite, le Kaboul, qui prend sa source dans l'Afghanistan ; à gauche, le Pendjab, formé par la réunion de cinq rivières, dont la plus importante est le Sutledje, Hyphasis des anciens, qui sort d'un lac du Thibet méridional.

Le Luni traverse des déserts de sable et finit dans un grand marais dit Run-de-Katch. Le Mahi, le Nerbuddah, le Tapty ont leur source dans les contre-forts des monts Windhya et débouchent dans le golfe de Cambay. Le Kavery, le Penaur, la Kistnah, le Godavery naissent sur le revers oriental des Ghats occidentales, traversent le plateau du Dekkan du nord-ouest au sud-est, coupent les Ghats orientales et finissent dans le golfe du Bengale par plusieurs bouches. Le Mahanadi prend sa source dans la partie septentrionale du plateau du Dekkan, traverse l'Orissa et forme un large delta à son embouchure.

Le *Gange*, appelé par les Hindous Boura-Ganga, *Fleuve par excellence*, est le fleuve le plus important de l'Hindoustan. Son bassin est tracé, au nord, par les monts Himalaya; au sud, par les monts Windhya et les hauteurs qui s'y rattachent à l'est. Il est formé par la réunion de deux rivières, le Baghirati et l'Alakananda, qui descendent de l'extrémité occidentale de l'Himalaya. Il coule d'abord dans une étroite vallée, où il fait de nombreuses chutes, traverse du nord-ouest au sud-est la province de Delhi et coule ensuite de l'ouest à l'est en faisant de nombreux détours. Il s'incline au sud-est dans le Bengale, et là commence le grand delta où ses eaux se dispersent dans une infinité de branches, et qui ressemble à une mer de fange soulevée par des vents furieux, traversée par des courants rapides et coupée d'îles inondées. La branche orientale est la plus considérable : elle se réunit au Brahmapoutre; la branche occidentale, appelée Hougly, passe à Calcutta. Les bouches du Gange occupent environ 250 kilomètres de côtes; son cours est de plus de 2,000 kilomètres. Il déborde en juin, et ses crues, causées par la fonte des neiges de l'Himalaya et par les pluies périodiques, durent jusqu'à la fin de septembre; il couvre alors d'immenses étendues de terrain. La salubrité de ses eaux, la richesse de son bassin, la fertilité qu'il cause par ses inondations ont fait de lui le grand fleuve sacré des Hindous; ils viennent y faire leurs ablutions et y jettent presque tous leurs morts, croyant qu'ils iront ainsi plus sûrement parmi les dieux. Les principaux affluents du Gange sont : à droite, la Djemma, qui coule presque parallèlement au fleuve, reçoit le

Tchambal et finit à Allahabad; le Soun, qui vient de la partie
orientale des monts Windhya et finit au-dessus de Patna; à

Les bords du Gange.

gauche, le Goumti, le Gogra, le Gandask, le Tista, qui descendent du massif de l'Himalaya.

Le *Brahmapoutre*, fils de Brahma, qui confond ses embouchures avec celles du Gange, est considéré par quelques voya-

geurs comme prenant sa source dans les monts Langtan, et par d'autres comme étant la continuation du Dzoungho qui naît dans le Thibet ; cette dernière opinion semble la seule juste. Le Brahmapoutre coule d'abord de l'ouest à l'est, tourne brusquement au sud à travers une longue gorge, entre l'Himalaya et les monts Langtan, prend ensuite la direction du nord-est au sud-ouest, et enfin celle du sud en arrivant dans le Bengale ; il tient le deuxième rang parmi les fleuves sacrés de l'Hindoustan. Il est remarquable par la puissance de ses eaux, l'irrésistible élan de sa course, la sauvage beauté de ses rives et sa voix tonnante, qui ébranle la solitude. Profondément encaissé dans des murs de granit, son lit trop étroit pour son volume et la pente du sol tout encombré de rochers donnentà son cours une rapidité si impétueuse, qu'il n'y a guère d'endroits où le plus vigoureux éléphant pourrait tenir de pied ferme. Il ne coule pas, il bondit avec fureur ; il ne murmure pas, il mugit comme un tonnerre lointain.

La population de l'Hindoustan est évaluée à 186 millions d'habitants, appartenant aux groupes indo-européen, thibétain, indochinois, sémitique, malais et nègre.

Le groupe indo-européen comprend les Hindous, divisés en peuplades nombreuses et qui forment la majorité ; ce sont les véritables indigènes du pays. Les premières races qui habitaient l'Hindoustan subsistent encore aujourd'hui, refoulées dans les montagnes inaccessibles ; ce ne sont plus que de petites peuplades misérables que le temps et les circonstances ont rendues tout à fait étrangères les unes aux autres.

Les Hindous appartiennent à la première variété de l'espèce humaine. La forme de leur crâne, les traits de leur visage, les proportions de leurs membres, tout les rapproche des nations européennes ; mais leur peau, presque noire dans le midi de la péninsule, conserve toujours, même dans les montagnes septentrionales, une teinte olivâtre. Ils sont en général plus petits et plus minces que les Européens ; ils ont moins de force, mais plus de grâce et plus d'agilité dans les mouvements. Leurs cheveux sont longs, plats et très-noirs ; leur barbe, quand ils la portent,

Types hindous.

ce qui est rare, est longue et forte. Les femmes sont avec raison renommées pour leur beauté ; elles ont les traits fins et réguliers, de grands yeux noirs d'une douceur extrême, une longue chevelure très-noire, des dents blanches et bien rangées, une démarche aisée, une tournure gracieuse, des membres souples, délicats, délicieusement arrondis, des gestes élégants et expressifs ; elles ne sont pas grandes, mais on admire en elles les plus belles proportions.

L'habillement des Hindous est très-varié, selon la qualité et le rang des individus : une pièce d'étoffe formant caleçon, une jaquette plus ou moins longue, un turban, des sandales ou des babouches, parfois une écharpe jetée avec grâce sur les épaules, telles sont les diverses pièces du costume de la classe moyenne. Les gens pauvres emploient le calicot, les gens riches la soie ; mais presque tous portent au moins des boucles d'oreilles et un bracelet. Le vêtement des femmes hindoues réunit la noblesse à la simplicité : il ne se compose généralement que de deux pièces, le *sary* et le *tchouly*. Le sary est une grande pièce d'étoffe qui forme en même temps jupe et corsage et laisse une des jambes à découvert ; le tchouly est une sorte de veste à manches courtes qui se serre par derrière avec des cordons. Les femmes hindoues ramènent leurs cheveux en arrière et en forment une grosse touffe fixée par de longues épingles. Le plus souvent, elles vont nu-pieds. Leur luxe consiste dans la profusion des bijoux : bracelets, anneaux aux jambes, bagues, colliers, pendants d'oreilles, etc.; elles portent très-souvent un grand anneau d'or suspendu à l'une des ailes du nez.

L'indolence et la timidité, celle-ci venant plutôt du désir d'éviter toute occasion d'embarras et d'ennui que du manque de courage, sont les traits généraux et caractéristiques des Hindous ; c'est de ces deux causes combinées que naissent leurs vices capitaux, le mensonge, le parjure, l'intrigue, la flatterie, la corruption. Mais quoique les Hindous aient ainsi plus d'un vice à se reprocher, ils ne sont cependant pas un peuple sans vertus. S'ils manquent souvent à leur parole, ils savent, par exemple, être fidèles aux devoirs moraux. Un Hindou attaché au brahmanisme

mourra de faim plutôt que de toucher à un mets défendu ; et le
même domestique qui ne se fait pas faute de tromper son maître
dans les comptes qu'il lui rend gardera avec une fidélité scrupuleuse l'argent qu'on lui confiera. Le mépris de la mort est chez
l'Hindou poussé jusqu'aux dernières limites ; lorsque son sort lui
semble résolu, il s'y soumet avec un sang-froid qui exciterait
l'admiration en Europe. Les cultivateurs sont partout, dans l'Hindoustan, une population inoffensive et aimable, attachée à ses
sentiments de famille, charitable à ses voisins, honnête et le plus
souvent sincère. Les gens des villes ont le caractère plus com-
plexe, mais ils sont généralement calmes et tranquilles.

Le grand défaut des Hindous, c'est le manque d'énergie : ils
sont absolument sans ressort, rampants, serviles, abrutis ; ils ne
demandent que du repos, le sommeil, la mort. Il y a chez eux
absence de sens moral, qui a été perverti, anéanti par les superstitions et l'idolâtrie ; absence de toute notion patriotique, de tout
sentiment national, qui semblent impossibles avec le brahmanisme et le système des castes ; absence de dignité, de volonté, de
courage, de tout ce qui fait la vie des peuples occidentaux. De là
tous les maux de ce pays, le plus anciennement civilisé du monde,
et qui a subi sans résistance toutes les conquêtes, toutes les
humiliations, toutes les dévastations.

L'institution la plus remarquable de l'Hindoustan, celle qui le
caractérise et qui lui a valu sa longue et immobile existence, c'est
la division de la nation en quatre castes. Cette division remonte à
trente ou quarante siècles ; elle est l'œuvre des brahmanes eux-
mêmes. Les traditions les plus reculées des Aryas attestent que,
quand ces peuples sont arrivés dans l'Hindoustan pour le conquérir et le civiliser, ils étaient sous la conduite de chefs militaires,
et, quelque pieux qu'ils fussent dès l'origine, c'était à leurs rois
et non pas à leurs prêtres qu'ils obéissaient. C'était là une nécessité de leur situation, et dans le grand poëme épique, *le Ramayana*,
légende d'un héros qui a fait la conquête du sud de l'Hindoustan
et même de l'île de Ceylan, ce sont les rois qui conduisent la
nation, et les brahmanes ne figurent qu'en sous-ordre. Mais
quand le temps des combats fut passé, et que les Aryas purent

jouir paisiblement de leurs conquêtes dans cet immense espace qui s'étend des sources de l'Indus et du Gange jusqu'aux monts Windhyas, la classe sacerdotale put sans danger devenir la maîtresse; et comme la nation n'avait plus ni à conquérir ni même à se défendre, elle se livra à tout son instinct religieux, et sur cette pente elle eut bientôt remis à la caste des prêtres le pouvoir supérieur qui d'abord avait appartenu aux guerriers. Ceux-ci résistèrent avec énergie, et, s'il n'y avait point eu alors de dissensions parmi eux, il est probable qu'ils n'eussent jamais perdu la suprématie et que les brahmanes ne l'eussent jamais acquise. Mais un guerrier fameux par son courage et sa férocité, Paraçou-Rama, prit parti contre les siens pour venger quelques outrages reçus par sa famille; et par des victoires sanglantes il assura aux brahmanes une puissance que, sans lui, ils n'auraient peut-être pas usurpée.

C'est à dater de ce moment, dont la tradition et quelques livres importants, entre autres les *Lois de Manou*, ont conservé un vague souvenir, que le brahmanisme a été vraiment fondé et qu'il a donné à la société hindoue sa forme définitive et immuable. A la tête de cette société, comme une incarnation divine permanente, le *brahmane*, sorti de la bouche même du dieu Brahma; au-dessous de lui, à une distance infranchissable, le *kshatriya* ou guerrier, sorti de ses bras; au-dessous du guerrier, le *vaicya* ou laboureur, sorti de ses cuisses; et, enfin, fort loin de ces trois castes supérieures, le *soudra*, fait pour les servir et les porter, parce qu'il n'est sorti que des pieds du dieu : voilà les castes pures au nombre de quatre, et chacune d'elles ne dut légitimement se marier que dans son propre sein. Par la force des choses, il devait nécessairement se faire que des unions se contracteraient en dehors de ces étroites limites. Mais ces alliances détournées devaient être contraires à la loi, et la religion les proscrivit autant qu'elle put par la menace des peines éternelles et par la réprobation sociale en ce monde, en attendant les châtiments de l'autre. Il a fallu que la foi religieuse fût bien aveugle et bien irrésistible dans le peuple hindou pour qu'il acceptât ce dogme et qu'il s'y soumît aussi complétement. La naissance régla pour toujours le rang de chacun dans la société, et les transgressions n'ont été jamais ni bien nombreuses ni bien durables. La caste s'est maintenue avec ses caractères essentiels, et l'on a pu voir par des événements contemporains, l'insurrection de 1857, que la conviction populaire est encore bien loin de s'affaiblir, et que la superstition a gardé toute son ardeur inextinguible (1).

Le brahmane est la tête et l'âme de tout l'état social. Ses fonctions sont de pratiquer les rites et d'instruire les hommes de leurs devoirs. Mais comme cette caste est devenue trop nombreuse pour que tous ses membres pussent trouver à vivre en remplissant seulement les devoirs de la religion, beaucoup se sont faits marchands, banquiers ou soldats. Les brahmanes ne se nourrissent que de végétaux et de lait; ils affectent la plus grande simplicité dans leurs vêtements ; deux pièces de coton blanches, l'une formant caleçon, l'autre couvrant les épaules et retombant jusqu'aux pieds, et des sandales, composent leur habillement. Sur l'épaule gauche est placé un cordon tressé, signe de leur caractère sacré. Leur tête est rasée complétement, à l'exception d'une mèche qui est conservée sur le sommet. Les brahmanes se subdivisent en un grand nombre de sectes de fanatiques.

La caste des kshatriyas ou rajahs comprend les princes, les chefs de tribus, les descendants des anciens rois ou Rajepoutes. Elle est peu nombreuse aujourd'hui ; mais ses membres forment encore la plus belle race d'hommes qui soit dans toute l'Asie : ils sont vifs et intelligents, et se distinguent par leur fierté, leur bravoure et leur fidélité dans les engagements.

Les vaicyas se livrent surtout à l'industrie et au commerce ; ils ont pris une grande importance depuis la domination anglaise. Les soudras, qui forment la quatrième caste, sont beaucoup plus nombreux que les trois autres castes réunies; ils sont artisans, ouvriers, cultivateurs, domestiques. Outre ces castes primitives, il existe une classe particulière d'individus, appelés *parias*, qui sont l'objet du plus profond mépris de la part des autres Hindous et sont souvent réduits, pour vivre, à exercer les professions les plus dégoûtantes.

---

(1) Barthélemy Saint-Hilaire, *Dictionnaire général de la politique.*

Ce fut le 9 août 1828 que Victor Jacquemont partit de Brest pour le pays dont nous venons d'esquisser à grands traits la géographie.

VICTOR JACQUEMONT.

La destinée de ce courageux voyageur a été singulièrement cruelle : né à Paris le 8 août 1801, il est mort à trente ans, loin des siens, après d'atroces souffrances, et sans emporter en expirant la certitude que ses travaux ne seraient pas inutiles. Depuis lors, malgré le soin pieux avec lequel sa famille a, par deux fois, réuni sa correspondance, malgré la publication officielle du journal de son voyage (1841), il ne semble pas que son nom et son œuvre aient acquis toute la notoriété qu'ils méritaient. Ses livres n'intéressent pas cependant que les savants seuls ; il y avait un écrivain d'une haute valeur dans ce géologue de vingt-sept ans, à qui Cuvier et Adrien de Jussieu confiaient l'exploration de l'Himalaya et du Thibet ; et ce mérite littéraire, il l'a aussi bien montré dans les lettres intimes qui l'ont placé au premier rang des épistolaires français que dans le journal où il consignait chaque soir ses observations scientifiques, politiques et pittoresques.

Jacquemont arriva à Calcutta en mai 1829, après avoir relâché successivement à Ténériffe, à Rio-Janeiro, au cap de Bonne-Espérance, à l'île Bourbon, à Pondichéry. A Calcutta, la haute société anglaise l'accueillit, lui jeune inconnu, lui Français, non-seulement avec égards, mais avec cordialité. Il y séjourna plusieurs mois, visitant la ville et ses environs, étudiant les mœurs et les usages des habitants.

Calcutta est la capitale de l'Hindoustan anglais ; elle est située sur l'Hougly, une des branches du Gange, et possède environ 378,000 habitants. C'est la plus belle ville et en même temps la place la plus commerçante de l'Hindoustan ; elle est défendue par une grande forteresse située au sud-ouest.

On voit à Calcutta de riches boutiques, où sont mis en vente beaucoup de produits d'industrie fabriqués par des artisans et des artistes venus d'Occident ; ils ont introduit dans Calcutta la confection d'un grand nombre d'objets de luxe. Ces habiles Européens pratiquent avec succès la menuiserie, l'ébénisterie, l'horlogerie, l'orfévrerie, la joaillerie, l'art de dorer et d'argenter, l'imprimerie, la reliure, et tous les arts vestiaires qui conviennent à l'opulence britannique. Ajoutons-y les préparations culinaires adaptées aux goûts raffinés des conquérants : c'est la seule industrie française qui ne soulève contre elle aucune jalousie chez les maîtres de l'Inde.

Un genre de travaux considérable et propre aux Européens est la construction des voitures de luxe, variées pour tous les besoins, avec des modifications commandées par le climat. On trouve dans Calcutta des ateliers et des magasins de voitures qu'on pourrait comparer à ceux qu'on admire à Paris, à Londres, à Bruxelles.

Les Indiens s'évertuent à fabriquer beaucoup d'objets où les Européens excellent : ce n'est ni l'esprit d'imitation, ni le goût, ni la dextérité qui leur manquent. Cependant, pour un grand nombre de confections, l'ouvrier indien reste inférieur aux Européens, excepté dans les ateliers où ces derniers le font travailler sous leurs yeux, le dirigent, et réparent les défauts de son ouvrage. Il manque aux Orientaux le degré soutenu d'attention et les soins de chaque moment qui seuls peuvent conduire à la perfection de la main-d'œuvre.

La construction des palanquins pour les deux sexes mérite aussi d'être signalée sous le triple point de vue du goût, du luxe et du confortable. On est surpris des arrangements ingénieux et mystérieux de leur intérieur et de leur aération si bien ménagée ; on dirait les gondoles portatives d'une Venise orientale. Cette charmante industrie est particulière aux indigènes.

Tout à fait au nord s'élève ou plutôt croupit la capitale vraiment asiatique, avec ses rues étroites, tortueuses et d'une saleté plus puissante que la police européenne. Dans ces ruelles immondes se cachent pourtant, comme il en existait dans le Paris du moyen-âge, un certain nombre de vastes constructions : ce sont les habitations des riches *babous*.

Les Indiens excellent dans la direction du grand commerce et de la banque. Lorsque l'heureux Clive envahit le Bengale, les Hindous comptaient des maisons comparables, pour l'étendue des affaires et pour la grande opulence, à celles de Jacques Cœur en France et des Médicis en Italie. Les modernes maisons commerciales fondées par le même génie, quoiqu'elles soient moins considérables, ont pourtant beaucoup de richesse et d'importance. Afin de répondre aux besoins du faste oriental, les palais des babous doivent être assez spacieux pour loger un clan complet de parents, de commis et de serviteurs.

L'édilité de Calcutta, dans la partie asiatique, est encore à l'état d'enfance : nettoyer la voie publique avec le secours journalier de l'homme est un progrès dont les Indiens n'ont pas même l'idée. Le soin de dévorer les débris dégoûtants de matière animale gisants au milieu des rues semble dévolu à des nuées de corbeaux et surtout à l'appétit d'un oiseau qui n'appartient pas à notre climat. On l'appelle indifféremment l'argirlah, l'oiseau du boucher et le philosophe. Il a l'aile noire, le jabot rouge, le crâne pelé, le bec allongé; il est de haute stature ; il se promène impunément et d'un pas grave sur la voie publique la plus fréquentée , au milieu des piétons, des chevaux et des voitures. Quiconque frapperait ou blesserait un argirlah payerait 125 fr. d'amende. Ces espèces de vautours dévorent même les cadavres ; vers les bords du Gange, leur horrible festin tient lieu de sépulture aux corps morts qui sont jetés dans le fleuve par les natifs et que le cours des eaux fait échouer sur le rivage.

Le commun peuple indigène a pour habitations des cabanes pétries et non bâties en terre glaise, couvertes avec du branchage et des feuilles de bambous : aussi les incendies sont-ils très-fréquents dans cette partie de la ville. Les moyens d'extinction , tels que savent les employer nos cités d'Occident, suffisent pour empêcher le feu d'envahir les quartiers reservés aux solides édifices des Européens ; mais là s'arrête leur puissance. Un autre danger atteint les hôtels et les palais : c'est l'incessante action des insectes rongeurs, qui détruisent avec une effrayante rapidité les plus fortes charpentes. On portera remède à ce mal en substituant le fer au bois pour les planchers et pour les toits des édifices importants.

La fureur d'imiter les modes européennes gagne les riches natifs. Elle donne aux babous opulents, aux rajahs dépossédés , aux zémindars qui désertent leurs propriétés pour vivre dans la capitale, le goût ruineux des chevaux anglais, des voitures, des jockeys, des grooms et des splendides équipages : luxe vraiment britannique. Par opposition, les classes inférieures n'adoptent rien des coutumes anglaises, ni des vêtements, ni des mœurs de l'Occident. Elles restent dans la barbarie , à l'égard surtout des moyens de transport. Leurs charrettes grossières, traînées par

Vue du port de Calcutta.

des bœufs, ont des essieux en bois sur lesquels crient d'informes moyeux, en bois aussi ; c'est un retentissement qui réveille les riches habitants au fond de leurs chambres les mieux renfermées. Sur ces véhicules barbares, les Hindous apportent tous les objets nécessaires à la vie de l'immense capitale.

Jacquemont trace un tableau curieux de la vie et des usages des Européens et des indigènes à Calcutta.

« Les Européens, dit-il, n'aperçoivent presque rien de l'existence des indigènes qui les servent. Le service domestique, ici, est comme ailleurs le service militaire : il dure pour chaque homme quelques heures du jour; hors de là, il se trouve libre, et vous ne savez rien de la forme d'existence des gens qui vous servent. Il n'y a peut-être pas à Calcutta un Européen qui sache où demeure un seul de ses domestiques; s'ils sont mariés, s'ils ont des enfants, des frères, des parents âgés, et en quel pays; ce qu'ils font de leurs épargnes, etc. C'est une chose étrange, et particulière à la nation anglaise, que cette distance à laquelle elle est si jalouse de tenir les étrangers avec lesquels elle est mêlée, et en ce pays les natifs n'ont pas fait d'avances à leur réserve. La classe nombreuse des Behras, la plus domestique de toutes celles qui servent les Européens dans l'Inde, vivant à quatre pas d'eux, au dedans de leur maison, dans les chambres qu'ils occupent, et qui les suit de chambre en chambre dans toutes les parties de leurs demeures pour les éventer pendant neuf mois de l'année, n'a pas encore produit un homme qui comprit l'anglais. Ils assistent comme des animaux, comme des meubles, à toutes les conversations, et l'espoir de les comprendre un jour ne les engage jamais à y prêter aucune attention.

« Les Ketmatgars, qui servent à table, paraissent pour mettre le couvert et s'enfuient après l'avoir enlevé : où vont-ils? que vont-ils faire? D'autres serviteurs à la ville ne voient jamais la face du maître. En voyage, la nécessité les livre à votre observation. Mes gens en paraissaient fort déconcertés pendant les premiers jours; mais en un mois les voici fort habitués à être regardés et questionnés sur les choses qu'ils aiment à cacher. En me parlant quelquefois de leur pauvreté pour obtenir quelque petit présent, ils

m'ont donné l'occasion de les interroger sur leur famille , car il
n'en est pas un auquel ses gages ne doivent suffire du reste pour
sa nourriture et son mince entretien, l'un et l'autre réglés au taux
de la misère générale. Alors j'ai su quels étaient mariés, quels ne
l'étaient pas ; j'ai demandé depuis quand, et combien d'enfants, et
l'âge de la femme, etc. Mes quatre Hindous, dont un n'a que dix-
neuf ans, sont mariés. Leurs femmes sont à cent et deux cents
lieues d'ici, dans le pays d'un chacun. Ils prétendent tous leur
faire une pension mensuelle réglée sur la quotité de leurs gages ;
la moindre est d'une roupie (2 fr. 50) ; c'est ce que donne le plus
pauvre, celui qui n'a que 4 roupies (10 fr.) par mois. Mais l'imbé-
cile qui peut à peine se traîner sur ses jambes, quoiqu'il prétende
ne s'être jamais mieux porté, au lieu d'une femme, seul d'entre
tous en a deux, et il partage avec elles par moitié son mince salaire ; il lui reste 5 fr. par mois pour toutes ses dépenses. Pourquoi ces deux femmes? pourquoi une femme seule dans de telles
conditions? Je l'ignore, et ces malheureux sans doute ne le savent
pas eux-mêmes. Sans elle, ils auraient dans leur situation une
aisance relative, se pourraient vêtir chaudement, proprement,
mettre un peu de beurre dans leur riz, et acheter encore dans
l'occasion la jouissance d'une femme ; tandis que, mariés, ils sont
forcés à la continence maritale par l'éloignement, et, par la misère où le mariage les réduit, à une continence presque absolue.
C'est l'instinct de la nature qui fait en Europe des unions dans les
basses classes et qui leur prépare un avenir plus misérable encore
par l'imprévoyance ; mais, dans l'Inde, rien de pareil. Si l'on peut
désirer la femme que l'on n'a jamais vue, ce n'est pas du moins à
huit ans, et c'est à cet âge que les parents concluent entre eux,
dans chaque caste, les mariages de leurs enfants. Les castes les
plus élevées sont, comme en tous pays, les plus éloignées de la
nature, et ne se départent jamais de cette règle, moins rigoureusement observée par les plus basses.

« Les femmes ne vont nulle part qu'au marché, je dis celles
des pauvres gens, et toutes à la rivière pour faire leurs ablutions,
devoir de piété ; mais pour leur plaisir, pour leur amusement,
jamais elles ne sortent. Elles ne participent à aucune des récréa-

tions des hommes. Ceux-ci semblent les considérer comme des
créatures si impures, que je m'étonne comment le dégoût ne ré-
prime pas en eux le penchant de la nature qui les rapproche
d'elles.

Temple rustique.

« J'ai rencontré sur les routes, depuis deux mois, beaucoup de
pauvres familles en voyage. Si affamées qu'elles paraissent, si nues

qu'elles soient, dans les derniers degrés de la misère et du dénû-
ment, le mari marche silencieux devant ; la femme le suit à
quelques pas, portant un enfant en bas âge à cheval sur la hanche
du côté gauche. J'ai suivi quelquefois de ces tristes figures l'espace de plusieurs lieues, sans les voir se joindre ni se dire un mot.

« Quand plusieurs familles voyagent en commun, tous les
hommes vont ensemble ; les femmes, réunies, les suivent à une
distance respectueuse. J'ai souvent croisé quelques-uns de ces
groupes de femmes : la plupart d'entre elles, les jeunes surtout,
s'arrêtaient et tournaient le dos quand j'approchais, ou bien se
couvraient le visage pour passer près de moi. J'étais entouré de
quelques-uns de mes gens, tous jeunes, assez mauvais sujets, je
pense, dans leur espèce, et je n'ai jamais vu un regard curieux
jeté de leur bande sur les femmes, jamais un sourire ; elles
passent mornes et muettes : où que ce soit qu'elles aillent, on
dirait qu'elles vont à l'enterrement. En faisant une large part à la
diversité des manifestations possibles du plaisir, suivant les pays
et les classes, il m'est pourtant impossible de croire à quelque
sentiment de bonheur dans l'existence de ces misérables créatures. »

On sait que le gouvernement britannique de l'Inde a pris à son
service une masse d'indigènes qui servent dans ses armées sous
le nom de cipahis ou cipayes. Voici ce que rapporte Jacquemont
au sujet d'un litige qui s'offrit entre un de ces soldats et une jeune
fille dont celui-ci avait fait sa compagne :

« La jeune fille, achetée il y a un an par un cipahi, qui est ma-
rié d'ailleurs légitimement avec une autre femme, est grosse des
œuvres de son maître. Jusque-là il n'y a pas de mal ; mais voilà
qu'elle préfère un autre homme et qu'elle veut quitter celui dont
elle est l'esclave. L'honneur du galant cipahi, et solidairement
celui de la compagnie tout entière, sont intéressés à ce qu'une
telle énormité ne se consomme pas. Mais comment la prévenir ?
La loi anglaise ne reconnaît pas l'esclavage dans l'Inde ; la jeune
fille, bien qu'elle ait été vendue à son amant, et pour 9 roupies
(22 fr. 50 cent.) encore, est parfaitement libre de le quitter, si
elle le veut ; l'homme n'a sur elle aucune autorité que la loi puisse

faire respecter. Sentence du jeune officier : « Allez au diable ! et
« que la jeune fille aille où elle veut ! »

« Quoique cette condition d'état ne soit pas reconnue par la loi
anglaise, ajoute notre voyageur, elle n'en subsiste pas moins dans
l'Inde depuis sa prohibition comme auparavant. Il y a beaucoup
d'esclaves à Calcutta ; mais quel Européen s'en est jamais aperçu?
Bendeh, que nous traduisons par esclave, signifie, il est vrai, littéralement *attaché;* mais à quoi ou avec quoi ? Il est attaché à
son maître comme les femmes, les enfants, les vieillards, tous les
membres de sa famille enfin que leur faiblesse fait dépendre de
lui : c'est la servitude des mœurs de la Bible. L'esclavage ne devient vraiment horrible que lorsque les maîtres sont d'une couleur, les esclaves d'une autre : alors il n'y a plus de sympathie
entre eux. Il faut que cet état soit bien doux, puisqu'il reste et
devient même volontairement tous les jours celui de beaucoup de
gens. Dans les années de disette, on vend un enfant pour nourrir
les autres. A côté de la côte de Coromandel, que désole souvent
la famine, des familles entières se vendent pour subsister. Le
père, les enfants, on a tout pour quelques roupies, et ils sont même
onéreux pour celui qui les achète, puisque leur maître ne les fait
pas travailler plus qu'ils ne faisaient étant libres, et qu'alors leur
travail étant insuffisant pour les nourrir, il n'a acquis avec eux
qu'une charge nouvelle. Dans les îles à sucre, il y a une énorme
différence entre le prix de la subsistance journalière d'un esclave
et le produit de son travail ; mais ici rien de pareil. »

En découvrant le comptoir danois de Sérampour, au-dessus de
Chandernagor, Jacquemont trouve l'occasion de parler d'une fête
que les indigènes célèbrent dans les environs ; voici ce qu'il en
dit :

« A un mille au-dessous de Sérampour, il y a une assez grande
pagode, extrêmement vénérée. Le dieu principal qui l'habite en
sort une fois tous les ans, sur un char analogue à celui de Jagre-
nat, pour rendre visite à quelques-uns de ses voisins. Cette fête
rassemble toujours une population immense; et là, comme à Ja-
grenat, des malheureux se jettent sous les roues du char pour
être écrasés par elles et mourir saintement. M. Packnam , le se-

crétaire particulier de lord William, passait l'an dernier, par hasard, en ce lieu, au moment de la cérémonie : il était à cheval. Un Hindou, devant lui, se jeta par terre sur la route du dieu ; les roues allaient l'atteindre, quand M. Packnam, lançant son cheval au galop, tomba sur le martyr à coups de cravache. Le malheureux se leva et s'enfuit à toutes jambes dans les jungles, en criant au meurtre!... Il était parfaitement préparé à une mort affreuse, il avait du courage pour se faire écraser ; mais un coup de fouet !... il n'y avait pas pensé, et il s'enfuit à toutes jambes ! Bizarre faculté que le courage! Il y a des formes sous lesquelles la mort paraît tout à fait indifférente à ces gens-ci, qui sont si lâches et si timides. »

Notre voyageur parle ainsi de la vie intérieure qu'il menait dans la capitale de l'Inde britannique et de quelques-unes des habitudes des indigènes :

« Le froid me réveilla plusieurs fois pendant la nuit, quoique je fusse couché près d'un grand feu, et le sommeil de mes gens me parut aussi interrompu que le mien. Ils sommeillent la nuit plutôt qu'ils ne dorment; il semble que ce soit assez pour eux. Les nègres non plus ne *dorment* pas. Le plaisir des hommes du Midi est de sommeiller la nuit et le jour. Le simple sentiment passif de l'existence, voilà pour eux le bonheur dans ce monde-ci, et ils n'ont pas inventé d'autres joies pour les bienheureux dans le paradis. Quoique endurcis bien plus que nous au froid comme au chaud par l'habitude d'aller presque nus, les Hindous se refroidissent comme nous, quand ils sont pareillement exposés au froid ; ils grelottent en hiver, le matin, sous la mousseline grossière qui leur sert de vêtement et de couverture, et n'ont pas moins de peine à se lever sur leurs pieds, de dessus la terre froide et dure où ils couchent, que nous à sortir d'un lit mou et chaud. Le matin, sur la route, vers le lever du soleil, je les entends souvent se plaindre du froid ; cependant ils préfèrent en souffrir et marcher lentement que doubler le pas un quart d'heure pour se réchauffer. Le plaisir et la douleur physiques ne sont pas plus susceptibles d'une mesure exacte et comparative que le bonheur et le malheur. Il y a lieu de croire cependant que leur principe, la sensibilité physique, est très-inégalement développé, non-seulement parmi les individus, mais peut-être parmi les divers peuples. Je la crois très-obtuse chez les Hindous. Les enfants pleurent aussi rarement qu'ils rient. Rarement je les ai vu frapper par leurs parents; il faut une correction très-sévère pour leur arracher des cris. Pour montrer moins de signes de la douleur, en éprouvent-ils moins? Je le crois.

« En quel pays d'Europe trouverait-on des malheureux qui, pour une récompense médiocre, se fissent tournoyer en l'air avec vitesse, suspendus à une corde par deux crochets aigus de fer passés comme des hameçons dans les chairs du dos? Chaque année, à une des fêtes religieuses du printemps, des gens de bonne volonté se soumettent à ce supplice, payés par des hommes riches et hypocrites qui prétendent faire leur salut par des mortifications de la chair d'autrui; et ils le subissent sans proférer une plainte, quelques-uns en chantant. Guéris de leurs blessures, on les voit s'y soumettre de nouveau l'année suivante. Cependant ce ne sont pas des martyrs; ils ne jouissent pas dans leur supplice de la perspective des béatitudes célestes; ils savent très-bien que leur récompense se bornera à une centaine de roupies (250 fr.).

« Les Chinois vont bien plus loin; ils se font, non torturer quelques minutes, mais décapiter par procuration. Un homme riche, condamné à mort, est admis quelquefois à se faire représenter par un remplaçant.... et il en trouve! Cependant il ne s'agit pas seulement d'avoir la tête tranchée; des supplices atroces précèdent ordinairement la mort du condamné. Un homme se vend en Chine pour le bourreau afin de donner du pain à sa famille, comme en Europe il se dévoue aux chances de la guerre dans un motif également intéressé. Quel doit être l'amour de cet homme pour sa famille ou l'obtusité de sa sensibilité physique! L'un et l'autre nous sont également incompréhensibles. »

De Calcutta, Victor Jacquemont se rendit à Bénarès, où il arriva le 31 décembre 1829. Cette ville est la cité sainte des Hindous. Elle est entièrement bâtie sur la rive gauche du Gange.

L'approche de Bénarès est annoncée aux voyageurs par les minarets élancés de la grande mosquée, dominant les constructions disposées dans un ordre pittoresque, sur une longueur de près de trois lieues. En place de quais, la ville a ce qu'on nomme des ghâts, sorte de lieux d'abordage ; ce sont de vastes escaliers se détachant à l'extrémité des maisons ou des jardins de la ville et descendant au fleuve ; ils ont souvent une élévation de plus de trente pieds au-dessus des eaux.

Sur ces ghâts, chaque matin, mais plus spécialement cependant à certaines fêtes, sont réunis des centaines et quelquefois des milliers d'Hindous venus de toutes les parties de l'Inde pour se plonger dans les eaux sacrées, pour dire quelques prières à leurs dieux favoris, et pour s'en retourner avec cette conviction qu'ils sont débarrassés par ce lavage de toutes les souillures morales et physiques. Il y a là des Mahrattes du sud, des Pendjabes du nord-ouest, des filles de Kachemyr à la belle chevelure, au teint clair ; d'autres, noirs comme du jais, appartiennent aux tribus de l'Inde centrale ; des vagabonds à demi morts de faim, couverts de haillons aussi noirs, aussi sales que leur peau ; de riches rajahs avec leurs serviteurs, tous vêtus de couleurs éclatantes ; des vieillards et des infirmes qui ont parcouru bien des lieues, en chancelant de fatigue, pour atteindre la rive sacrée avant de mourir ; des garçons et des filles trop jeunes pour avoir conscience de la solennité des ablutions qu'ils font ; des fakirs à l'air étrange, avec leur kyrielle de chapelets pendus autour du cou, marmottant leurs prières ou enflammés d'une fanatique colère à la vue du bateau qui porte au-dessus d'eux l'infidèle Feringhea ; des jeunes gens et des jeunes filles qui paraissent joyeux de se baigner et semblent retenir difficilement un sourire à la vue des curieux Européens. Vieux et jeunes, riches et pauvres, noirs et blancs, laids et beaux, tous accomplissent avec ardeur les mêmes rites superstitieux, tous avec une même foi générale, mais qui diffère entièrement pour chacun. Çà et là, mêlé à ce tableau varié de la vie, est cet étrange contraste d'un ghât brûlant sur lequel un ou plusieurs corps sont réduits en cendres avant d'être enfin jetés dans les eaux sacrées.

Bénarès est certainement, des cités de l'Hindoustan, celle qui a le caractère le plus oriental. Les rues sont tortueuses, étroites,

Vue de Bénarès.

pavées de dalles éparses. Les maisons, en général, sont hautes;
il n'y en a pas qui aient moins de deux étages, la plupart en ont
trois, et plusieurs en ont cinq ou six. Elles ont presque toutes le

rez-de-chaussée décoré d'arcades sous lesquelles ouvrent les boutiques. Au-dessus de ces arcades, elles sont richement ornées de balcons et de galeries qu'ombragent des tentures, de larges fenêtres à vitraux et de grandes gouttières soutenues par des tasseaux sculptés.

Le nombre des temples est très-grand ; mais ils sont, pour la plupart, de petites dimensions, et situés aux angles des rues ou le long des plus hautes maisons. Leurs formes sont cependant loin d'être disgracieuses ; il y en a qui sont entièrement couverts de charmantes sculptures d'un fini extrême, représentant des fleurs, des animaux, des branches de palmier, et pouvant rivaliser d'élégance et de richesse avec les meilleurs morceaux de l'architecture grecque ou gothique.

Les saints taureaux de Siva, les uns tout jeunes, les autres décrépits de vieillesse, mais tous aussi doux et aussi familiers que des chiens, se promènent paresseusement, du matin au soir, dans les rues étroites de la ville ; ils s'y couchent quelquefois au travers, et c'est à peine s'il est permis de les déranger pour passer outre. Lorsqu'on les frappe en pareille occasion, il faut que ce soit de la manière la plus douce, et malheur à l'étranger profane qui braverait les préjugés des fanatiques habitants ! Les singes consacrés à la divinité n'abondent pas moins dans certains quartiers de la ville, grimpant sur tous les toits et sur les moindres saillies des temples, entrant insolemment dans les boutiques, surtout dévorant la pitance des enfants lorsqu'ils prennent leur repas.

A chaque coin, on rencontre des maisons de fakirs, tout incrustées d'idoles, et d'où s'échappe sans cesse un bruit confus d'instruments de musique, tandis que des mendiants, religieux de toutes les sectes, exposant aux regards des passants toutes les difformités imaginables, forment une haie véritable de chaque côté des principales rues. Le nombre des aveugles est immense, celui des lépreux aussi, et continuellement on voit les hideux résultats de ces sévères pénitences dont parlent tous les voyageurs : des gens qui ont perdu l'usage soit d'un bras, soit d'une jambe, pour les avoir tenus des années dans une certaine position ;

d'autres qui ont fermé si longtemps la main, que leurs ongles en ont traversé la paume.

Bénarès est une cité très-industrieuse et très-riche, aussi bien que très-sainte. On y voit des bazars où sont amoncelées des marchandises de toute sorte. C'est le principal entrepôt des châles du nord et des mousselines fabriquées dans le pays ; elle-même possède des manufactures importantes de soie, de coton, de laine fine, de tapis de velours brodés d'or. Il s'y tient annuellement une grande foire très-fréquentée.

Le 6 janvier 1830, Jacquemont quitta Bénarès et se rendit à Mirzapour, ville riche et bien peuplée, située sur le Gange. Il en repartit quelques jours après et se trouva le 20 février à Agrah, sur la Djemma, affluent du Gange.

Agrah est une des plus anciennes cités de l'Hindoustan. Elle s'étend en croissant sur la rive droite de la Djemma, dans une vaste plaine. Aujourd'hui, comme toutes les vieilles capitales du pays, cette cité, si fière au xvie siècle de la faveur du souverain Akhbar, est déchue de sa splendeur. Des ruines, des faubourgs en briques et en boue, de vastes espaces vagues, arides ou cultivés, au milieu d'une ville deux fois trop vaste pour les quatre-vingt mille habitants qu'elle conserve : voilà l'aspect d'Agrah. Cependant plusieurs monuments en marbre ont été assez bien entretenus et se distinguent par leurs grandes dimensions et leurs richesses. Les plus remarquables sont la mosquée des Perles et le mausolée appelé Tay-Méhal, élevé à la mémoire d'une sultane favorite morte au xviie siècle.

D'Agrah, Victor Jacquemont gagna Delhi, l'ancienne capitale des grands Mogols. C'est encore une ville du passé, qui doit à ses monuments en ruines, à ses quartiers déserts, l'aspect à la fois triste et majestueux d'une souveraine déchue.

La ville nouvelle est entourée d'une haute et forte muraille crénelée, flanquée de tours de distance en distance et défendue par un fossé ; elle est percée de plusieurs rues droites et larges. On y remarque le palais impérial, grande forteresse bâtie en grès rouge, dont l'intérieur brille d'or, d'azur et de toutes sortes d'ornements ; la grande mosquée, surmontée de trois dômes et

flanquée de deux minarets de 65 mètres de hauteur, que les
voyageurs modernes regardent comme le plus beau temple maho-
métan qui existe dans l'Hindoustan.

Les environs de Delhi sont couverts de ruines d'une grandeur
inaccoutumée, qui montrent combien était grande la splendeur
de l'ancienne résidence du grand Mogol. Ici, ce sont des tours
massives; là, c'est une voûte élevée, percée dans l'épaisseur d'un
antique portail dont le sommet est encore garni de créneaux ;
quelques pans de muraille se tiennent debout alentour : ce sont
les restes d'un palais, alors qu'il n'y avait de sécurité pour la
richesse et le pouvoir que derrière des remparts. Des obélisques
informes, mutilés par le temps, s'élèvent de toutes parts dans la
campagne, restes de la lourde architecture des édifices du temps.
Leur base est enterrée dans des monceaux de débris où fleurissent
tristement quelques arbustes épineux. Parmi les ruines d'un âge
plus ancien, on voit dispersés çà et là des monuments d'une
forme élégante et légère, peints de couleurs éclatantes. Ce sont
des tombes mongoles, avec les dômes dorés de leurs mosquées et
leurs minarets recouverts d'émaux.

Après avoir fait de nombreuses excursions dans les environs de
Delhi, Victor Jacquemont quitta la plaine, et, se dirigeant vers
le nord, gagna Simla, village moderne, ou plutôt vaste bazar,
situé dans les monts Himalaya.

Les monts Himalaya forment la séparation entre l'Hindoustan
et le Thibet. Leur nom veut dire séjour des neiges. Ils s'étendent
dans la direction générale de l'est à l'ouest. Les sommets de cette
chaîne sont les plus élevés de notre globe; dans la région des
neiges, elle se compose d'arêtes presque parallèles, que divisent
des vallées profondes ou des gorges ; au milieu de ces dernières
s'entre-croisent de moindres arêtes, qui forment des vallons accessoires. L'Himalaya ne renferme peut-être pas un seul plateau, hors celui du Népaul. Les vallées sont d'immenses crevasses, taillées à angle aigu, dont le fond se termine par un lit de
torrent.

Sous le rapport de la végétation, ces hautes montagnes
semblent divisées en trois zones. La première s'étend depuis la

base jusqu'à la hauteur de 5,000 pieds. La température y est moins chaude que dans les plaines, mais on y voit rarement de la neige; les plantes des tropiques y cèdent par degrés le terrain à

Habitations européennes à Simla.

des espèces plus rudes. La seconde zone atteint l'élévation de 9,000 pieds; la neige y tombe constamment durant l'hiver et forme souvent des couches très-épaisses, mais elle disparaît quand vient la belle saison. Les plantes herbacées de l'Asie se montrent encore et sont même assez vigoureuses ; celles de l'Europe poussent néanmoins en plus grand nombre. Les arbres européens dominent et excluent peu à peu les autres. La troisième zone règne jusqu'au sommet des montagnes, et sa partie supérieure est couverte de neiges éternelles, qui commencent à la hauteur de 11 ou 12,000 pieds au-dessus du niveau de la mer.

Dans la partie basse, une chaleur intense pénètre le sol sans que l'air en paraisse affecté. La végétation y déploie un luxe inouï ; les herbages sont d'une richesse pour ainsi dire incomparable ; le blé, le sarrasin, l'orge poussent en abondance ; d'épaisses forêts de chênes, de pins et de sapins, entrelacent leurs rameaux ; des cèdres s'y trouvent mêlés. Ces arbres se pressent tellement l'un contre l'autre, que, quand arrive l'époque naturelle de leur chute ou que la foudre les frappe, ils ne peuvent tomber et sont soutenus par leurs voisins. L'accumulation des feuilles, durant un grand nombre de siècles, a formé une couche d'humus très-profonde. Les pins, dans cette région, deviennent plus hauts et croissent plus symétriquement que partout ailleurs ; il existe des forêts entières où chaque arbre mesure 24 à 26 pieds de tour ; on en rencontre même de 30 pieds. Le rhododendron embellit ces ombrages de ses magnifiques corolles. Le cyprès, le genévrier, le bouleau varient l'aspect des bois. La pomme, la poire, l'abricot, la framboise, la groseille, la fraise, tentent l'appétit du voyageur ; la rose sauvage, le lis des vallées, la primevère, la dent-de-lion et autres fleurs charment ses yeux.

Chose étrange ! sur les versants du nord, la végétation parvient à une hauteur beaucoup plus grande que sur les versants méridionaux ; elle ne dépasse point le niveau de 10,000 pieds au sud, elle atteint celui de 15,000 pieds au nord. « Dans l'Asie centrale, dit de Humboldt, la terre, par suite d'une configuration exceptionnelle, produit tout ce qui est nécessaire à l'existence de l'homme, depuis les aliments jusqu'au combustible, bien au delà des limites où commencent ailleurs les neiges éternelles. »

Quel spectacle que celui de ces immenses régions ! Crêtes inaccessibles couvertes de perpétuels frimas, sources chaudes, cas-

cades brillantes et rapides, tranquilles ruisseaux, lacs solitaires ;
torrents qui serpentent dans des gorges étroites, embrassent des
îles, roulent, écument et se précipitent avec le bruit du tonnerre ;
hauteurs abruptes et dépouillées, sombres ravins ; pentes couvertes de forêts énormes et parsemées de fleurs ; plantes innombrables, variées de formes et d'espèces ; feuilles mortes que le
vent chasse par milliards ou accumule en monceaux prodigieux ;
vignes et bosquets ; immenses masses d'ardoises, de quartz et de
granit, mêlées dans une sauvage confusion ; crevasses impénétrables, rocs brisés, montagnes entassées sur des montagnes,
horribles gouffres, pyramides de pierre noire, sinistres cavernes,
hameaux suspendus dans les airs, troncs déracinés, amoncelés
au fond des abîmes, solitudes lointaines et inabordables, chaos
sans limites, voilà quelles images présente la chaîne de l'Himalaya. Il y règne en même temps un froid glacial et une chaleur
dévorante ; le ciel y est tantôt sinistre et chargé de pluie, tantôt
brillant comme un dôme de saphir ; les vents luttent avec les
nuages dans les vallées, tandis que, sur les hauteurs, des rocs
détachés de leur base, d'effroyables avalanches roulent en écra-
sant les forêts, et mêlent leur fracas aux détonations des volcans,
au murmure caverneux des tremblements de terre. Ces tableaux
excitent de continuelles émotions ; ils reculent pour l'homme les
limites de ce qu'il croyait possible, et paraissent l'environner d'un
monde à la fois sublime et chimérique.

Durant son séjour à Simla, où il reçut une hospitalité vraiment
cordiale du capitaine gouverneur Kennedy, Victor Jacquemont
eut occasion de juger de l'étrange superstition religieuse des
Hindous à l'égard de la vache.

« On vint rapporter un jour au capitaine Kennedy que la tombe
d'un enfant en bas âge, enterré l'an passé dans le cimetière nais-
sant de la station de Simla, avait été renversée, et que le cadavre
en avait été exhumé. Les Anglais ne plaisantent pas avec les
morts. Cette nouvelle répandit la consternation dans la petite
société de Simla. Les femmes demandaient au capitaine Kennedy
la mort de l'impie qui avait osé...., et il dut tonner de tout son
pouvoir pour connaître le coupable et ravoir le corps enlevé. La

police n'en dormit pas pendant plusieurs jours ; mais on ne faisait aucune découverte. Il imagina, pour en finir, un expédient plein de couleur locale. Il signifia que si l'enfant n'était pas retrouvé dans les vingt-quatre heures, il ferait pendre une vache dans le bazar. La menace eut l'effet désiré, et le soir même on vint lui dire que l'enfant était retrouvé....

« Les habitants des montagnes sont tous Hindous assez peu pointilleux sur la distinction des castes, et fort indifférents à maintes pratiques dévotes des Hindous des plaines ; mais sur le culte du bœuf, ils sont des plus exigeants. A Soubhatou même, le capitaine Kennedy défend de tuer publiquement ces animaux. Il a établi la même prohibition à Simla, et elle lui concilie puissamment l'esprit des montagnards. L'eau du Gange, sur laquelle on a coutume de faire jurer les témoins hindous dans les cours de justice, ne les effraie aucunement d'un parjure ; le capitaine Kennedy fait prendre à ces témoins une vache par la queue, et sur cette vache il les fait jurer.... Alors ils confessent tout.

« Un soubadar du corps de Kennedy découvrit, il y a peu de temps, qu'une femme qu'il avait épousée l'avait abusé sur sa caste, et qu'elle était de la plus basse. Souillure épouvantable ! Pour se relever de cette infamie, ce pauvre diable se soumit à toutes sortes de pénitences. On le rasa de la tête aux pieds ; on l'oignit de ghin ; on l'enterra, presque à le faire mourir, dans de la bouse de vache, on lui fit boire de l'urine de vache ; on l'envoya en pèlerinage à Jamnoutri et à Gangoutri. Il croyait son péché effacé, ses camarades allaient le réhabiliter, quand un brahmane mendiant arrive à Soubhatou, amuse par ses contes la foule du bazar, acquiert bientôt la réputation d'un docteur infaillible en théologie, et déclare que, malgré ses purifications, le soubadar n'a pas reconquis sa caste.... M. Fraser, consulté par M. Kennedy, affirme que, dans le livre des pénitences hindoues, il y a remède à tous les péchés, un seul excepté : manger la chair de bœuf.

« L'impression des Hindous, quand ils nous voient manger de la chair de bœuf, est exactement celle que nous ferait éprouver la vue d'un repas de cannibales ; c'est du dégoût et de l'horreur.

Quand nous mangeons devant eux du porc, nous ne leur inspirons que du dégoût sans horreur, mais le dégoût le plus excessif ; ils pensent de nous ce que nous penserions des gens qui mangeraient des matières fécales. Le gouvernement anglais emploie depuis vingt-cinq ans son influence près des princes rajepoutes, ses tributaires ou ses protégés, pour abolir dans leurs Etats la coutume de tuer la plupart des filles au berceau dans toutes les familles d'un sang illustre ; il professe de la sympathie pour ces victimes et de l'horreur pour les sacrifices humains. Eh bien ! toutes les castes d'Hindous ont infiniment plus d'horreur pour les sacrifices de bœufs, que l'on permet dans toutes les provinces de l'Inde soumises à l'autorité britannique, que n'en inspirent aux Anglais les infanticides et les suttis qu'ils cherchent à leur faire abolir.

« Plusieurs officiers politiques, qui diffèrent d'ailleurs extrêmement dans leurs vues et leurs principes de gouvernement, s'accordent à proscrire le porc de leur table. Fraser en exclut également le bœuf ; mais il est le seul, à ma connaissance, assez peu Anglais pour cela. Il n'y a qu'un petit nombre d'Anglais qui aient cherché à comprendre le sentiment des Hindous sur ces choses, et presque tous sont portés à mépriser ces ménagements. Lord William Bentinck, dans son camp de Rampour, sur le territoire d'un seigneur sike, en face de l'armée sike de Bendjit-Sing, laissa tuer des bœufs, malgré les représentations de Clark, l'agent politique qui contrôle toutes ces principautés sikes de la rive gauche du Setludje. Le chef sur le territoire duquel les bœufs ont été abattus n'est plus regardé qu'avec mépris par ses voisins. »

Le 28 juin 1830, Jacquemont partit de Simla pour le Kanawer ; le 4 juillet suivant, il était au village de Kotgurh, d'où il apercevait pour la première fois le Setludje, descendant de l'est à l'ouest ; le 5, il atteignait Rampour, capitale du rajah Bissahir, assise au bord du Setludje, et formée d'à peine 90 maisons. Rampour est le marché où les Kanaweris et les Tartares de Ladack viennent s'approvisionner des denrées de l'Inde, de grains, de sucre, de fer ; ils y apportent en échange des amandes, des raisins secs, des couvertures, des châles grossiers, et surtout de la laine de Kachemyr. Le Setludje, à Rampour, a environ 80 mètres de largeur ; on le traverse à l'aide d'un câble unique tendu d'un bord à l'autre ; une pièce de bois formée en anneau est passée autour de ce câble ; les voyageurs y suspendent leur bagage et s'y attachent eux-mêmes ; on les tire du bord opposé pour les y amener. Si le câble se rompt, ils sont perdus sans ressource. Voilà les seuls moyens pour traverser cette rivière dans toute la partie inférieure de son cours au sein des montagnes, et encore sont-ils fort rares.

Le 11 juillet, Jacquemont passa sur la rive droite du Setludje au sanga Wongtou, et il aperçut pour la première fois en pratique la *polyandrie,* où l'union d'une femme avec plusieurs hommes, surtout avec plusieurs frères. Le 23, il était à Pangui, village avec un temple et une idole ; puis il gagnait Trandah, le premier village du Kanawer. Le 1ᵉʳ août, il passait le Rounang, un des cols de l'Himalaya, à plus de 4,000 mètres au-dessus du niveau de la mer, col fermé par les neiges pendant quatre ou cinq mois de l'année. Le 14, il traversait le col de Békœur et parvenait sur le territoire chinois. Le 18, il visitait les glaciers d'Yurpo, où il aperçut une troupe nombreuse d'antilopes. Enfin, averti des dispositions hostiles des Chinois, il rebroussa chemin, et il arriva le 1ᵉʳ septembre à Lari, en Ladack. Il gagna ensuite Kanum, qui est le Bénarès du Kanawer, et qui a des lamas dont le chef est le supérieur de tous les lamas des autres villages de la contrée. Ici encore existe la polyandrie ; les Kanaïtes ou Kanaoris la pratiquent, de même que les Dzads, leurs voisins. Le Kanawer compte environ 10,000 habitants, tous trafiquants, tous voyageurs et parfaitement unis.

Dans le Kanawer, malgré la bizarre institution de la polyandrie, Jacquemont assure qu'il n'y a jamais de querelles au sujet des héritages. « J'ai demandé souvent, dit-il, comment il était possible de connaître le père de chaque enfant, alors que plusieurs hommes (plusieurs frères) vivent en même temps avec la même femme. Les femmes ne se trompent jamais là-dessus, m'a-t-on répondu constamment. En général, chacun est fier de sa part aux accroissements de la famille commune, et revendique plutôt qu'il ne décline une paternité douteuse. J'ai renouvelé plusieurs fois la question : si la préférence de la femme pour un de ses époux n'excitait pas entre eux des scènes de jalousie, suivies de violences. On m'a toujours dit non. »

Rentré à Delhi, et après un assez long séjour, Victor Jacquemont reprit sa vie pérégrinante. Le 14 février 1831, il arriva à Loudhiana, ancienne ville musulmane, ouverte et mal bâtie, sans aucune mosquée remarquable, résidence d'un agent politique du gouvernement des Indes, lieu de passage le plus fréquenté entre le Pendjab et les pays au nord de l'Attock et de l'Inde. La population est de 20,000 habitants environ, parmi lesquels sont un grand nombre de tisserands, qui fabriquent des toiles communes à très-bas prix. Il y a aussi à Loudhiana une manufacture de châles de Kachemyr.

Le 8 mars 1831, Victor Jacquemont entra à Amritsir, la plus grande ville du Pendjab, ayant six cosses ou trois lieues et demie de tour, et peuplée de 100 à 200,000 âmes. Elle est entourée d'un rempart de terre ou plutôt de sable; douze portes sont percées dans cette muraille, et plusieurs d'entre elles sont entourées de quelques ouvrages de défense.

Il y a, dit Jacquemont, plus de vie, plus de mouvement dans Amritsir que dans aucune ville de l'Inde anglaise, bien que la moitié des maisons soient des huttes de boue; elles se composent d'une ou deux salles au rez-de-chaussée et d'une petite chambre au-dessus. Les bazars sont très-nombreux; en général, les maisons des marchands sont bâties en briques cimentées avec de la terre. La mauvaise qualité des matériaux employés aux bâtisses et le peu de solidité des maisons font qu'un éléphant jetterait aisément par terre la plupart de ces constructions. Beaucoup de seigneurs sikes, appelés sirdars, ont une habitation à Amritsir, à peu près comme les riches Bengalis en ont une à Bénarès : ils n'y demeurent que lorsqu'ils viennent faire leurs dévotions et leurs ablutions. Ce qui est commun à toutes les maisons d'Amritsir, c'est une varangue au balcon sur leur façade, et à tous les étages, s'il y en a plusieurs : cette varangue est un appentis de paille supporté par quelques bambous, sauf les demeures des riches, où les varangues sont en boiseries découpées à jour. Les fenêtres sont partout très-petites et ne ferment que par des treillages. De distance en distance, il y a dans les rues des portes que l'on ferme le soir, et qui suppriment toute communication pendant la nuit entre les divers quartiers de la ville. Il y a d'ailleurs des quartiers affectés à telles ou telles classes d'artisans.

La population d'Amritsir est mélangée de *religions* et de peuples divers; les musulmans et les Hindous y sont aussi communs que les Sikes. Il y a un grand nombre de Kachemyriens et d'Afghans, mais il n'y a pas une seule mosquée. L'exercice extérieur de l'islamisme est interdit; les pagodes hindoues sont très-rares et très-petites; la religion de Naneck n'admet point de rivales à Amritsir. Cette Rome du Pendjab n'a point de pape; les descendants de Naneck vivent tous sur la rive gauche du Setludje. Un sirdar opulent garde l'*étang sacré*, bassin célèbre pour la possession duquel on s'est battu dans le Pendjab pendant des siècles. Les *Akhalis* ou immortels sont proprement les fakirs sikes; leur discipline est d'être vêtus de bleu et toujours armés. Le bassin sacré est leur quartier général, mais ils se répandent dans le Pendjab en bandes nombreuses et formidables. Amritsir a un hôtel des monnaies où l'on frappe des roupies.

Le 11 mars 1831, Jacquemont entrait à Lahore, pour y séjourner jusqu'au 25. Lahore, capitale du Pendjab, a, comme les autres villes de l'Inde, des rues très-étroites et tortueuses, où la boue séjourne souvent jusque dans les saisons les plus sèches; quelques-unes sont garnies de boutiques dont l'étalage, protégé par un auvent, les rend plus étroites encore. On voit des bœufs, des vaches, des chèvres, des ânes errer en liberté dans ces rues, ainsi que des chiens d'une maigreur et d'une voracité hideuses; on voit çà et là de petites places avec des monceaux de briques et des tas de fumier, des arbres dépouillés par les chameaux, et des éléphants qui passent près d'eux. L'exercice public du culte musulman est permis à Lahore; les Sikes ont laissé debout plusieurs mosquées avec leurs minarets. Le palais du rajah est compris dans l'enceinte des fortifications; il renferme plusieurs jardins et des cours spacieuses. Le quartier des femmes est gardé par des femmes esclaves ; il n'y a point d'eunuques. La population est moins mêlée que celle d'Amritsir, parce qu'il y a beaucoup moins de commerce ; on rencontre cependant bon nombre de Kachemyriens et d'Afghans, et quelques Persans ; il n'y a pas de Juifs ni de Grecs, mais des Arméniens venus du Caboul, et dont le teint les fait ressembler à des Européens. Lahore compte environ 90,000 âmes. La rivière de Ravi, l'ancienne Hydraotes, touche par le sud à cette capitale, dont les alentours sont des camps où l'on exerce les troupes.

Lahore et tout le Pendjab sont sous l'influence des pluies périodiques des solstices ; mais elles n'y ont pas la même continuité que dans l'Hindoustan. L'hiver y est plus froid ; les chaleurs sont assez fortes ; toute la population sike dort alors en plein air sur les toits des maisons ; les gens riches passent le jour dans des galeries sombres, dont les arcades sont fermées par des tattis ou paillassons mouillés constamment par des Bistis, serviteurs chargés de cette besogne, ou par une multitude de petits jets d'eau dirigés contre eux. Ce qui donne encore un avantage au climat du Pendjab sur celui de l'Hindoustan, c'est qu'il a une sorte de printemps. La dernière moitié de février et le mois de mars tout entier sont délicieux ; les jardins ont alors presque l'éclat et la fraîcheur que chaque printemps nous procure en Europe.

Le 30 mars 1831, Jacquemont partit de Lahore pour aller visiter le Kachemyr. Dans sa route, il rencontra successivement plusieurs forteresses ; il traversa l'Hyphasis des anciens. Il était le 11 avril à Djillalpour, près de l'Hydaspes, fleuve qui baigne ici le pied des montagnes, et qui a un de ses meilleurs ports à Djhelum, petite ville en torchis, avec quelques maisons en briques. C'est là que les caravanes de Peïchawer et de Caboul qui se rendent vers le sud traversent la rivière ; c'est aussi la seule route des armées entre Attock et Lahore.

Le 3 mai, notre voyageur passa l'Himalaya par le col de Pirpenjal, dont la hauteur est d'environ 2,700 mètres. Il gagna ensuite la vallée d'Hyderabad, à l'opposite de celle d'Ilahabad. Ces deux endroits se trouvent près du confluent de deux torrents qui descendent dans deux vallées du même nom. Le 5, on traversa au-dessous d'Ouri le torrent qui descend d'Hyderabad, et le 8 on était à Kachemyr, sur les bords du Djhelum.

Le royaume de Kachemyr comprend l'extrémité occidentale de la région himalayenne; il est formé par une grande vallée principale, traversée du sud-est au nord-ouest par l'Indus et entourée de hauteurs qui présentent des formes admirables de hardiesse. Un grand nombre de passages conduisent dans cette vallée. Le Kachemyr était regardé jadis comme le paradis de l'Hindoustan. Rien n'égale, en effet, la surprise délicieuse que le voyageur éprouve en entrant dans ce pays, surtout lorsqu'il vient de quitter le climat brûlant de la plaine du Gange. L'abondance et la vigueur de la végétation, la variété des sites, l'aspect riant des maisons disséminées dans la campagne, tout y flatte les yeux. Les plaines sont couvertes de rizières, de potagers, de belles prairies, de vergers, de fleurs; sur le penchant des collines, on voit des champs de blé, de plantes aromatiques, de roses, de safran, des forêts de chênes et de hêtres, à travers lesquelles coulent des rivières qui descendent dans la plaine et y forment de nombreux petits lacs.

Les habitants du Kachemyr se distinguent par leur goût pour les plaisirs, la mollesse et le luxe. Suivant plusieurs voyageurs, la dépravation des mœurs est poussée chez eux au plus haut degré. Toutes les petites filles qui promettent de devenir jolies sont vendues dès l'âge de huit ans aux États voisins.

Les Kachemyriens sont très-industrieux, et soutiennent la réputation qu'ils ont acquise dans la fabrication de châles faits avec la laine soyeuse de la chèvre de leur pays. Cette fabrication emploie un grand nombre de bras. Un seul châle peut occuper tout un atelier pendant une année, si le tissu est d'une grande finesse; tandis que dans beaucoup d'autres ateliers on en fabrique six ou huit dans le même espace de temps. Chaque atelier se compose d'une trentaine d'ouvriers; et lorsque le châle est d'une qualité supérieure, on n'en tisse pas plus d'un quart de pouce par jour. Toute la famille est employée à cette fabrication : les femmes et les enfants séparent le duvet par qualité, et en retirent toutes les matières hétérogènes ; les jeunes filles le cardent avec leurs doigts et le remettent au teinturier. Le métier à tisser est horizontal et très-simple ; il porte quelquefois 3,000 fuseaux pour la broderie. Un enfant a les yeux fixés sur les dessins, et avertit le tisserand des couleurs qui manquent et des fuseaux qu'il faut employer. Les châles de valeur se font toujours sur commande expresse. Les plus chers coûtent environ 3,000 fr. dans le pays. Ils s'exportent en Perse et de là en Russie, où ils se vendent.

L'entrée de la ville de Kachemyr, dit Jacquemont, n'a de frappant que l'originalité de ses constructions. Le Djhelum traverse la ville, dont il laisse la plus grande partie sur la rive droite. Il a 5 à 6 mètres de profondeur, une centaine de mètres de largeur moyenne ; il coule lentement entre des quais de pierre où se pressent des maisons bâties en bois, en briques ou en pierres. En général, l'étage inférieur est de briques cuites et de pierres ; l'étage supérieur est en briques séchées, entremêlées de bois : puis un troisième, et quelquefois un quatrième étage en bois. Le toit, médiocrement incliné, est couvert en planches et en écorce de bouleau, et quelquefois chargé de couches de terre battue Les fenêtres sont alignées par étage, comme dans les maisons d'Europe ; mais elles sont très-petites, car les étages sont très-bas. Elles sont souvent munies de cadres de croisées semblables aux nôtres, sur lesquels on colle en hiver du papier huilé en guise de vitres. En été, rien ne les ferme.

Les meilleures maisons à Kachemyr ont toujours une partie de leurs ouvertures garnies de persiennes en bois, derrière lesquelles sont les appartements des femmes, qui peuvent voir au travers sans être vues. Les mosquées sont nombreuses ; ce sont en général de petites maisons carrées dont le toit est surmonté d'un petit clocher en bois ; la flèche de ce clocher est ornée d'une espèce de tambour en cuivre. Les maisons, neuves ou vieilles, sont en mauvais état, et la ville est un ensemble de dégradation, de malpropreté et de misère.

La vallée de Kachemyr, où l'on entre à Baramoula, est d'abord étroite et parfaitement plate ; plus haut, elle s'élargit considérablement et offre des ondulations de terrain. La partie basse, qui est bien de niveau, n'est guère qu'un marais, et le chemin de Baramoula à la ville de Kachemyr l'évite et passe sur les faibles collines qui s'élèvent avec continuité des bords du Djhelum, à une ou deux lieues de distance, vers les hautes montagnes couvertes de neige de la grande chaîne de Pirpenjal. Ces collines sont couvertes d'une grande épaisseur de terre végétale.

Il existe à Kachemyr une fabrique de papier; c'est le plus beau qui se fasse dans l'Inde; il est fait avec de la filasse de chanvre, et on l'emploie surtout pour transcrire le Coran.

Le 23 juin, notre voyageur parcourut les montagnes qui environnent Kachemyr, et il rentra dans cette ville le 26. Le 10 juillet suivant, il la quitta pour se diriger à Kréon, et de Kréon à Medron; puis à Bidjbeara, petite ville de 2,000 maisons, sur la rive gauche du Behatte, au pied du plateau de Sakder. Il était le 14 juillet à Islamabad, petite ville située au pied des montagnes de la vallée du Behatte, près de la rivière d'Arhepotte, qui descend du Pergunnah de Kouthchar. C'est, après Kachemyr, la plus belle ville de ce pays; elle compte environ 8,000 maisons; elle possède une profusion de sources, toutes très-abondantes, et il en est une que les empereurs mogols avaient décorée d'une manière magnifique. On fabrique de beaux châles à Islamabad comme à Kachemyr, et une sorte de tapis faits d'une quantité de petits morceaux de drap du pays de couleurs diverses. On y teint également tout le coton imprimé dont est vêtu le peuple des villes et des campagnes. L'usage du houka est universel dans toutes les castes et classes d'habitants de la contrée.

Revenu à Lahore, Jacquemont se rendit à Amritsir, ville d'où il repartit le 17 octobre 1831 pour aller repasser le Setludje à Ropour, où se trouvait le gouverneur général de l'Inde. Il était le 9 novembre suivant à Belaspour, d'où il se rendit à Simla, puis à Soubhatou, où il demeura jusqu'au 3 décembre. Passant ensuite par Bussi, Ambalah, Kurnal, Paniputt, il était de retour le 16 décembre 1831 à Delhi, qu'il avait quitté une année auparavant pour entreprendre son voyage dans le Pendjab et le Kachemyr.

Le 14 février 1832, Jacquemont quitta Delhi pour se diriger vers Bombay. Le 1er mars 1832, il arriva à Jeipour ou Jaipour,

ville toute moderne, dont le plus grand diamètre est d'environ
2 milles; elle est percée régulièrement de rues qui se coupent à
angle droit, et qui sont orientées exactement sur les quatre points
cardinaux. La plupart de ces rues ont de 30 à 40 mètres de large ;
presque toutes sont bordées d'édifices réguliers, de palais et surtout de temples ; quelques-unes ont de fort belles maisons, qui
sont la demeure des plus riches habitants. Ces rues offrent de
chaque côté de superbes boutiques, ainsi que les ateliers ou magasins des tailleurs, des artisans, des orfévres, pâtissiers, etc. Les
marchands de grains occupent des huttes de paille construites
d'une sorte de treillage grossier, et qui forment une autre rue au
milieu des rues principales. Les toits sont de chaume ou bien des
terrasses de maçonnerie; mais toujours les murailles sont en pierre,
et c'est là surtout, dit Jacquemont, ce qui donne à Jeipour un air
de propreté que n'a aucune ville de l'Inde et peut-être de toute
l'Asie. En général, l'architecture de Jeipour est d'un style fort
élégant ; la haute muraille qui entoure la ville est flanquée de petites tours comme les remparts de Delhi, et elle est percée de
sept portes qui se ressemblent toutes. Les environs offrent des
villas, et le palais du rajah est très-orné de petits jardins, ayant
au milieu une pièce d'eau où l'on nourrit des crocodiles et des
gavials.

Jeipour est l'entrepôt d'un commerce considérable entre le nord
et le sud-ouest de l'Inde; les produits de Kachemyr le traversent
dans leur route vers Bombay; les Afghans y passent également
avec les fruits de leur pays et quelques chevaux. Jeipour a des
marchands très-riches et quelques musulmans. La monnaie est
frappée en caractères persans. Le nom de Rajepoute, mot qui signifie issu de roi, est encore ici assez en crédit.

Jacquemont quitta Jeipour le 5 mars, et il était le 10 à Adjmir,
ville très-ancienne, devenue fameuse par le tombeau d'un saint
prophète, et qui est administrée par un subordonné du résident
de Delhi. En quittant Adjmir, Jacquemont traversa bientôt le
Malwa, pays partagé entre une foule de princes, dont les plus
puissants sont ceux de Scindiah et Holkar. De ce pays très-fertile
en céréales et en graines légumineuses, Jacquemont se rendit à

Indour, ville sur le bord d'une petite rivière et qui a des rues tortueuses avec des maisons bâties en briques ; cette ville est la capitale d'Holkar. Le 1er mai, notre voyageur atteignait les bords de la Nerbuddah, dont les eaux sont boueuses et dont le cours est assez rapide ; cette rivière n'est navigable que tout près de son embouchure dans la mer ; à quelques milles au-dessous de Surate, son lit est encombré de roches, et son cours est interrompu par des rapides.

Le 17 mai, Jacquemont arriva à Aurengabad, ville fondée par Aureng-Zeyb, et dont la population est d'environ 30,000 âmes, y compris les Bhoras, marchands très-industrieux et très-intelligents, qui ont une grande partie du commerce dans leurs mains et qui fabriquent diverses étoffes. Le 22 mai, notre voyageur était à Ellora, petite ville dans une plaine, et dont les habitants sont des cultivateurs hindous de castes diverses, non compris des brahmanes oisifs en grand nombre. Cette ville a des monuments souterrains dans un assez bon état de conservation.

Le 6 juin 1832, Jacquemont se trouvait à Pounah, ville où il demeura jusqu'au 16 septembre. Cette grande cité est, selon lui, très-sale et mal bâtie ; elle réunit encore environ 50,000 habitants, y compris quelques musulmans. Les brahmanes y sont très-nombreux et y exercent les fonctions de scribes ; très-peu servent dans l'armée. En général, les habitants sont petits et grêles, très-noirs, avec une physionomie pénétrante, mais dure sans être repoussante. Les femmes portent presque toutes des anneaux d'argent aux doigts des pieds et ont les bras couverts de bracelets. Les rues de Pounah sont traversées en tous sens par des taureaux sacrés d'une grande douceur, très-gras et très-paresseux. Les rues, le matin, sont bordées d'hommes et de femmes qui y font leurs besoins, et les taureaux ainsi que les chiens vont à la curée. La population se nourrit de riz et de blé ; le bois y est très-rare.

Dans cette partie de l'Inde a été introduit le code Elphinstone, œuvre d'un gouverneur du même nom à Bombay en 1817 et 1818. Ce code, en général si équitable, si doux, si libéral, satisfait médiocrement les Hindous, surtout ceux des provinces les plus récemment acquises au gouvernement de Bombay. On peut , dit notre voyageur, reprocher à ce code d'être rétroactif dans plusieurs de ses clauses ; mais, tel qu'il est, il a ses avantages. Laissons à cet égard parler Jacquemont lui-même :

« Dans cet Eldorado de notre imagination européenne, dans l'Inde, la très-grande majorité de la population, au lieu d'*avoir*, *doit*. Le cultivateur (et l'Inde n'est guère peuplée que de cultivateurs) emprunte presque toujours au banquier de son village la petite somme nécessaire à l'achat des semences, quand vient le temps des semailles ; dans les provinces les plus pauvres, il est même obligé d'emprunter une paire de bœufs, quand vient la saison des labours. En tous cas, s'il est assez heureux pour se suffire à lui-même pour ces modiques dépenses, ses propres ressources sont toujours insuffisantes à l'entreprise d'une culture plus dispendieuse par la main-d'œuvre qu'elle exige, celle du pavot, par exemple. Il n'y a pas un paysan dans les provinces de la Compagnie, à Patna, à Bénarès, qui produise pour son propre compte l'opium qu'il recueille sur son champ. L'agent du gouvernement lui avance les sommes nécessaires à la culture du pavot et prend son opium au prix qu'il fixe lui-même. Ce prix est suffisant pour rendre cette culture aussi avantageuse au cultivateur que celle de toute autre plante qu'il pourrait semer à sa place : il faut même que cette culture soit meilleure, car elle n'est pas forcée. Mais si elle permet au paysan qui s'y livre de subsister un peu moins misérablement, elle ne le met pas en état de faire des économies suffisantes pour n'avoir pas besoin, l'année suivante, des avances du gouvernement. Dans le Malwa, ce sont les banquiers et les usuriers de chaque petite ville et de chaque village qui font au paysan ces avances, se réservant, par contrat, la propriété du produit, supportant les pertes de la culture si la saison est défavorable, réalisant tous les bénéfices si l'année, au contraire, est productive ; enfin, ce sont les usuriers qui sont de fait les entrepreneurs de la culture, et les cultivateurs ou propriétaires du sol, incapables, faute de moyens, de le cultiver à leur propre compte, en louent l'usage et leurs propres services à ces gens-là. Or, depuis le cap Comorin jusqu'à l'Himalaya, le même système prévaut. Il y a une classe beaucoup plus nombreuse qu'en Europe de capitalistes, prêteurs d'argent en détail ; et le reste de la population naît, vit et meurt en état de dettes vis-à-vis d'elle. Chaque paysan a son compte ouvert avec le *saokar*, auquel il paie toute sa vie l'intérêt du capital de sa dette, laquelle grossit dans les saisons fâcheuses et dans les événements de famille ; les mariages surtout, et diminue lorsqu'une suite de saisons favorables se succèdent.

Au commencement d'octobre 1832, Victor Jacquemont arriva à Bombay, grande ville de plus de 800,000 habitants, située dans une petite île voisine de la côte occidentale de l'Hindoustan. Vue du large, Bombay donne l'idée d'une grande métropole. Les navires se croisent dans tous les sens, les uns entrant, les autres sortant. Les vapeurs sillonnent de tous côtés la mer ; leur noir panache flotte et se penche à tous les points de l'horizon. Les hauts sommets des Ghats s'abaissent avant d'arriver près de la ville et quelques îles basses bordent seules la côte.

Bombay se compose de deux parties : le fort ou ville murée, et la ville proprement dite ou ville noire. La ville murée ne contient que les bureaux des négociants et le port de guerre : des artisans de toute espèce et des magasins de tout genre occupent le rez-de-chaussée des maisons, qui sont en général assez petites. Une vaste plaine, qui forme les glacis de la place, sépare la ville fortifiée de la ville noire. Cette ville noire est habitée par six à sept cent mille individus. Les fabricants y ont leurs ateliers, et d'immenses piles de matières emplissent les magasins qui s'ouvrent sur les rues. L'imagination hindoue s'est donné un peu plus de carrière dans la construction des maisons de la ville noire que celle des Anglais dans les constructions qu'ils ont enveloppées de murailles. Plusieurs temples, pagodes ou mosquées méritent d'être remarqués. Tous les cultes, comme toutes les couleurs, se coudoient à Bombay. Les églises chrétiennes y sont petites et peu faites pour donner une haute idée de notre culte. Dès que l'on a dépassé la ville noire, on se trouve au milieu de jardins sans fin, et l'on admire l'esprit de charité universelle qui a ouvert un asile aux hommes délaissés et même aux animaux.

Le climat brûlant de la contrée a forcé les Européens à cher-

cher une forme de construction propre à leur procurer un peu
d'ombre et de fraîcheur. La forme qui a le mieux résolu ce problème est un vaste hangar de bois où des pieux sans nombre supportent un toit immense recouvert de feuilles de palmier. L'intérieur en est divisé en plusieurs appartements, et l'air circule avec
facilité sous cette immense toiture qui fait l'effet d'une tente. Rien
de plus confortable et de plus frais que ces bongalows. Une rangée d'arbres règne tout à l'entour des pieux qui limitent l'espace
où l'on érige le bongalow; une pelouse verte et des fleurs ornent
le terrain réservé, et presque toujours une allée ombreuse conduit
jusqu'à l'entrée de cet établissement de luxe. Aussitôt que l'heure
des affaires a cessé, les routes se couvrent en tous sens de chevaux rapides, qui portent les négociants dans les maisons où leurs
familles se sont retirées. Ces villas s'étendent sur toutes les collines; elles sont souvent bâties dans le genre italien ; des jardins
et des fleurs, qui en ornent les abords, rafraîchissent et embau-
ment l'air.

Deux petites îles, celles d'Eléphanta, à l'est de Bombay, et de
Salsette, au nord, renferment des temples célèbres, creusés dans
le roc. Pour arriver au temple d'Eléphanta, qui est le plus remarquable, il faut monter un escalier de trois ou quatre cents
marches, taillé presque à pic dans les flancs d'un morne ; cet
escalier conduit à une terrasse de peu d'étendue. On a alors devant soi l'entrée principale du temple, qui a été enlevée au ciseau
dans une roche volcanique assez friable. Cette entrée est suppor-
tée par deux piliers massifs qui la divisent en trois portes principales. Quand on a pénétré dans l'enceinte, l'œil s'habitue peu à
peu au demi-jour du temple, qui reçoit la lumière par deux cours
qui le flanquent à l'est et à l'ouest : elles ont aussi été taillées au
ciseau dans la montagne. L'imagination est d'abord frappée de la
symétrie des colonnes cannelées, à chapiteaux hémisphériques,
qui supportent son vaste entablement. La hauteur de ces colonnes
varie entre cinq et six mètres. Sur les murs est tracée à grands
traits la vie de Siva ; les figures en ronde-bosse s'enlèvent vigoureusement de la paroi, et frappent l'esprit par leur taille gigantesque et la variété de leurs attitudes. L'ensemble de ces sculp-

tures, dont quelques-unes ont cinq mètres et plus de hauteur , et dont la saillie est telle, qu'elles sont souvent presque entièrement détachées de la roche, représente une espèce de panthéisme , où tous les règnes de la nature semblent se confondre pour arriver, par diverses évolutions, à des degrés supérieurs , jusqu'à ce qu'ils soient absorbés en Dieu, dont ils sont issus.

Jacquemont se proposait d'attendre à Bombay la fin de la saison des pluies, de revenir par les ghâts du Malabar jusqu'au cap Comorin, et de remonter ensuite la côte de Coromandel pour s'embarquer soit à Pondichéry, soit à Madras. Mais il reçut un mémoire de M. Elie de Beaumont, son ami , sur les caractères particuliers des terrains de l'île de Salsette, qui lui fit changer ses projets. Malgré le commencement d'un malaise qu'il attribuait à des dérangements d'entrailles, malgré les miasmes pernicieux dont l'île de Salsette est infectée à cette époque de l'année, il partit : il erra sous un soleil dévorant, contrôlant et vérifiant les assertions de l'illustre géologue. Ce fut sa perte. La tumeur au foie dont le germe s'était lentement formé se développa. Transporté d'abord à Pounah, puis à Bombay, Jacquemont expira au bout de six semaines de tortures, le 7 décembre 1832.

L'Hindoustan est maintenant presque entièrement au pouvoir des Anglais. Au point de vue politique, il se divise en : Hindoustan anglais, Etats protégés, Etats indépendants, Possessions françaises et Possessions portugaises.

L'*Hindoustan anglais* comprend actuellement 3 présidences : Bengale, Bombay et Madras, et 5 provinces : province du Nord-Ouest, province d'Aoude, province du Pendjab, Provinces centrales, province de l'île de Ceylan. Sa superficie est d'environ 2,200,000 kilomètres carrés.

Les *Etats protégés* sont, pour la plupart, enclavés dans les possessions anglaises ; ils ont une superficie totale d'environ un million et demi de kilomètres carrés. Les principaux sont : les royaumes de Sikkim, de Kachemyr, de Bahawalpour, de Bhopaul, de Scindiah, de Holkar, de Nizam , de Kolapour, de Sawantwarri , de Guycowar, de Kattywar, de Katch, de Mysore, de Cochin, de Travancore, les Etats Rajepoutes, les Etats de Bundelkund.

Les *Etats indépendants* sont : le Népaul et le Boutan, dont la superficie totale est de 300,000 kilomètres carrés environ.

Procession de la déesse Kali (Hindoustan).

Les *Possessions françaises* se réduisent à quelques fractions de territoire dont la superficie totale est à peu près de 500 kilomètres carrés. Elles dépendent des établissements de Pondichéry et de

Karikal, sur la côte de Coromandel ; de Yanaon, sur la côte
d'Orissa ; de Chandernagor, au Bengale ; de Mahé, sur la côte de
Malabar ; de Surate, dans le Goudjérate.

Les *Possessions portugaises*, d'une superficie de 12,000 kilomètres carrés environ, comprennent les établissements de Goa,
sur la côte occidentale de l'Hindoustan, dans la présidence anglaise de Bombay ; de Diu, dans une petite île du même nom, à
l'ouest du golfe de Cambaye ; de Daman, au nord de Bombay, à
l'est du golfe de Cambaye.

Le gouvernement de l'Hindoustan anglais se compose : en
Angleterre, d'un ministre secrétaire d'Etat et d'un conseil composé de 15 membres ; dans l'Hindoustan, d'un vice-empereur
investi du pouvoir exécutif, d'un conseil suprême siégeant à Calcutta et composé de 6 membres, et d'un conseil législatif dont
font partie les membres du conseil suprême et les indigènes
nommés par le gouvernement. Les Etats protégés sont gouvernés
par des princes indigènes appelés rajahs.

La religion dominante dans l'Hindoustan est le brahmanisme.
Après viennent le bouddhisme, l'islamisme (20 millions d'adhé-
rents), le christianisme, la religion des Sikes (dans le Pendjab),
et un grand nombre de sectes particulières. Le christianisme,
indépendamment des Européens, compte un million et demi de
catholiques indigènes. Il y a dans l'Hindoustan 1 archevêché (Goa),
2 évêchés, 16 vicariats et 3 pro-vicariats apostoliques.

La justice est rendue dans chacune des provinces par une cour
suprême, des cours d'appel et des tribunaux de première instance,
composés d'Anglais et d'indigènes. Chacun est soumis aux lois
de son pays.

L'instruction publique, organisée en 1854, comprend trois
universités, Calcutta, Bombay et Madras, 11 colléges et environ
18,000 écoles primaires. Il existe en outre un certain nombre de
colléges et d'écoles fondés par les missionnaires et les particuliers.
Environ 700,000 enfants sont élevés aux frais du gouvernement.

Le revenu total de l'Hindoustan est évalué à 1 milliard 300 millions de francs. La dette, considérablement accrue par suite de
la rébellion de 1857, s'élève à 2 milliards 400 millions de francs.

L'armée se compose de 200,000 hommes environ, dont 80,000 Européens. Comme les maladies enlèvent chaque année 6 à 7,000 soldats européens, l'entretien de l'effectif à son taux normal charge le budget d'une dépense que l'on peut évaluer à 25,000 fr. par jour.

L'agriculture fait de grands progrès dans l'Hindoustan : les besoins du peuple et les demandes d'un commerce actif ont substitué, en beaucoup d'endroits, aux produits spontanés de la nature ceux de l'industrie humaine; on n'y trouve plus aujourd'hui que très-peu de ces productions merveilleuses qui ont jadis acquis tant de célébrité à la végétation de l'Asie. Les denrées les plus utiles naissent en grande abondance dans la plaine humide et fertile qui forme l'Hindoustan septentrional : le riz, base de la nourriture des Asiatiques; le sucre, devenu un objet de première nécessité; l'indigo, la plus précieuse des substances tinctoriales ; le coton, qui fournit aujourd'hui la plus grande partie des tissus employés en Europe. Cet entier assujettissement à la culture, cette uniformité de sa surface, donnent à cette grande plaine un aspect presque monotone. Cependant, en dépit de l'homme, il est quelques points où d'éternelles révolutions politiques ont toujours arrêté la culture, et d'autres où la nature, aidée par l'action combinée de l'humidité et d'un soleil dévorant, est assez puissante pour déjouer tous les efforts de l'homme. Elle se livre alors, si l'on peut parler ainsi, à de véritables déréglements de production. De vastes espaces sont envahis irrésistiblement par des masses de feuillages, sombres, épaisses, impénétrables, aux rameaux si vigoureux et si étroitement entrelacés, qu'ils arrêtent une armée : tels sont les jungles. Des arbres poussent dans tous les sens leurs branches gigantesques; des arbustes épineux de toutes les tailles et de toutes les formes, des bambous qui, dans l'espace de quelques mois, s'élancent à la hauteur de soixante ou quatre-vingts pieds, forment la charpente de ces fortifications naturelles. Souvent même, au milieu des plaines cultivées, le figuier et quelques autres grands végétaux, si la main de l'homme n'arrête pas leurs progrès, d'arbres isolés qu'ils étaient d'abord, deviennent, en peu de temps, de véritables forêts.

Dans l'Hindoustan méridional, c'est-à-dire sur le plateau du Dekkan, la nature a un aspect plus pittoresque et plus gracieux que dans l'Hindoustan septentrional. Le sol y est accidenté et entrecoupé de profondes vallées. Le poivre, le bétel dont les Hindous font une si grande consommation, l'arec qu'on mêle avec le bétel, le palmier sagou à la moelle si nourrissante, le cocotier, l'arbre le plus utile de ces contrées, sont ses plus précieuses productions. Il est presque partout cultivé, quoiqu'on y trouve aussi des jungles, des forêts impénétrables et même des espaces couverts d'un sable stérile.

L'Hindoustan est au premier rang parmi les contrées du monde pour le nombre et la variété des espèces animales utiles et nuisibles. Les éléphants font partie des animaux domestiques et servent de bêtes de somme. Les chameaux et les dromadaires sont nombreux dans les régions du nord-ouest. Le cheval est peu utilisé et n'offre pas de variétés indigènes remarquables; la plupart viennent d'Arabie ou de Tartarie. Les moutons sont en grand nombre dans les pâturages du Dekkan et de l'Himalaya et fournissent à l'industrie du pays et à l'exportation une notable quantité de laine. Les bœufs sont moins nombreux, n'étant pas destinés à la boucherie, en vertu d'un préjugé religieux; ils appartiennent en grande partie à la race zébu ou des bœufs à bosse.

L'industrie manufacturière est surtout développée dans les grands centres, où sont établis des artisans européens. Les indigènes, n'employant encore que des outils grossiers et tout primitifs, ne peuvent soutenir la lutte. La fabrication la plus importante est celle des tissus de coton et de soie, des mousselines, des tulles, des foulards. Viennent ensuite la fabrication des broderies de tout genre, celle des tapis, celle des châles, renommés dans le monde entier et faits avec le duvet des chèvres du Kachemyr et du Thibet, celle de l'orfévrerie et de la bijouterie. Les Hindous fabriquent aussi des poteries, des articles d'ébénisterie, des armes qui ont une grande valeur. A Patna et à Bénarès, on prépare de grandes quantités d'opium.

Le commerce intérieur de l'Hindoustan est peu considérable. Le commerce extérieur, par mer, est au contraire très-actif et s'élève, importations et exportations réunies, à 2 milliards et demi de francs. Les principaux articles importés sont : les tissus de coton, le matériel de chemins de fer et les machines, les

Parc à éléphants.

huiles, les tissus de laine, les drogues et médecines, les matières tinctoriales, les métaux, les grains, les spiritueux et les boissons, la houille. Les principaux articles exportés sont : le riz, l'opium, la graine de lin, le coton brut, les peaux de vache, de chèvre et d'agneau non tannées, les bois, le blé, la soie, le café. Le mouvement général de la navigation compte, entrées et sorties réunies, environ 30,000 navires jaugeant 6 millions et demi de tonneaux. Les ports du Bengale, de Bombay et de Madras entrent dans ces chiffres pour les trois quarts.

Les voies de communication sont encore peu nombreuses ; les principales sont : les grandes routes de Calcutta à Peïchaver, de Calcutta à Madras, de Calcutta à Bombay, d'Agrah à Bombay, de Bombay à Madras ; les chemins de fer de Calcutta à Dacca, de Calcutta à Peïchaver, d'Allahabad à Bombay, de Bombay à Madras, de Madras à Baypour. Ces chemins de fer mesurent une longueur de 10,000 kilomètres environ. Deux grands canaux, ceux du Gange et de la Djemma, servent de voies de communication en même temps que de moyens d'irrigation. Enfin l'Hindoustan possède un réseau télégraphique de 25,000 kilomètres environ avec 175 stations expédiant des dépêches ; il est mis en communication avec l'Europe par deux lignes télégraphiques, dont l'une, traversant l'Asie occidentale, débouche dans le golfe Persique, d'où elle se prolonge jusqu'à Bombay par un câble sous-marin ; l'autre part du fond de la mer Rouge et aboutit à Bombay.

A l'est du cap Comorin se trouve la grande île de Ceylan, séparée du continent par le détroit de Falk. Cette île, enlevée par les Anglais aux Hollandais en 1795, a une superficie de 60,000 kilomètres carrés environ et une population de près de deux millions d'habitants. Tout le littoral est bas et bordé de lagunes qui fournissent de grandes quantités de sel. L'intérieur renferme de nombreuses montagnes, hautes et escarpées, et de vastes forêts. Le sol est généralement fertile ; il produit surtout de la cannelle, du riz, du maïs, du café, du bétel, du tabac. Le climat de l'île est tempéré. Les moussons s'y font sentir comme dans l'Hindoustan.

La population de Ceylan se divise en deux branches, les Veddahs et les Ceylanais ou Chingalais. Les Veddahs occupent une partie du nord et du sud-est de l'île. L'opinion la plus probable sur l'origine de cette caste, c'est qu'elle descend des habitants primitifs de l'île, qui ont cherché dans les forêts inaccessibles un refuge contre les conquérants. Ils sont petits et noirs, ils n'ont pour habillement qu'un tablier de peau descendant jusqu'à mi-cuisse; quelquefois même ils vont tout à fait nus. Quoique grêles, on ne rencontre pas chez eux d'êtres difformes, ce qui tient sans doute à ce qu'ils étranglent les enfants qui naissent avec quelque infirmité. La chasse fournit au Veddah la nourriture dont il a besoin. Il la prépare soit en coupant la chair par lanières et la faisant sécher au soleil, soit en la faisant cuire dans la cendre. Le miel fait aussi partie de sa nourriture, et il le recherche avec avidité. Armé d'un arc long de six pieds, fait avec un bois très-dur et très-élastique, il ne craint pas d'attaquer les animaux les plus redoutables, et son adresse est telle, qu'une seule flèche lui suffit quelquefois pour terrasser un éléphant.

Le Veddah est sérieux et même sombre; ce caractère se retrouve presque dans ses danses et dans ses chants. Généreux et hospitalier, il reçoit avec cordialité l'étranger qui se présente sans armes. Si l'époux est absent, la femme fait rester le voyageur à quelque distance de la demeure jusqu'à l'arrivée de son mari, car le Veddah est jaloux et vindicatif, et malheur à l'imprudent qui offrirait le bétel à sa femme! L'autorité de l'homme chez lui est absolue. Quand il veut obtenir une fille, le sauvage Veddah se présente au père pour lui en faire la demande. Celui-ci ne la refuse presque jamais, et, de ce moment, le mariage est conclu.

Les Ceylanais ou Chingalais habitent principalement les parties méridionales de l'île. Ils descendent d'un peuple étranger qui est venu s'établir dans Ceylan. Ils sont bien faits et agiles; leurs mœurs sont celles des Hindous, mais ils sont bouddhistes. Lorsque le bouddhisme fut chassé de l'Hindoustan, il se réfugia à Ceylan, et il y règne avec une grande puissance. Le vêtement ordinaire des Ceylanais consiste en une étoffe dont ils s'entourent les reins, et en une camisole avec des manches à grands plis. Leur tête est coiffée d'un bonnet à double pointe. Leurs doigts sont ornés d'anneaux d'argent et de cuivre. Les femmes se revêtent d'une camisole rouge et bleue, dont la longueur dépend du rang où elles sont placées, et elles se chargent la tête, le cou et les bras de divers ornements. Elles ont les manières aisées des Européennes et jouissent d'une grande liberté.

Les Ceylanais sont d'un caractère très-doux, et surpassent en intelligence beaucoup d'autres nations hindoues. Ils ont porté les métiers et les arts à un certain degré de perfection. Ils aiment la poésie et la musique, ainsi que les représentations dramatiques. Une preuve que leurs ancêtres étaient arrivés à un certain degré de civilisation, c'est le grand nombre de monuments que l'on trouve encore à Ceylan. Ce sont d'énormes ruines de palais, de temples, de colonnades de marbre et de pierre, de ponts avec des arches voûtées, qui offrent quelquefois une grande ressemblance avec les monuments appelés druidiques. Quelques-unes de ces ruines sont environnées de tumuli, comme chez la plupart des nations antiques; elles renferment des statues gigantesques de Bouddha, assises, bien proportionnées, et dont on peut indiquer les dimensions en faisant observer que le petit doigt de la main a deux pieds de longueur.

CHAPITRE V

L'Afrique australe est la vaste région qui s'étend au sud de la
zone équatoriale. C'est dans cette partie du continent africain que
le docteur Livingstone accomplit son premier voyage de 1840
à 1856.

Ce grand explorateur, un de ceux qui ont fait faire aux connaissances géographiques les progrès les plus considérables,
naquit en Ecosse, en 1815, de parents pauvres. Son grand-père,
trouvant la ferme qu'il possédait à Ulva insuffisante pour élever
sa nombreuse famille, vint se fixer à Blantyre-Works, importante

filature de coton située sur les rives de la Clyde, un peu au-
dessus de Glasgow; il y plaça ses fils et y demeura lui-même
comme employé jusqu'à la fin de ses jours. Pendant la guerre
continentale, les oncles de Livingstone prirent du service; mais
son père resta au pays, où il faisait un petit commerce de thé.

« A l'âge de dix ans, dit notre voyageur, je fus envoyé à la
manufacture en qualité de rattacheur, afin d'aider par mon
salaire à l'entretien de la famille, et de diminuer d'autant les
soucis de ma pauvre mère. J'achetai un rudiment avec une partie
de ce que je gagnai dans la première semaine; et pendant plusieurs
années je poursuivis l'étude du latin avec une ardeur constante,
me rendant pour cela, tous les jours, à une école du soir qui se
tenait de huit à dix heures; je travaillais ensuite avec mon dictionnaire jusqu'à minuit, plus tard encore, si ma mère ne l'empêchait
pas en venant m'ôter mes livres. Il fallait que je fusse à la manufacture le lendemain matin à six heures, et j'y restais jusqu'à huit
heures du soir, sans autre interruption que le temps nécessaire
pour le déjeuner et le dîner. J'étudiai de cette façon la plupart
des auteurs classiques, et à seize ans je possédais mieux qu'aujour-
d'hui mon Virgile et mon Horace.

« En fait de lecture, je dévorais tout ce qui me tombait sous la
main, excepté les romans; je n'aimais pas les fictions; mais les
livres de science, et surtout les voyages, faisaient mes délices.
Mon père, qui pensait, avec beaucoup de ses contemporains, que
les ouvrages scientifiques étaient contraires à la religion, aurait
voulu me voir préférer la *Nuée de témoignage* ou le *Quadruple
État*, de Boston. Notre dissidence en pareille matière alla, de mon
côté, jusqu'à la révolte; et la dernière fois que je reçus des coups
de verge, ce fut pour avoir nettement refusé de lire la *Pratique
chrétienne* de Wilberforce. Le dégoût que m'inspirait la lecture
des ouvrages religieux de toute espèce dura plusieurs années;
mais un jour, étant tombé sur la *Philosophie de la religion et de
la vie future*, par Thomas Dick, je fus heureux de voir confirmer
par cette œuvre admirable l'idée que j'avais toujours eue que
la religion et la science, loin d'être hostiles l'une à l'autre, se
soutiennent mutuellement.

LE DOCTEUR LIVINGSTONE.

« Je continuais mes études pendant les heures que je passais à
la filature, en plaçant mon livre sur le métier, de manière à saisir
les phrases les unes après les autres, tout en marchant pour faire
ma besogne; j'étudiais ainsi constamment sans être troublé par le
bruit des machines; c'est à cela que je dois la faculté de m'abs-
traire complétement du bruit que l'on fait à côté de moi, et de
pouvoir lire et écrire tout à mon aise au milieu d'enfants qui
jouent ou bien dans une réunion de sauvages qui dansent et qui
hurlent. A dix-neuf ans, je devins fileur et j'eus un métier à
conduire; c'est un travail excessivement pénible pour un jeune
homme élancé, dont les membres sont grêles, les articulations
pleines de mollesse; mais j'étais payé en conséquence de la peine
que j'avais, et cela me mit à même de passer l'hiver à Glasgow,
de m'y suffire et d'y poursuivre mes études médicales, d'y
apprendre le grec et d'assister à un cours de théologie. »

Après avoir terminé ses études médicales et avoir obtenu de plus le titre de missionnaire, Livingstone partit pour l'Afrique en 1840. Il débarqua au Cap, où il resta très-peu de temps, et se rendit ensuite à la baie d'Algoa, puis à Kuruman, dernière station des missionnaires anglais dans l'intérieur du pays; là, il épousa la fille du docteur Moffat, chef de la station.

Suivant ses instructions, il devait tourner ses efforts vers le nord; en conséquence, il gagna Lépélolé, résidence de Séchélé, chef de la tribu des Bakouains, et commença dans les environs les préparatifs d'un établissement. Pendant quelques mois, il s'appliqua à l'étude des mœurs et du langage des indigènes, apprit à lire à Séchélé et parvint à convertir ce chef, qui devint, dans la suite, un de ses plus fidèles compagnons.

Malheureusement, une de ces guerres qui, de temps immémorial, semblent éclater périodiquement à propos de la possession du bétail, se déclara dans le pays et changea tellement les relations entre les diverses tribus, que Livingstone fut obligé de repartir pour chercher de nouveau une localité qui convînt à l'établissement d'une mission.

En 1843, il se rendit à Kolobeng, dans la vallée de Mabosta, et y demeura jusqu'en 1852.

« Peut-être ne lira-t-on pas sans intérêt, dit le docteur, l'esquisse rapide d'un ménage africain. L'absence complète de commerce et d'industrie dans la contrée vous oblige forcément à demander aux matières premières toutes les choses dont vous avez besoin. Vous voulez avoir une maison; il vous faut des murailles, d'où la nécessité d'aller abattre un arbre et de le débiter pour faire un moule à briques; les matériaux des portes et des fenêtres sont également dans la forêt; et si vous tenez à obtenir le respect des indigènes, il devient nécessaire de construire une habitation d'une certaine importance, qui exige un labeur d'autant plus grand que vous ne pouvez guère compter sur l'assistance des naturels : non pas qu'ils soient paresseux, les Bakouains travailleraient avec joie pour qui voudrait les payer; mais il leur est impossible de rien faire carrément; ils ont à cet égard une singulière inaptitude et ne construisent jamais que des habitations rondes, ainsi que tous les Béchuanas. Des trois grandes maisons que j'ai bâties à différentes époques, il m'a fallu poser moi-même toutes les briques et toutes les pièces de bois, pour qu'elles fussent placées d'équerre.

« Lorsque le blé est réduit en farine, la femme procède à la fabrication du pain. Il arrive souvent que l'on improvise un four en creusant un trou dans une fourmilière, que l'on ferme avec une pierre plate en guise de porte. On emploie aussi une autre méthode que les Australiens pourraient substituer avec avantage à leurs *dampers*, et qui consiste à faire un bon feu sur un terrain battu ; quand il est suffisamment échauffé, on y pose la pâte, soit dans une poêle à courte queue, soit tout simplement par terre ; on la couvre d'un vase de métal renversé, on ramène les cendres tout autour, et l'on fait du feu sur le vase. Au moyen de ce procédé, la pâte, mêlée avec un peu de levain d'une cuisson antérieure, et qu'on a exposée une heure ou deux au soleil, fait un excellent pain.

« Nous faisions notre beurre au moyen d'une jarre qui nous servait de baratte ; nos chandelles, avec des moules de notre fabrique, et du savon à l'aide des cendres que nous retirions de la soude ou quelquefois des arbres ; mais, dans cette région, les cendres de bois contiennent si peu de matières alcalines, qu'il fallait faire bouillir notre lessive, dont on renouvelait plusieurs fois les cendres, pendant un mois ou six semaines, avant qu'elle pût saponifier la graisse. Il n'est pas très-pénible d'être obligé de se suffire à soi-même ; on éprouve une satisfaction réelle de tout devoir à sa propre industrie, et le mariage n'en a que plus de charme quand toutes les douceurs de la vie émanent directement des efforts d'une ménagère intelligente et laborieuse.

« Cette existence peut même, aux yeux de quelques personnes, avoir un attrait romanesque ; elle a d'ailleurs pour objet cette bienfaisance active que les bons cœurs se réjouissent de pratiquer. Citons pour exemple la manière dont s'employait notre temps. Quelle qu'ait été la chaleur du jour, la soirée, la nuit et la matinée sont à Kolobeng d'une température délicieuse ; on peut rester dehors jusqu'à minuit, assis où l'on voudra, sans qu'il y ait à craindre de s'enrhumer ou de prendre des rhumatismes. Nous

nous levions de grand matin pour jouir de la fraîcheur; après avoir fait la prière en famille et déjeuné entre six et sept heures, nous nous dirigions vers l'école pour y donner des leçons à qui voulait s'instruire; la classe finissait à onze heures : ma femme s'occupait alors des soins du ménage. Pendant ce temps-là, je me livrais à quelque travail manuel, soit comme forgeron, soit comme charpentier ou laboureur, suivant les besoins de ma famille ou ceux des habitants qui en échange travaillaient pour nous au jardin ou à toute autre chose.

« Après le dîner, toujours suivi d'une heure de repos, ma femme tenait sa classe de jeunes enfants, qui, très-gâtés par leurs parents, n'en venaient pas moins à l'école avec un plaisir infini, et qui s'y rassemblaient en général au nombre d'une centaine. Parfois la maîtresse variait les études par un peu de couture qu'elle enseignait aux jeunes filles, ce dont celles-ci paraissaient enchantées. Il fallait en outre surveiller tous les travaux, et le missionnaire et sa femme étaient occupés jusqu'au déclin du jour. Après le coucher du soleil, j'allais à la ville pour causer de choses et d'autres avec tous ceux qui s'y montraient disposés. Trois fois par semaine, un peu avant la nuit, aussitôt qu'on avait trait les vaches, nous avions des prières publiques et une instruction générale sur différents sujets, avec exhibition de tableaux et de spécimens pour mieux faire comprendre les faits dont il était parlé. A ces différentes œuvres il faut ajouter les soins à donner aux malades et les aliments qu'on distribuait aux pauvres; nous nous efforcions de gagner la confiance des gens que nous cherchions à instruire, en songeant d'abord à satisfaire leurs besoins matériels.»

Livingstone était depuis plusieurs années déjà à Kolobeng lorsqu'il résolut d'aller reconnaître le lac Ngami, dont la situation était désignée par des naturels qui se rendaient chaque année sur ses bords. Deux intrépides chasseurs, MM. Oswell et Murray, s'offrirent pour l'accompagner. Les voyageurs, formant une véritable caravane, partirent le 1er juin 1849.

Après plusieurs jours d'une marche très-pénible à travers un désert où ne se trouvaient que quelques petites sources à peine suffisantes pour désaltérer tout son monde, Livingstone arriva sur la Zouga. Les rives de ce fleuve étaient ornées d'arbres magnifiques ; des éléphants en nombre prodigieux y venaient boire pendant la nuit ; ils se jetaient sur le corps une grande quantité d'eau

Éléphants.

en poussant des cris joyeux, et s'éloignaient après avoir apaisé leur soif, marchant en ligne droite afin d'éviter les piéges.

La caravane suivit la Zouga et atteignit, le 1er août 1849, le lac Ngami. Ce lac est situé dans la partie méridionale du bassin du Zambèze par 20 degrés et demi de latitude sud; il est peu profond, bordé de roseaux et très-poissonneux. Pendant l'inondation annuelle qui a lieu de mars à juin, ses eaux sont abondantes et douces; pendant la saison sèche, elles sont basses et saumâtres. Plusieurs grands cours d'eau, dont la direction est incertaine, se jettent dans le lac Ngami; ce sont l'Embara et la Zouga. L'Embara semble venir du nord-ouest; elle se divise en deux branches: le Tiogé ou Théougé, qui se jette directement dans le lac; le Tso, qui se jette dans la Zouga. La Zouga vient du sud-est; elle traverse les marais de Kumadau et se jette dans le lac Ngami à son extrémité orientale. Suivant le docteur Livingstone, toutes les rivières de cette région coulent entre des rives destinées à contenir un volume d'eau bien plus considérable que celui qu'elles présentent d'ordinaire. « On se croirait, dit-il, en Orient, dans un jardin abandonné où tous les canaux d'irrigation existent encore, mais où les écluses ne laissent plus arriver qu'un filet d'eau. » Le lac Ngami est joint indirectement au Zambèze par la Sonta. La Sonta est une espèce de canal d'eau dormante, qui traverse une plaine marécageuse et qui peut, suivant les époques, couler du sud au nord ou du nord au sud; ce canal unit le Tso, tributaire indirect du lac Ngami, au Chobé, affluent du Zambèze.

La saison alors très-avancée ne permettant pas d'explorer complétement le lac Ngami, Livingstone revint à Kolobeng. Il y resta jusqu'au mois d'avril 1850. A cette époque, il se remit en route, accompagné de mistress Livingstone et de ses trois enfants. Son intention était de laisser sa famille sur les bords du lac Ngami et de poursuivre plus au nord, afin d'aller rendre visite à un chef important des Makololos, nommé Sébitouané; mais deux de ses enfants ayant été subitement pris par la fièvre, il dut renoncer à ce projet et revenir de nouveau à Kolobeng. Il en repartit une troisième fois en 1851, et ce fut dans ce voyage qu'il découvrit, à la fin de juin, le fleuve Zambèze, au centre du continent.

De retour de cette importante excursion, Livingstone ne voulut

pas exposer plus longtemps sa famille aux dangers qu'elle courait
dans cette région malsaine, et résolut de la renvoyer en Europe.
Il prit aussitôt le chemin du Cap, où il arriva en avril 1852, et
installa sa femme et ses enfants à bord d'un navire qui partait
pour l'Angleterre.

Sur ces entrefaites, les Boërs, qui vivaient dans le voisinage de
Kolobeng, ayant organisé une formidable expédition contre les
Bakouains, leurs plus grands ennemis, les vainquirent complétement et pillèrent la mission. Cette catastrophe modifia profondément les plans de Livingstone; ne possédant plus rien et
désormais à l'abri de toute préoccupation relativement aux objets
qu'avant le pillage de son établissement il aurait laissés derrière
lui, il se trouva entièrement libre de commencer ses explorations.

Il forma aussitôt le projet de se rendre à Saint-Paul de Loanda,
sur la côte occidentale, puis, traversant obliquement toute
l'Afrique australe, de gagner Quilimané, sur la côte orientale.

Le premier pays qu'il dut traverser fut celui des Béchuanas,
où se trouve Kuruman. La permanence de cette station, la plus
éloignée, comme nous l'avons dit, dans l'intérieur de l'Afrique,
est due à la beauté de sa fontaine qui ne tarit jamais; elle est
située dans une plaine immense, bornée à l'ouest par de hautes
montagnes. Les missionnaires ont profondément transformé cette
contrée. Les indigènes, convertis pour la plupart, sont pauvre-
ment, mais décemment couverts; des outils et des forges ont été
mis à leur service, et des ateliers ont été créés afin de leur
apprendre à construire des chariots, objets dont la possession est
pour eux un grand sujet d'orgueil; mais leur indolence est telle,
qu'ils ne font aucun effort pour acquérir l'habileté qui leur manque.

Aux Béchuanas se rattachent les Bakouains, sur lesquels
Livingstone reporta toute sa sympathie. Ces naturels se montrèrent d'ailleurs toujours pleins de bienveillance, et leur chef
Sémélé fut plus d'une fois très-utile au voyageur. Le patriarcat
semble être la forme gouvernementale des Bakouains; chaque
homme, en vertu de sa paternité, est le chef de ses enfants;
ceux-ci bâtissent leurs cases autour de la sienne, et plus sa famille
est nombreuse, plus son importance est grande; d'où il résulte

que l'on considère les enfants comme de véritables bienfaits et qu'on les traite avec bonté. Au centre de chaque cercle de huttes se trouve une place qu'on appelle le *kotla* : c'est dans cet endroit que tous les membres de la famille se rassemblent, qu'ils travaillent, qu'ils prennent leurs repas, et que se racontent toutes les nouvelles du jour. Un pauvre s'attache à la kotla d'un riche ; il est dès lors considéré comme faisant partie de la famille. Un sous-chef a un certain nombre de kotlas autour de la sienne ; et la réunion de tous ces kotlas, dont celle du chef principal forme le centre, constitue la cité.

Le cercle de huttes qui entoure immédiatement la kotla du chef est occupé par ses femmes et par tous ceux qui ont avec lui quelque lien de parenté ; il attache les sous-chefs à sa personne et à son gouvernement par des alliances avec leurs filles, qu'il épouse ou qu'il fait épouser à ses frères. Les gens riches du pays tiennent beaucoup à être alliés à de grandes familles ; si vous rencontrez des étrangers et que les serviteurs de l'homme principal de la bande n'aient pas tout d'abord proclamé la parenté de celui-ci avec l'oncle de tel ou tel chef, vous entendez le maître leur dire tout bas : « Apprenez-lui qui nous sommes. » Le serviteur commence alors, en comptant sur ses doigts, l'explication de l'arbre généalogique de son maître, explication qui se termine par cette nouvelle importante, que l'individu qui conduit la caravane est le demi-cousin de tel ou tel personnage illustre.

Ce fut avec une escorte de Bakouains que Livingstone traversa le désert de Kalahari. Cet immense espace, qui s'étend au nord du fleuve Orange, a reçu le nom de désert, simplement parce que l'on n'y trouve pas d'eau courante et que l'eau de source y est très-rare ; mais il n'en possède pas moins une végétation abondante et de nombreux habitants ; l'herbe y couvre le sol, et l'on y rencontre de vastes fourrés composés non-seulement d'arbustes et de broussailles, mais encore de grands arbres.

Mais le plus étonnant de tous les produits de ce désert est le melon d'eau. Dans les années où la pluie est un peu plus abondante que d'habitude, des terrains d'une immense étendue sont littéralement couverts de cette espèce de melons. Cette abondance ne se produit que tous les dix ou onze ans ; c'est alors une véritable fête, non-seulement pour les habitants du pays, mais encore pour les animaux de toute espèce. L'éléphant, véritable seigneur de la forêt, mange ces melons avec délices, de même que le rhinocéros, bien que naturellement il diffère beaucoup de ces derniers dans le choix de sa nourriture. Toutes les antilopes, à quelque genre qu'elles appartiennent, dévorent le melon d'eau avec une égale avidité ; les lions, les hyènes, les chacals, les souris, tous enfin semblent apprécier le bienfait de cette manne qui satisfait les goûts les plus divers. Ces melons, néanmoins, ne sont pas tous comestibles. Les naturels frappent chacun de ces fruits l'un après l'autre d'un coup de hache et mettent leur langue à l'ouverture qu'ils ont faite, ce qui leur permet de distinguer immédiatement les bons fruits des mauvais. Les melons amers sont malsains ; les autres sont extrêmement salubres. Il suffit qu'il y ait dans le voisinage quelques melons d'eau amers pour que les melons cultivés contractent cette amertume, parce que les abeilles communiquent le pollen d'une espèce à l'autre.

Cette particularité de fruits doux et de fruits amers portés par la même plante se reproduit également dans une espèce de concombre à fruits rouges et mangeables que l'on trouve fréquemment dans le même pays. Ce concombre, d'un brillant écarlate à l'époque de sa maturité, a environ un pouce et demi de diamètre et quatre pouces de longueur ; il est souvent d'une grande amertume et parfois complétement doux.

Les tribus qui habitent cette région sont composées de Bushmen et de Bakalaharis. Les premiers sont probablement les aborigènes de la partie méridionale du continent, et les seconds proviennent sans doute de la première émigration des Béchuanas. C'est par goût que les Bushmen vivent au désert, les Bakalaharis parce qu'ils y sont contraints ; mais un profond amour de la liberté anime également les deux races. Les Bushmen se distinguent par leur langage, leurs habitudes et leur aspect ; ce sont les seuls vrais nomades qu'on trouve dans la contrée ; ils ne cultivent jamais la terre et n'ont point d'animaux domestiques, à l'exception de quelques chiens d'une misérable espèce ; en revanche, ils connaissent tellement bien les habitudes des animaux sauvages, qu'ils les suivent pendant leurs migrations, les surprennent, s'en nourrissent à l'endroit même où la chasse a eu lieu, et n'empêchent pas moins leur multiplication désordonnée que les autres carnivores. A la chair du gibier, qui forme leur principale nourriture, ils ajoutent les racines, les fèves et les fruits sauvages que les femmes vont chercher. Ceux qui habitent les plaines sablonneuses et brûlantes du désert sont généralement secs et nerveux, capables de supporter de grandes fatigues et de subir des privations excessives. Beaucoup d'entre eux sont d'une taille peu élevée, sans avoir toutefois la difformité des nains.

Suivant la tradition, les Bakalaharis seraient les plus anciens de tous les Béchuanas; ils auraient possédé de nombreux troupeaux jusqu'à l'époque où ils furent dépouillés de leurs biens et refoulés dans le désert par une immigration de leur propre race. Depuis lors, habitant la même contrée que les Bushmen, subissant les influences du même climat, endurant comme eux la soif et se nourrissant depuis des siècles des mêmes aliments, ils prouvent d'une manière évidente que l'influence des lieux ne suffit pas toujours pour expliquer la différence des races. Les Bakalaharis ont conservé dans toute sa vigueur la passion que les Béchuanas ont pour l'agriculture et les animaux domestiques. Ils donnent chaque année à leurs jardins plusieurs façons à la houe, quoiqu'ils n'aient souvent à espérer pour toute récompense de leur travail qu'une faible récolte de melons et de citrouilles, et ils élèvent avec soin un petit troupeau de chèvres, bien qu'on leur voie puiser l'eau pour eux-mêmes, au lit des sources peu profondes, avec un morceau de coquille d'œuf d'autruche, et seulement par cuillerées.

En général, ils s'attachent à quelques hommes influents des tribus de Béchuanas qui avoisinent leur désert, afin d'en obtenir des lances, des couteaux, du tabac et des chiens, en échange de la dépouille de petits carnivores de l'espèce féline et de deux espèces de chacal qu'ils chassent pour en avoir la peau.

En avançant vers le nord, Livingstone trouva la contrée de plus en plus belle; le pays était boisé, l'herbe était verte et souvent plus haute que les voyageurs; des festons d'une vigne dont le fruit était peu agréable couraient au milieu des arbres. Les creux du terrain contenaient de l'eau; un peu plus loin, de petites rivières de six mètres de large et de plus d'un mètre de profondeur sillonnaient le sol.

Le 23 mai 1853, la caravane arriva à Linyanti, capitale des Makololos. Tous les habitants, au nombre de six à sept mille, vinrent en masse à sa rencontre. Sékélétou, le chef de la tribu, fit à Livingstone une réception qui, dans le pays, est considérée comme royale. Un grand nombre de femmes déposèrent devant le voyageur chacune un pot de boyaloa, qui est la bière de cette peuplade, et en burent à pleines gorgées pour donner la preuve que ce n'était pas du poison. Après cela, le héraut de la cour se livra à des gambades grotesques et se mit à crier de toutes ses forces quelques phrases en l'honneur de l'homme blanc.

Les dames makololos, rapporte Livingstone, sont d'une nature généreuse; elles distribuent avec libéralité du lait et d'autres aliments, réclament très-peu de travail de leurs serfs et ne les emploient en général que pour embellir la hutte qu'elles habitent et l'enclos qui l'entoure. Elles boivent une grande quantité de boyaloa, sorte de bière qu'on appelle également *o-alo* et qui est le bouza des Arabes; composée de dourasaïfi, c'est-à-dire de sorgho, cette boisson, où le grain se retrouve à l'état de farine grossière, est très-nutritive et leur donne cet embonpoint qui dans le pays est regardé comme une beauté. Les ladys makololos n'aiment pas à être surprises au milieu de leurs libations par les personnes d'un autre sexe.

Elles portent leurs cheveux très-courts et s'enduisent le corps avec délices d'une couche de beurre qui les rend toutes luisantes. Leur costume consiste en une petite jupe gracieuse arrivant jusqu'aux genoux et dont l'étoffe se compose de peau de bœuf rendue aussi fine et aussi souple que du drap; lorsque la dame ne fait rien, elle a sur les épaules un manteau de pareille étoffe, qu'elle jette de côté lorsqu'elle veut travailler. Les ornements les plus convoités par les élégantes sont des anneaux de cuivre jaune, de la grosseur du petit doigt, qui se mettent au bas de la jambe, et des bracelets de cuivre et d'ivoire qui ont trois centimètres de large. Ces anneaux sont tellement lourds, que les chevilles en sont gonflées et souvent écorchées ; mais c'est la mode, et ces bijoux sont portés avec la même force d'âme que, chez nous, un corset trop serré ou des chaussures trop étroites. Des colliers de verroterie sont suspendus au cou de ces dames ; le rose et le vert clair sont les nuances fashionables, et on peut obtenir tout ce que l'on veut en échange de perles de cette couleur.

De Linyanti, Livingstone se rendit à Seskéké en compagnie du chef Sékélétou et de cent soixante hommes des plus marquants de la tribu des Makololos ; il se dirigea ensuite vers l'ouest, afin de gagner, suivant les projets qu'il avait formés, Saint-Paul de Loanda, situé sur la côte occidentale de l'Afrique.

La petite caravane offrait un aspect des plus pittoresques. Quelques-uns des hommes étaient revêtus de tuniques d'étoffe rouge ou d'indienne ; ils tressaient dans leurs cheveux des queues de bœuf ou se couvraient la tête avec des bonnets faits avec la crinière d'un lion. Les nobles seuls portaient une petite massue de corne de rhinocéros, tandis que leurs boucliers étaient confiés aux esclaves. Les autres hommes portaient les fardeaux, et les guerriers, déjà chargés du poids de leurs propres boucliers, étaient employés comme messagers.

La tribu des Makololos est riche en bestiaux, et le chef, ayant à nourrir ceux qui l'accompagnaient, choisissait des bœufs parmi ses propres troupeaux ou en recevait comme tribut des chefs des villages par où il passait.

Le docteur Livingstone et Sékélétou avaient chacun une tente portative, quoique les huttes des Makololos fussent généralement bien tenues. Ces huttes sont composées de trois murailles circulaires ayant des trous en guise de portes, ainsi qu'on en voit aux niches des chiens, ce qui oblige à se baisser pour y entrer, même quand on est à quatre pattes. La toiture, qui ressemble à un chapeau chinois, est formée de baguettes ou de roseaux que l'on attache fortement au moyen de bandes circulaires, fixées par des morceaux de l'écorce intérieure du mimosa. La charpente, ainsi préparée, est posée au-dessus du mur circulaire et s'appuie par les bords sur des pieux également rangés en cercle et qui servent

de colombage à la troisième muraille ; la couverture de chaume
est faite avec une herbe souple et fine, reliée, comme la charpente, au moyen de lanières d'écorce de mimosa ; elle se projette
assez loin au delà du mur, descend à quatre pieds du sol et procure aux habitants l'ombre la plus salutaire qu'ils puissent trouver
dans le pays. Ces cabanes sont excessivement fraîches, même par
les journées les plus chaudes, mais elles manquent d'air, et l'on y
étouffe pendant la nuit.

Nos voyageurs arrivèrent d'abord au village de Katonga, sur
les rives du Liambye. Pendant que ses compagnons se procuraient
des canots, le docteur Livingstone explora le pays au nord du
village. Il y remarqua des troupeaux innombrables de buffles, de
zèbres et d'élans, et une charmante espèce d'antilope, appelée
tinyane; il en fit une chasse fort abondante. Les voyageurs, s'étant
procuré trente-trois canots, remontèrent le cours de la rivière.
Ces canots étaient plats et pouvaient par conséquent être employés
dans des eaux peu profondes ; ils étaient dirigés par des hommes
qui ramaient debout et en mesure. Le canot du docteur Livingstone
avait six rameurs, et celui de Sékélétou dix.

De nombreux villages bordaient les rives du fleuve ; leurs
habitants paraissaient d'excellents chasseurs d'hippopotames,
d'adroits ouvriers en fer et d'habiles potiers ; ils savaient également sculpter le bois et faire des ouvrages de vannerie.

C'était la première fois que le compagnon de Livingstone, le
chef Sékélétou, visitait cette partie de ses domaines, et sa visite
était pour les habitants une occasion de réjouissances.

Il recevait dans chaque village des bœufs, du lait et de la bière
en plus grande quantité que les gens de sa suite ne pouvaient en
consommer, bien qu'ils eussent à cet égard une capacité prodigieuse. Quant aux populations, elles lui témoignaient leur joie et
donnaient cours à leur enthousiasme par des chants et par des
danses qui s'exécutent de la manière suivante : les hommes,
presque entièrement nus, ayant à la main un bâton ou une petite
hache d'armes, se rangent les uns derrière les autres, de manière
à former un cercle ; chacun hurle de toute la puissance de ses
poumons, tandis que la bande entière lève une jambe, frappe

deux fois du pied avec force, lève l'autre jambe et frappe cette fois un seul coup ; ceci est l'unique mouvement qui soit fait en commun. Les bras et les têtes s'agitent dans toutes les directions, les hurlements continuent d'être poussés avec autant de vigueur que possible ; et un nuage de poussière entoure les danseurs, dont les pieds, frappant la terre sans interruption, laissent une profonde empreinte dans le sol qu'ils ont foulé. Cet exercice ne serait nullement déplacé dans une maison de fous et pourrait même y avoir d'excellents résultats, comme moyen de dissiper l'exaltation du cerveau ; mais ici des hommes à tête grise prenaient part à cette danse avec autant de plaisir et d'entrain que ceux dont la jeunesse pouvait servir d'excuse aux flots de sueur dont ils étaient inondés.

Arrivé à Naliélé, Livingstone rebroussa chemin et revint à Linyanti. La fièvre et la fatigue avaient considérablement affaibli ses forces, et il dut prendre du repos pendant près d'un mois.

Sékélétou, qui désirait vivement ouvrir avec les hommes blancs un commerce libre et lucratif, fournit au docteur Livingstone tous les moyens en son pouvoir pour continuer son expédition vers l'ouest de l'Afrique. Il lui donna vingt-sept hommes pour l'accompagner, et se chargea de garder tous les objets que le docteur ne voulut pas emporter : celui-ci, désireux d'alléger les fardeaux de ses compagnons, ne se munit que de sucre, de café, de thé, de quelques médicaments, de livres et d'une lanterne magique. Il emportait encore de la poudre, une tente, une couverture de cheval en guise de lit, et quelques instruments, tels qu'un sextant, un thermomètre, etc. Il avait confié à ses hommes trois mousquets, dans l'espoir que leur chasse suffirait à les nourrir, et il gardait pour lui-même une carabine et un fusil à deux coups.

Après avoir renvoyé trois hommes qu'il avait amenés de Kuruman et qui étaient atteints des fièvres, il repartit de Linyanti le 11 novembre 1853 et s'embarqua sur le fleuve Chobe. La navigation de ce fleuve était rendue dangereuse par des hippopotames qui, vivant isolés, attaquent parfois les canots et les renversent.

Quittant le Chobe, le docteur Livingstone remonta de nouveau le Liambye. Il n'avait qu'à se louer de ses rameurs ; cependant ils avançaient lentement , à cause de leurs stations forcées aux différents villages pour obtenir des vivres. Enfin, le 30 novembre, ils arrivèrent à la chute du Gonyé. Pendant que les compagnons du docteur Livingstone transportaient les canots au delà de cette chute, celui-ci montra sa lanterne magique aux tribus émerveillées.

La chute du Gonyé est fort pittoresque, ainsi que tout le pays environnant. Les eaux se précipitent tumultueusement dans un bassin d'environ 90 mètres de largeur, et le plus habile nageur périrait dans leurs eaux impétueuses.

Les habitants de ce pays se montrèrent fort généreux envers nos voyageurs. Plusieurs d'entre eux voulurent les suivre, mais le docteur Livingstone s'y refusa et les quitta, après avoir réussi à empêcher un combat entre deux villages ennemis. Il continua à remonter le Liambye en canot, pendant qu'une partie de ses compagnons suivaient les bords du fleuve en conduisant des troupeaux de bœufs.

Nos voyageurs avaient jusqu'alors beaucoup souffert de la chaleur ; une pluie abondante vint les ranimer et revêtir les forêts de leurs plus fraîches couleurs. On y distinguait de grands arbres semblables à des palmiers et couverts de lichens, et des fougères admirables.

Les compagnons du docteur Livingstone, ne s'étant pas encore servis d'armes à feu , usaient sa poudre en pure perte. Craignant d'épuiser son « médicament à fusil, » ainsi que l'appelaient les nègres, il se résolut à devenir le chasseur de toute la troupe. En même temps il enseignait l'Evangile à ses compagnons et aux habitants des villages par où il passait. Ainsi se continuait le voyage, les seuls incidents étant de temps en temps une attaque des crocodiles qui infestaient le fleuve, et qui enlevaient continuellement les veaux et les enfants des indigènes.

Les voyageurs passèrent enfin du Liambye dans le Liba, qui est également infesté de crocodiles, mais dont les rives abondent en miel sauvage et en fleurs charmantes. Ils arrivèrent au pays de Balonda, qui était gouverné par une grande et forte femme nommée Manenko. Elle vint voir le docteur Livingstone, couverte d'ocre et de graisse pour se protéger contre la chaleur, et l'engagea à se rendre avec ses compagnons auprès du chef du pays, son oncle Shinté, qui habitait un village du même nom (1).

Le docteur ayant accepté, elle s'offrit à leur servir de guide. Ils partirent donc par une pluie torrentielle, ayant à leur tête Manenko. Le docteur manifesta son étonnement de ce qu'elle n'eût mis aucun vêtement, même par un pareil temps ; mais Manenko répondit qu'un chef ne devait pas paraître efféminé, et ses compagnons, saisis d'admiration, s'écrièrent aussitôt : « Manenko est un guerrier! » Ceux des hommes de sa tribu qui la suivaient avaient aussi une apparence guerrière, quoiqu'ils le fussent en réalité fort peu. Ils étaient armés chacun d'un espadon et d'un carquois rempli de flèches à pointe de fer, et ils portaient un bouclier carré, fait avec des roseaux, long de cinq pieds et large de trois.

A la nuit, les voyageurs campèrent sur les bords du fleuve, et ce ne fut que plusieurs jours après que Manenko consentit à poursuivre sa route jusqu'au village qu'habitait Shinté. Celui-ci les reçut à l'ombre de deux banians où l'on avait élevé pour lui une sorte de trône recouvert de la peau d'un léopard. Shinté portait une chemise à carreaux et un jupon de laine rouge bordé de vert. De nombreux bracelets ornaient ses bras et ses jambes, et il était couronné d'une sorte de casque de perles surmonté de larges plumes d'oie. Près de lui se tenaient trois jeunes garçons armés de flèches et une centaine de femmes vêtues de laine rouge ; sa principale épouse était assise en face de lui.

Le docteur Livingstone s'étant assis à son tour en face de Shinté, l'interprète qui l'avait accompagné raconta à haute voix, et en se promenant de long en large, qui il était et les rapports qu'il avait eus avec les Makololos. Entre chaque pause, les femmes chantaient une sorte de cantique sur un ton plaintif. En même temps, trois tambours et quatre joueurs de marimba se

---

(1) Chez toutes ces peuplades, les localités sont désignées par le nom du chef qui les gouverne.

Livingstone sur les bords du lac Ngami.

faisaient entendre. Le marimba est une sorte de piano ; il se compose de deux barres de bois parallèles et horizontales sur lesquelles sont fixées quinze touches verticales également en bois. Ces touches ont de deux à trois pouces de largeur et environ dix-huit pouces de longueur, et chacune d'elles repose sur une calebasse creuse. Le son se produit en frappant les touches avec des baguettes de tambour, et il est plus ou moins grave, d'après l'épaisseur des touches et la grandeur de la calebasse.

La veille de son départ, le docteur Livingstone reçut la visite de Shinté, qui, comme preuve d'amitié, lui offrit une coquille d'une valeur telle, qu'avec deux de ces coquilles, on achetait un esclave, et avec cinq d'entre elles une défense d'éléphant d'une valeur réelle de 10 livres sterling.

Enfin, le 26 janvier, le docteur Livingstone prit congé de Shinté, après avoir reçu de lui de nombreuses provisions, huit hommes pour porter ses bagages, et un guide nommé Intéseme pour l'accompagner jusqu'au territoire de Katema, le chef voisin.

Il se dirigea par terre vers le nord et reçut partout la plus généreuse hospitalité, qu'il paya en perles et en coton anglais ; ce dernier article surtout était fort apprécié. Une fois, en arrivant à un village, les habitants poussèrent l'hospitalité jusqu'à enlever le toit de quelques-unes de leurs huttes et à les apporter au camp des voyageurs pour leur éviter la peine de construire des baraques.

Ces indigènes ont une coutume étrange : lorsque deux hommes se promettent amitié, ils s'asseyent en face l'un de l'autre, les mains jointes, et ayant chacun une cruche de bière à côté d'eux. Ils se coupent les mains, le creux de l'estomac, le front et la joue droite ; un brin d'herbe est ensuite pressé contre ces blessures et lavé dans la bière ; puis les amis échangent leurs cruches et en boivent le contenu. Ils croient devenir ainsi de véritables alliés par le sang, et sont tenus de s'aider l'un l'autre en toutes circonstances.

Livingstone arriva chez Katema, qui, pour le recevoir, avait revêtu un habit couleur tabac et s'était couronné d'un casque de perles et de plumes. Il était entouré de trois cents soldats assis par terre et d'une trentaine de femmes, ses épouses.

Après que le guide eut raconté l'histoire de Livingstone, Katema fit apporter des provisions et dit aux voyageurs de se rassasier, afin d'être dans un état satisfaisant pour causer avec lui à l'audience qu'il leur donnerait le lendemain.

Le lendemain, en effet, une entrevue particulière eut lieu, à la suite de laquelle Livingstone obtint des guides pour continuer sa route.

Il rencontra tout d'abord le lac Dilolo, puis le fleuve Kasaï, magnifique cours d'eau d'environ cent mètres de large, qu'il traversa dans des canots qui attendaient sur la rive. Quelques jours après, il atteignit Njambi, village habité par un chef de la tribu des Chiboques. Ce ne fut pas sans peine qu'il put traverser le pays de cette tribu ; à chaque village, on exigeait de lui un droit de passage, et comme il ne possédait que ses instruments d'optique et quelques couvertures, il lui fallait entamer avec les naturels des discussions interminables pour leur faire comprendre que toutes leurs exigences étaient inutiles.

Livingstone arriva enfin à Cassangé, la station portugaise la plus avancée dans les terres sur la côte occidentale. Le premier individu qu'il rencontra lui demanda s'il avait un passe-port et le conduisit devant le gouverneur. Celui-ci s'empressa non-seulement de pourvoir à tous les besoins du voyageur, mais il se chargea encore de la nourriture de toute la caravane.

Trente ou quarante maisons de négociants, éparpillées au sommet aplati d'une colline, forment la station de Cassangé ; elles sont construites avec des branches d'arbres recouvertes de terre ; des plantations de manioc, des champs de maïs les entourent, et presque toutes ont un jardin où l'on cultive des pommes de terre, des haricots, des choux, des oignons, en un mot, tous les légumes que l'on mange en Europe.

Le 31 mai 1854, Livingstone vit une partie de ses projets réalisée ; il était à Loanda, capitale de la province d'Angola, sur l'océan Atlantique, après avoir traversé du sud au nord-ouest toute la région australe du continent africain. Il séjourna dans cette ville pendant plusieurs mois, afin de se reposer de ses fatigues et d'étudier le pays où il se trouvait.

Les habitants poussèrent l'hospitalité jusqu'à enlever le toit de quelques-unes de leurs huttes.... (Page 261.)

Autrefois Saint-Paul-de-Loanda était une ville considérable ; elle n'a plus aujourd'hui qu'environ 12,000 habitants, dont la plupart sont des hommes de couleur (1). On y voit encore des témoignages évidents de son ancienne magnificence, parmi lesquels on remarque surtout deux superbes églises ; l'une d'elles, bâtie par les jésuites, est maintenant convertie en atelier ; quant à l'autre, son enceinte majestueuse sert d'étable à des bœufs. Trois forts y sont bien conservés, et l'on trouve dans la ville un grand nombre de maisons spacieuses, bâties en pierre. Le palais du gouverneur et les différents édifices consacrés à l'administration publique ont été faits sur un plan bien conçu ; mais presque toutes les habitations des indigènes sont construites avec des branchages et du pisé.

La ville est parsemée d'arbres qui répandent leur ombre dans tous les quartiers, et, vue de la mer, elle présente un aspect imposant. La police y est active, bien ordonnée, et le service de la douane admirablement fait. Le havre est formé par l'île sableuse de Loanda, qui est peu élevée au-dessus de la mer et qui renferme environ treize cents âmes, y compris plus de six cents pêcheurs dont l'industrie approvisionne la ville d'excellent poisson et en très-grande abondance. C'est dans l'espace qui est entre cette île et l'endroit du rivage où Loanda s'élève que stationnent les vaisseaux.

Les Portugais ont respecté l'organisation sociale des naturels, dont le territoire, chez certaines peuplades, continue d'être gouverné par des indigènes ; c'est ainsi que le chef des Bangos a été maintenu en qualité de *sova*, et qu'il a gardé son conseil et le même genre de vie qu'à l'époque où sa tribu était indépendante. Celle-ci elle-même a conservé son ancienne constitution. A la tête de ses membres se trouvent les conseillers du chef, qui en général administrent les villages ; et au bas de l'échelle sociale sont placés les portefaix, qui sont les derniers des hommes libres ; la classe qui est immédiatement au-dessus d'eux obtient du chef, en le

---

(1) D'après le recensement de 1850-51, la population de Loanda se répartissait de la manière suivante : 830 blancs, dont seulement 160 femmes ; 2,400 mulâtres, dont plus de 120 esclaves ; et 9,000 nègres, dont 5,600 esclaves.

payant, le privilége de porter des souliers ; viennent ensuite les soldats, qui achètent le droit de faire partie de la milice et s'exemptent ainsi de la corvée des transports. De plus, toute la société se divise en grands et en petits personnages, qui, tout en ayant la peau très-noire, se qualifient du titre de *blancs* et donnent celui de *nègres* aux va-nu-pieds qui n'ont pas le droit de porter des chaussures. Tous ces privilégiés comptent sur leurs femmes pour se nourrir et passent leur temps à s'enivrer de toddy. Cette boisson, qui n'est autre chose que la séve du palmier oléifère, est douce et inoffensive au moment où elle découle de l'arbre ; mais dès qu'elle a fermenté pendant quelques heures, elle produit une ivresse qui souvent mène au crime ; les indigènes l'appellent *malova*, et c'est le fléau du pays.

Il existe parmi les Bangos une espèce de franc-maçonnerie dans laquelle on ne peut entrer que si l'on est bon chasseur et si l'on tire bien au fusil. Les affiliés se distinguent du commun des martyrs par une bandelette de peau de buffle qui leur ceint la tête, et sont employés comme messagers dans tous les cas d'urgence ; ils sont loyaux et fidèles et composent les meilleures troupes indigènes que possèdent les Portugais. Quant aux miliciens, ils n'ont aucune valeur comme soldats ; mais ils ne coûtent pas un sou au gouvernement, puisqu'ils sont nourris par leurs femmes, et toutes leurs attributions consistent à garder la résidence des autorités et à faire la police.

Ce sont les mariages et les funérailles qui, dans le royaume d'Angola, constituent les principales distractions des indigènes. Quand une jeune fille est sur le point de se marier, on la conduit, bien et dûment frottée de divers onguents, dans une case où elle reste seule pendant que s'accomplissent d'autre part une foule d'opérations magiques, afin d'appeler sur elle le bonheur et la fécondité. Ici, comme dans tout le midi de l'Afrique, le comble d'une heureuse fortune est, pour les femmes, d'avoir beaucoup de garçons. Il arrive souvent qu'un mari est abandonné pour n'avoir eu que des filles ; et si, à la danse, un mauvais plaisant veut égayer l'assemblée, il introduit dans sa chanson quelques phrases analogues à celles-ci : « Une telle n'a pas d'enfants et n'en aura jamais. » L'insulte est si profondément ressentie, qu'il n'est pas rare de voir la pauvre créature à qui elle est adressée s'enfuir immédiatement et se livrer au suicide.

Pour en revenir à la future épouse, que nous avons laissée dans la hutte où elle est seule, on va l'y chercher quelques jours après, et on la conduit dans une autre cabane où on la couvre de tous les ornements que sa famille a pu acheter ou emprunter. Ainsi parée de mille atours, elle est admise en public, et toutes ses connaissances viennent déposer à ses pieds les présents qu'elles lui font ; puis on la mène à la résidence de son mari, où elle a sa hutte particulière et où elle devient l'une des femmes de celui qu'elle épouse, car la polygamie est générale en Afrique. Les danses, les festins, les libations, qui ne manquent jamais d'avoir lieu en pareille circonstance, se prolongent pendant quelques jours après la cérémonie. En cas de séparation, la femme retourne chez son père, et le mari reprend la somme qu'il avait comptée pour l'obtenir. Il est rare qu'un homme se marie sans rien donner à la famille de celle qu'il épouse ; et le prix d'une femme s'élève parfois chez les mulâtres à une somme qui représente 1,500 fr.

Les funérailles ne sont pas moins bruyantes et moins animées que les noces. Quand un décès a eu lieu, tous les parents et les amis, toutes les connaissances du défunt se rassemblent, et les roulements de tambours, les danses, les chants, les orgies de toute espèce se prolongent plus ou moins, suivant la fortune de la famille. La grande ambition de la plupart des nègres d'Angola est de faire à ceux qu'ils aiment des funérailles fastueuses.

Le 20 septembre 1854, le docteur Livingstone quitta Loanda et regagna Linyanti en suivant à peu près la route qu'il avait déjà parcourue. Il eut cependant l'occasion de se trouver en rapport avec des peuplades nouvelles.

Sur les bords d'une petite rivière nommée la Tamba, dans le pays qui avoisine au nord la tribu des Chiboques, il rencontra des naturels dont la timidité et la politesse le surprirent agréablement.

« Les riverains de la Tamba, rapporte le docteur, sont d'un

noir olivâtre ; ils se liment les dents en pointe, coutume qui rend le sourire des femmes effrayant à voir, en lui donnant quelque chose du rictus de l'alligator. Chose remarquable chez des sauvages, ils font preuve d'une variété de goûts tout aussi grande que les civilisés : les uns s'occupent de toilette avec passion, leurs épaules sont couvertes de l'huile qui tombe de leur chevelure soigneusement graissée, tordue, nattée sous l'inspiration du dandysme le plus ingénieux, et tout ce qu'ils portent est plus ou moins surchargé d'ornements ; les autres font de la musique depuis le matin jusqu'au soir, parfois même jusqu'à une heure avancée de la nuit. La plupart de ces musiciens sont trop pauvres pour avoir des chevilles de fer à leurs instruments ; ils les font en bambou, et, bien qu'ils n'aient pas d'auditeurs, ils n'en persévèrent pas moins à exécuter leurs mélodies. Il en est d'autres qui, affichant une humeur belliqueuse, ne sortent jamais de leurs cabanes sans avoir un arc et des flèches, ou sans un fusil orné d'un fragment de la dépouille de tous les animaux qu'ils ont tués ; tandis que leurs voisins ne vont nulle part sans emporter une cage où un serin est enfermé, et que certaines femmes passent leur temps à soigner de petits chiens destinés à la boucherie.

« Leurs bourgades, généralement situées au milieu des bois, sont composées de cabanes irrégulièrement groupées et d'une teinte sombre ; ils les entourent de bananiers, de cotonniers et de plantations de tabac. Chacune de ces cabanes possède une terrasse où l'on fait sécher les racines et la farine de manioc, et un certain nombre de cages sont suspendues autour des murs pour contenir les volailles ; des corbeilles sont juchées sur le toit, et les poules vont y déposer leurs œufs. Dès qu'on arrive dans ces villages, les femmes et les enfants viennent vous offrir leurs denrées avec un flux de paroles assourdissant ; mais la vente se fait toujours avec politesse et d'un air de bonne humeur. Les marchandes insistent pour que mes compagnons leur achètent de la farine et pour qu'ils leur donnent en échange un peu du bœuf que j'ai fait tuer avec l'intention de le vendre ; quelle que soit la petitesse du morceau qu'on leur offre, elles sont contentes ; elles paraissent d'ailleurs trafiquer avec plaisir. »

A la fin du mois d'août 1855, le docteur Livingstone arriva à Linyanti, où il retrouva son chariot, ainsi que tous les objets qui lui appartenaient, dans un état de parfaite conservation. Tous les habitants furent convoqués pour entendre le récit du voyage et pour assister à la réception des cadeaux. Ils furent tellement enthousiasmés, qu'une assemblée fut aussitôt tenue pour examiner l'avantage qu'il y aurait à quitter le pays et à se rapprocher des blancs ; mais les anciens se montrèrent opposés à ce projet, qui n'eut pas de suite.

Le 3 novembre, le docteur Livingstone quitta Linyanti et se dirigea vers l'est. Il s'embarqua sur le Zambèze, qu'il descendit jusqu'aux chutes appelées par les indigènes Mosivatounya, c'est-à-dire « la fumée qui tonne, » et auxquelles il donna le nom de chutes Victoria.

« Après avoir navigué pendant vingt minutes, depuis Kalaï, dit le docteur, nous apercevons les colonnes de vapeur, très-justement appelées fumée, et qui, à la distance où nous sommes, environ cinq ou six milles, feraient croire à l'un de ces incendies d'une vaste étendue de pâturages que l'on voit souvent en Afrique. Ces colonnes sont au nombre de cinq et cèdent au souffle du vent ; elles paraissent adossées à un banc peu élevé dont le sommet est boisé. De l'endroit où nous nous trouvons, le faîte de ces colonnes va se perdre au milieu des nuages ; elles sont blanches à la base et s'assombrissent dans le haut, ce qui augmente leur ressemblance avec la fumée qui s'élève du sol.

« Tout le paysage est d'une beauté indicible ; de grands arbres, aux couleurs et aux formes variées, garnissent les bords du fleuve et les îles dont il est parsemé ; chacun a sa physionomie particulière, et plusieurs d'entre eux sont couverts de fleurs ; le massif baobab, dont chaque branche formerait le tronc d'un arbre énorme, se déploie à côté d'un groupe de palmiers dessinant leurs feuilles légères sur le ciel, où elles tracent les hiéroglyphes qui signifient toujours : *Loin de toi*, *patrie*, car ce sont elles qui impriment au paysage son caractère exotique. Le mohonono argenté, qui, dans cette région, est pareil, pour la forme, au cèdre du Liban, fait un heureux contraste avec le sombre motsouri, taillé sur le patron du cyprès, et dont la teinte brune est rehaussée par des fruits écarlates. Quelques-uns de ces arbres ressemblent à nos grands chênes; il en est d'autres qui rappellent nos ormes séculaires et nos vieux châtaigniers ; néanmoins personne ne peut se figurer la beauté de ce tableau.

« Jamais les regards des Européens ne l'ont contemplé ; mais les anges doivent s'arrêter dans leur vol pour l'admirer d'un œil ravi. Des collines de cent à cent trente mètres de hauteur, couvertes d'arbres qui laissent apercevoir entre eux la nuance rutilante du sol, bornent la vue de trois côtés. Il ne manque au paysage que des cimes neigeuses se confondant avec l'horizon. »

Le docteur Livingstone, après avoir passé les chutes Victoria, entra dans le pays des Batokas, peuplade autrefois très-nombreuse et dont les troupeaux étaient immenses, mais qui avait été en partie anéantie à la suite d'une guerre malheureuse avec une tribu voisine.

Tous les Batokas ont la singulière coutume de s'arracher les dents de devant de la mâchoire supérieure, lorsqu'ils arrivent à l'âge de puberté. Cet usage est suivi par les deux sexes, et bien que les dents de la mâchoire inférieure, n'étant plus soumises au contact de celles qui les auraient maintenues, s'allongent et s'inclinent en repoussant la lèvre de la façon la plus laide, il n'est pas de jeune femme qui se trouve accomplie tant qu'elle ne s'est pas fait extirper les incisives de la mâchoire supérieure. Cela donne l'air vieux à tous les Batokas, leur sourire en devient d'une affreuse laideur, et ils sont néanmoins tellement attachés à cette coutume, que leur chef lui-même n'a jamais pu les y faire renoncer, malgré les ordres sévères qu'il avait donnés à cet égard. Lorsqu'on leur demande qu'est-ce qui a pu donner lieu à cette pratique étrange, ils répondent que leur but est de ressembler aux bœufs, tandis que les individus qui conservent leurs dents de devant ressemblent aux zèbres. Que ce soit là le véritable motif qui ait fait naître cette coutume, c'est ce qu'on ne saurait dire ; mais il est à remarquer que la vénération qui existe chez la plupart de ces tribus pour la race bovine est associée à une haine profonde pour le zèbre, que cette extirpation des incisives est pratiquée chez les Batokas au même âge que la circoncision parmi d'autres peuplades, et que chez les uns comme chez les autres c'est une cérémonie secrète. Les Makololos donnent à cette coutume une origine plus facétieuse : d'après eux, la femme d'un chef ayant mordu son mari à la main, en se querellant avec lui, fut condamnée à perdre ses incisives, et la mode en fut adoptée par tous les membres de la tribu ; mais cela n'explique pas comment cette coutume s'est perpétuée jusqu'à présent.

Plus le docteur Livingstone avançait, plus les habitants devenaient nombreux ; ils venaient tous regarder l'homme blanc, phénomène qu'ils n'avaient jamais contemplé, et apportaient du maïs. Leur manière de saluer était des plus étranges : dès qu'ils étaient devant le docteur, ils se jetaient sur le dos, se roulaient par terre et se frappaient la partie extérieure des cuisses. Livingstone s'efforçait de leur faire entendre que cela lui était désagréable ; mais, s'imaginant que leur accueil n'était pas assez bienveillant, ils se roulaient avec plus de fureur et se frappaient les cuisses avec plus de violence.

Dans chaque village que traversait la caravane, on donnait au docteur Livingstone une couple d'hommes pour le conduire à la bourgade prochaine ; ces guides lui étaient fort utiles au milieu des jungles dont le pays était couvert et qui rendaient la marche parfois très-difficile. Nos voyageurs atteignirent ainsi le confluent de la rivière Loangoua et du Zambèze. A cet endroit, Livingstone remarqua les ruines de maisons construites en pierre ; elles avaient toutes été bâties sur le même plan : un corps de logis au fond d'une grande cour, dont les murs étaient formés d'un grès tendre de couleur grise, cimenté avec de la vase. Ces maisons devaient être en ruine depuis longtemps, car des arbres de la grosseur d'un homme avaient poussé entre leurs murs ; de l'autre côté du Zambèze, on apercevait une muraille qui, d'après son élévation, devait appartenir à un fort.

Le docteur Livingstone apprit plus tard que ces ruines étaient celles de Zumbo, ville habitée autrefois par des trafiquants portugais qui faisaient le commerce de l'ivoire et la traite des nègres avec les pays situés au nord.

A quelque distance de Zumbo, Livingstone, traversant le Zambèze, se dirigea vers Nyakoba, village de la tribu des Banyaïs, au
sud du fleuve. Chez ces naturels, ce sont les femmes qui semblent
avoir toute l'autorité. Jamais un homme n'entreprend quelque
chose sans demander d'abord le consentement de sa femme, et
aucune séduction ne peut lui faire accomplir ce qu'elle ne lui
permet pas.

De Nyakoba, Livingstone rejoignit le Zambèze au village de
Tété, bâti sur une pente qui descend jusqu'au bord du fleuve.
Tété, rapporte le voyageur, compte à peu près trente maisons
européennes; le reste est composé de cases habitées par les indigènes et construites avec des branches et de la terre. On peut
évaluer la population de Tété à 4,000 âmes, dont une partie seulement est fixée dans le village proprement dit.

La majorité des habitants s'occupe d'agriculture. Le nombre des
Portugais, en dehors de la garnison, y est à peine de vingt individus.

A Tété, Livingstone s'embarqua sur le Zambèze, qu'il descendit
jusqu'à la rencontre de la rivière Quilimané; il suivit alors ce
dernier cours d'eau, et, le 2 mai 1856, il arriva sur le bord de
l'océan Indien, après avoir effectué ainsi la traversée complète,
de l'ouest à l'est, de toute la région australe du continent africain. Le 22 décembre, il se retrouva en Angleterre après une
absence de seize années.

CHAPITRE VI

But du voyage. — Les bouches du Zambèze. — Le navire *Ma-Robert*. —
L'expédition s'embarque sur le Zambèze. — Arrivée à Tété. — Excursion
aux rapides de Kébrabasa. — Navigation sur le Chiré. — Le lac Chiroua.
— Une source d'eau bouillante. — Les Manganjas. — Une mode étrange.
— La passion de la bière. — Découverte du lac Nyassa. — Retour à Tété. —
Départ pour le pays des Makololos. — L'expédition côtoie le Zambèze. —
Partage d'un éléphant. — Les plaines de Chicova. — Emploi du temps. —
Confluent du Kafoué et du Zambèze. — Les Bacndas-Pezis. — Un ménestrel.
— Visite aux chutes Victoria. — Arrivée à Seshéké. — Séjour dans cette
ville. — Retour à Tété. — Voyage à la côte. — Le navire *le Pionnier*. —
Nouvelle excursion au lac Nyassa. — Fin des explorations. — Retour en
Angleterre.

A peine remis des fatigues de son voyage dans l'Afrique
australe (1840-1856), le docteur Livingstone partit de nouveau.
Le but de ce second voyage était d'explorer le Zambèze et ses
affluents, destinés à servir de grandes routes aux missions et au
commerce pour pénétrer dans l'intérieur de l'Afrique.

L'expédition, composée du docteur Livingstone et de son frère
Charles Livingstone, du docteur Kirk et de quelques autres
Anglais, partit d'Angleterre le 10 mars 1858, sur le steamer *la
Perle*. Le mois suivant, elle arriva sur la côte de Mozambique.

Le Zambèze se jette dans l'Océan par plusieurs branches : le
Milambé, qui est le bras le plus occidental, le Kongoné, le
Louabo et le Timboué ou Mousilo. Après l'examen de ces diffé-

rentes bouches, le Kongoné parut la meilleure entrée du fleuve.
Un petit navire à vapeur apporté d'Angleterre en trois parties fut
aussitôt reconstruit ; il s'appelait le *Ma-Robert*, en souvenir de
mistress Livingstone que les naturels, dont c'est l'usage, avaient
baptisée ainsi du nom de son fils aîné.

L'exploration commença. Les bords du Kongoné étaient couverts d'énormes fougères, de buissons de palmiers et de dattiers,
auxquels succédèrent, à quelque distance en amont, de vastes
plaines d'un sol riche et brun. Plusieurs cases d'indigènes se
montrèrent dans les environs ; elles étaient bâties sur des piles
qui les élevaient à quelques pieds de la terre humide : on y entrait
au moyen d'une échelle. Les habitants, en très-petit nombre,
paraissaient bien constitués et étaient dans un état de nudité
presque complète.

Un petit canal légèrement tortueux, s'ouvrant à droite du
Kongoné, conduisit l'expédition au grand Zambèze, qu'elle
remonta, et le 8 septembre 1858 l'ancre fut jetée à la hauteur de
Tété. Le docteur Livingstone descendit dans le canot pour se
rendre à terre. A peine fut-il reconnu par ses anciens compagnons, les Makololos, que ceux-ci coururent à sa rencontre et
manifestèrent la joie la plus vive.

L'hôtel du gouverneur de la ville fut mis à la disposition des
voyageurs. C'était une maison de pierre à un étage, couverte
de chaume, ayant pour plancher de la terre battue.

De Tété, le docteur Livingstone se rendit aux rapides de
Kébrabasa, dont on lui avait fait des rapports qui avaient particulièrement éveillé son attention. Il y arriva le 9 novembre.

La chaîne élevée de Kébrabasa, formée en grande partie de
montagnes coniques revêtues d'arbres, traverse le Zambèze et
l'enferme dans une gorge étroite et rocailleuse d'une largeur
d'environ quatre cents mètres. Au fond de cette gorge, qui est
remplie par les eaux à l'époque du débordement, sont des masses
rocheuses, entassées pêle-mêle dans un état de confusion indescriptible.

Livingstone, ayant reconnu qu'il était impossible de franchir la
passe de Kébrabasa, même pendant les grandes eaux, avec le

Ma-Robert, dont la machine n'était pas assez forte, demanda au gouvernement anglais qu'il lui fût envoyé un navire approprié aux circonstances. En attendant qu'on répondît à cette demande, il tourna son attention vers la rivière Chiré, affluent de la rive gauche du Zambèze.

Il lui fut impossible de rien savoir à l'égard de ce cours d'eau ; personne ne l'avait remonté, au dire des indigènes. Il apprit seulement qu'une expédition portugaise s'était autrefois engagée dans cette rivière, mais qu'elle avait bientôt abandonné l'entreprise, n'ayant pu traverser la couche de lentilles d'eau qui s'y rencontre. Quelques-uns ajoutèrent que ce n'étaient pas les lentilles d'eau ni les autres herbes aquatiques qui avaient fait rebrousser chemin à l'expédition, mais les flèches empoisonnées des indigènes.

Ces renseignements n'arrêtèrent pas le docteur, et en janvier 1859 il entra dans le Chiré. A son approche, les riverains, tous armés d'arcs et de flèches, se réunissaient en grand nombre ; quelques-uns, cachés derrière les arbres, le suivaient du regard, et, l'arc tendu, paraissaient n'attendre que le moment de lui lancer leurs flèches venimeuses. Toutes les femmes se tenaient à l'écart, et les hommes, qui évidemment soupçonnaient les étrangers de leur être hostiles, se préparaient à repousser leur attaque.

Au village de Tingané, cinq cents guerriers au moins se rassemblèrent, et il fut ordonné à l'expédition de faire halte. Le docteur Livingstone descendit sur la rive ; il expliqua qu'il était Anglais ; que ce n'était ni pour enlever des hommes ni pour combattre qu'il venait dans le pays, mais pour ouvrir une route à ses compatriotes, afin que ceux-ci pussent venir faire du commerce.

Il n'en fallut pas davantage pour changer les dispositions du chef, dont les manières devinrent amicales. La présence du navire, en montrant que les arrivants appartenaient à un peuple encore inconnu, contribua puissamment à ce résultat ; car les indigènes voyaient bien que cette embarcation n'avait rien de commun avec les canots envoyés autrefois par les trafiquants ; or, ils fermaient le passage à ces derniers et ne permettaient aucune relation entre eux et les tribus de l'intérieur.

Dans cette excursion, ce fut la rivière elle-même qui attira l'attention des voyageurs. Toute la partie inférieure de son cours a au moins deux brasses de profondeur ; plus haut, il en sort des branches nombreuses qui en diminuent le volume, mais l'absence de bancs de sable fait que la navigation n'y est pas moins facile. Des cataractes, baptisées du nom de Murchison, arrêtèrent l'expédition ; mais comme la prudence ne lui permettait pas de risquer un voyage par terre au milieu de tribus assez défiantes pour entretenir sur la rive de forts détachements qui veillaient jour et nuit, elle rebroussa chemin et revint à Tété.

Au mois de mars suivant, Livingstone entreprit une nouvelle excursion sur la même rivière. Cette fois les indigènes lui firent un accueil favorable et s'empressèrent de lui vendre du riz, du sorgho, des volailles. Le navire fut laissé en face d'un village nommé Chibisa, et l'expédition se rendit, par terre, à la découverte du lac Chiroua. Le 18 avril 1859, elle atteignit son but.

« Le lac Chiroua, dit le docteur Livingstone, est une nappe d'eau considérable, qui renferme du poisson, des sangsues, des crocodiles et des hippopotames ; il est légèrement saumâtre, ce qui semblerait annoncer qu'il n'a pas d'écoulement. Il paraît être profond, et contient des îlots pareils à des montagnes. C'est de la base du mont Pirimiti ou Mopeoupeou, situé au sud-sud-ouest de la nappe d'eau, que nous avons aperçu le lac Chiroua. De là, si vous regardez vers le nord, vous avez un horizon maritime, sur lequel se détachent au loin deux ilots dont le plus grand et le plus rapproché est couvert d'arbres et rappelle le sommet d'un mont. Une chaîne de montagnes apparait à l'orient, tandis qu'à l'ouest s'élève le mont Chikala, qui semble se réunir à la grande masse du Zomba.

« Le rivage, près de l'endroit où nous avons campé, était couvert de roseaux et de papyrus. Désirant obtenir la latitude par l'horizon naturel, nous entrâmes dans l'eau, et nous nous dirigeâmes vers ce qu'on nous disait être un banc de sable ; mais les sangsues nous attaquèrent en si grand nombre, qu'il nous fallut battre en retraite. D'après ce que nous dit une femme, les hommes ne nous auraient encouragés dans cette entreprise que parce qu'ils désiraient nous voir mourir.

« Le Chiroua peut avoir de soixante à quatre-vingts milles de longueur, sur à peu près vingt milles de large. Sa hauteur au-dessus du niveau de la mer est de dix-huit cents pieds. L'eau en est un peu saumâtre, ainsi que nous l'avons dit, et a la saveur d'une légère solution de sel d'Epsom. Nous n'avons pas vu l'extrémité nord du lac, bien que nous l'ayons dépassée.

« Les bords du Chiroua sont très-beaux; la végétation y est luxuriante; et pendant notre séjour, les vagues, en venant se briser sur un rocher situé au sud-est, ajoutaient à la beauté du paysage. De très-hautes montagnes, dont le sommet peut atteindre à huit mille pieds au-dessus de l'Océan (près de 2,500 mètres), s'élèvent à peu de distance de la rive occidentale, et forment une chaîne qui porte le nom de Milanje. Leurs cimes aux flancs abrupts, dominant les nuages ou en étant couronnées, donnent à la scène un caractère de grandeur. Au couchant est le mont Zomba, d'une élévation d'environ sept mille pieds, et d'une étendue de quelque vingt milles. »

Le docteur Livingstone, ayant plutôt le désir de gagner la confiance des indigènes que d'explorer le pays, pensa qu'il lui serait plus facile d'atteindre son but par des visites réitérées; en conséquence, il résolut de retourner au navire et de regagner Tété.

Vers le milieu du mois d'août, l'expédition remonta encore une fois le Chiré. L'intention des voyageurs était de poursuivre les explorations au nord du lac Chiroua et d'aller à la découverte du lac Nyassa, dont on leur avait parlé en le leur désignant sous le nom de Nyinyési, mot qui signifie *les astres*. Sur leur route, ils découvrirent une source d'eau chaude; elle sortait de terre en bouillonnant par deux ouvertures situées à quelques pas l'une de l'autre et donnait naissance à un ruisseau d'une limpidité parfaite.

Sa température était de soixante-dix-neuf degrés; en y plongeant un œuf, il se trouvait cuit dans l'espace de temps ordinaire. D'infortunés lézards et de malheureux insectes avaient semé de leurs débris le fond des bassins; un gros coléoptère que les voyageurs virent se poser sur l'eau fut tué avant d'avoir eu le temps de replier ses ailes. A cent pieds environ de la source, la vase était encore plus chaude que l'eau d'un bain ordinaire ; elle ne s'attachait pas à la peau qu'elle nettoyait parfaitement.

A mesure que nos voyageurs avançaient, ils trouvaient le pays moins marécageux et de plus en plus boisé et fertile. Ils traversèrent la contrée des Manganjas. Tous les villages de cette tribu sont situés dans des endroits choisis avec goût et d'une façon judicieuse. Un ruisseau coule auprès de chacun de ces villages et des arbres touffus les protégent. Le *boalo*, c'est-à-dire la place, est généralement à l'extrémité d'une grande rue ; c'est une aire de vingt à trente mètres abritée par de grands figuiers. Les hommes viennent s'y asseoir pendant le jour ; ils y apportent leur ouvrage, y fument leur tabac ou leur chanvre ; et, par les soirées délicieuses où il fait clair de lune, ils y chantent, y dansent et y boivent de la bière.

« Quand nous entrons dans une de ces bourgades, dit la relation, c'est au boalo que nous nous rendons tout d'abord, ainsi que font les étrangers. Ordinairement des nattes de roseau ou de bambou y sont étendues pour nous servir de siége. Nos guides, prenant la parole, expliquent qui nous sommes, d'où nous arrivons, où nous voulons aller, et quelles sont nos intentions. Ces renseignements sont portés au chef, qui se présente aussitôt, quand c'est un homme raisonnable. S'il est timide et soupçonneux, il commence par recourir à la divination, et attend que ses guerriers arrivent des hameaux extérieurs.

« A l'apparition du chef, tous les individus présents frappent dans leurs mains, et avec ensemble, jusqu'au moment où le noble personnage s'assied en face de nous. Ses conseillers prennent place à côté de lui ; il prononce quelques paroles, auxquelles succède un grand silence. Nos guides s'accroupissent à leur tour vis-à-vis du chef et du conseil : des deux côtés, on se penche vers le rang d'en face, et l'on se regarde fixement. Le chef profère un mot tel que *ambouiatou* (*notre père* ou *notre maître*), ou *moio*, qui veut dire vie, et tout l'auditoire frappe une fois dans ses mains. Nouvelle parole du chef, à laquelle répondent deux claquements. Un troisième mot est suivi de claquements plus nombreux. Cha-

cun ensuite touche la terre avec les deux mains réunies ; puis tout
le monde se lève, se penche en avant et en claquant des mains.
On s'assied, toujours claquant ; et les battements s'affaiblissent,

Réception chez les Manganjas.

jusqu'à ce que le bruit s'éteigne, ou que le chef y mette fin par
un coup sec et retentissant. La mesure la plus rigoureuse est
observée dans tout le cours de la cérémonie.

« Nos guides répètent alors en s'adressant au chef, et souvent en vers blancs, ce qu'ils ont déjà dit à l'assemblée. Peut-être y ajoutent-ils les soupçons que leur inspirent les visiteurs. Le chef les interroge, et s'entretient avec nous par leur intermédiaire. Il n'est pas d'usage qu'il communique directement avec les étrangers. Souvent on nous demande, lorsque nous arrivons, quel est celui qui doit parler pour nous ; en pareil cas, l'orateur du chef ne s'adresse qu'à la personne désignée. L'étiquette est sévère, et, comme on le voit, ne manque pas de complications. Arrive l'échange des présents habituels, qui se fait d'une manière cérémonieuse, jusqu'à ce que nos Makololos ennuyés et affamés s'écrient : « Les Anglais n'achètent pas d'esclaves, mais des « vivres. » Sur quoi les assistants vont chercher de la farine, du maïs, des volailles, des patates, des ignames, des fèves et de la bière qu'ils mettent en vente. »

Les Manganjas sont d'une race active et laborieuse. Non-seulement ils travaillent le fer et le coton, fabriquent des paniers et des nattes, mais ils s'adonnent largement à l'agriculture. Il n'est pas rare de voir tous les habitants d'un village s'en aller dans les champs et piocher avec ardeur, hommes, femmes et enfants, tandis que les bébés reposent à l'ombre d'un buisson.

Leur manière de défricher un coin de la forêt est exactement la même que celle des colons américains. Ils commencent par abattre les arbres avec leurs petites haches de fabrique indigène; après avoir divisé le tronc et les branches, ils les empilent, y mettent le feu, et répandent les cendres sur le sol. Le grain est semé parmi les tronçons d'arbres, qui ont été coupés à une certaine hauteur, et qu'on abandonne à la pourriture. Si le défrichement a eu lieu dans un terrain herbu, le Manganja prend dans ses bras autant de grandes herbes qu'il peut en étreindre, et en fait une botte qu'i relie par un nœud. Il détache ensuite les tiges de la racine, en les coupant à la houe, reprend une nouvelle brassée d'herbe, et continue jusqu'au bout du terrain, qui représente alors un champ de blé couvert de petites moyettes. Quelque temps avant la saison des pluies, ces gerbes sont réunies en tas, que l'on couvre de terre ; et les cendres, mêlées à la terre brûlée, sont employées pour fertiliser le sol.

Le travail du fer, dont le minerai est tiré des montagnes, constitue la principale industrie de la tribu. Chaque village a son haut-fourneau, ses charbonnières et ses forgerons. Ceux-ci font de bonnes haches, des lances, des fers de flèche, des bracelets qui, vu l'absence de machines et la pauvreté de l'outillage, sont d'un bon marché surprenant : vous avez une houe, pesant plus de deux livres, pour un morceau de calicot d'une valeur de quinze sous.

Les Manganjas fabriquent aussi beaucoup de poterie : des marmites, des écuelles, de grands pots où l'on serre le grain, des vases de toute sorte qu'ils modèlent sans tour et qu'ils décorent avec la plombagine que l'on trouve dans les montagnes.

Les uns s'adonnent à la vannerie, et font de jolis paniers avec des éclisses de bambou ; les autres vont chercher du bouazé sur les hauteurs où il croît en abondance, et fabriquent avec ses fibres des filets dont ils se servent, ou qu'ils échangent contre du sel ou du poisson séché. Ces deux derniers articles sont, avec le tabac, le fer et les pelleteries, l'objet d'un commerce actif entre les villages de cette région.

Beaucoup d'hommes dans ce pays ont l'air intelligent, la tête bien faite, le front élevé, la figure agréable. Ils se préoccupent beaucoup de leurs cheveux, dont le bel arrangement fait leur orgueil : d'où il résulte que les coiffures sont variées à l'infini. L'un dispose ses longues mèches de manière à figurer les cornes d'un buffle, ce qui est très-admiré ; tel autre aime mieux en faire une torsade épaisse, qui lui pend dans le dos et représente la queue dudit animal. Celui-ci les divise en petits tortillons qui, maintenus tout droits par des bandelettes d'écorce, rayonnent dans tous les sens. Celui-là porte sa chevelure par masses étagées qui lui retombent sur les épaules, tandis que chez le voisin elle est complétement rasée. Beaucoup d'entre eux y font pratiquer des découpures ornementales, où la fantaisie du barbier apparaît dans tout son jour.

Il n'y a pas moins de dandys chez les noirs que parmi les

blancs. Les Manganjas sont fous de toilette : bagues à tous les doigts, y compris le pouce ; carcans, bracelets, anneaux de jambe en laiton, en fer ou en cuivre.

Mais le plus étonnant de ces bijoux est sans contredit le *pélélé* ou bague de lèvre, que portent les femmes. Dans leur enfance, on leur perce la lèvre supérieure près de la cloison du nez ; une petite épingle en bois est mise dans le trou pour qu'il ne se ferme pas. Quand les bords de la plaie sont cicatrisés, on retire l'épingle, qui est remplacée par une plus forte ; celle-ci par une cheville qui va toujours grandissant, jusqu'à ce que la lèvre soit assez grosse pour qu'un anneau de deux pouces de diamètre puisse y entrer sans peine. On voit cette parure chez toutes les femmes manganjas des hautes terres ; elle est commune sur les bords du haut et du bas Chiré. Dans les classes pauvres, c'est un disque, ou un anneau de bambou ; chez les riches, il est en ivoire ou en étain. Le pélélé de métal a souvent la forme d'un plat : celui d'ivoire ressemble à un rond de serviette.

Pas une femme ne paraît en public sans cet ornement, excepté lorsqu'elle est en deuil. On ne se figure pas l'effrayante laideur de cette lèvre qui se projette à deux pouces au delà du nez. Quand une ancienne porteuse d'anneau de bambou veut sourire, la bague et la lèvre qui la déborde, tirées en arrière par les muscles des joues, se redressent et dépassent les sourcils. Le nez se voit alors à travers l'anneau ; et les dents, qui se trouvent à découvert, montrent le soin qu'on a pris de les tailler en pointe comme celles des chats ou des crocodiles.

Impossible avec ce bijou de prononcer convenablement les lettres labiales, malgré tous les efforts de la lèvre inférieure, qui s'étire pour s'appuyer contre la gencive d'en haut.

Dites-leur que c'est affreux, qu'elles feraient bien d'y renoncer, elles vous répondront : « Kodi ! » (C'est la mode.) D'où a pu venir cette mode effroyable ? On ne le devine pas. Est-il possible que de grosses lèvres aient jamais pu sembler assez jolies pour qu'on ait éprouvé le besoin d'en produire de pareilles ?

Le mouvement continu du pélélé chez les jeunes femmes, qui l'agitent sans cesse avec la langue, fait naître cette idée irrévérente qu'on a pu l'inventer pour donner un emploi innocent à l'activité de ce membre féminin.

Les Manganjas sont loin d'être sobres ; ils aiment la bière et en font énormément. N'ayant aucun moyen d'empêcher la fermentation, il leur faut boire en quelques jours la totalité de ce qui vient d'être fait, sous peine de la voir aigrir. C'est le motif de joyeuses réunions où l'on tambourine, l'on danse et l'on boit jour et nuit, jusqu'à ce que la bière soit épuisée.

« Il nous est souvent arrivé, dit Livingstone, de rencontrer des villages entiers qui se livraient à ce genre de plaisir. Jamais, pendant les seize ans que nous avons passés en Afrique, nous n'avons vu autant d'ivrognes. Une après-midi, nous entrons dans une bourgade ; nous n'y apercevons pas un homme. Quatre ou cinq femmes seulement qui buvaient de la bière sous un arbre. Quelques instants après, le docteur sort d'une case en chancelant, sa corne à ventouse lui pendillant au cou, et nous reproche notre infraction à l'étiquette. « Est-ce comme cela, dit-il, qu'on entre « dans un village sans envoyer dire qu'on arrive? » Nos gens ne tardent pas à calmer le praticien, qui, pour avoir trop bu, n'en est pas moins de fort bonne composition; il va dans son cellier, appelle à son aide, et, assisté de deux hommes de notre suite, apporte une grande jarre de bière qu'il nous offre généreusement.

« Tandis que le docteur nous donne cette marque d'hospitalité, le chef se réveille. Il est furieux et crie aux femmes qu'elles aient à prendre la fuite ou qu'il va les tuer. Ces dames éclatent de rire à la seule idée qu'on les suppose capables de se sauver, et restent à côté de leurs pots de bière. Notre camp s'installe, le dîner se prépare, et nous voilà en train de manger paisiblement, quand des masses de guerriers, inondés de sueur, se précipitent dans le village. Ils nous examinent, se regardent les uns les autres, et reprochent au chef de les avoir dérangés pour rien. « Ces gens-là « sont tranquilles; ils ne vous font pas de mal, c'est la bière qui « vous aveugle. » Et, ce disant, ils retournent chez eux.

« Tous ces buveurs n'ont pas la même ivresse; il y a parmi eux les bavards, les benêts, les turbulents, les abrutis et les querelleurs. De ce dernier genre était le chef dont nous parlons : il se mit à la tête de ses hommes en nous criant : « Je ferme le sentier ; « retournez d'où vous êtes venus. » Mais il s'écarta d'un bond, nous livrant passage avec plus de promptitude que de dignité, lorsqu'il vit un Makololo, peu endurant, lui pousser une botte avec la crosse de son mousquet. »

La bière de cette région est rosée, et a la consistance du coulis de gruau. On fait germer le grain, qui sèche ensuite au soleil ; on le réduit en farine, et l'on mêle cette farine avec de l'eau qu'on fait bouillir à petit feu. Quand elle n'a qu'un ou deux jours, cette bière, à la fois douce et légèrement acidulée, est fort agréable par les chaleurs du pays, ou lorsque, altéré par la fièvre, on a tant besoin de boire quelque chose d'acide. Il suffit alors d'en prendre un verre pour calmer ce désir et pour apaiser la soif. La farine s'y trouvant en suspension, c'est une bonne manière de la consommer. Ce breuvage est pour cela même très-nutritif. Selon toute apparence, son usage n'a rien de nuisible ; les gens même qui en abusent ne s'en portent pas plus mal. Elle ne paraît engendrer chez eux aucune maladie, et ne semble pas raccourcir la durée de leur existence.

L'épreuve du *mouavi* ou poison est en usage dans cette région ; c'est à elle qu'on a recours lorsqu'une personne est soupçonnée d'un crime. Si l'accusé vomit le poison, il est déclaré innocent ; dans le cas contraire, il est reconnu coupable. Ils ont tellement foi dans l'efficacité de cette épreuve, que celui qu'on accuse à tort demande à la subir. Les chefs eux-mêmes n'en sont pas exempts. Il est possible que le docteur qui prépare le breuvage s'arrange de manière à sauver le prévenu, s'il le croit innocent ; mais il est difficile de faire causer les naturels sur ce sujet. Pas un ne veut dire ce qui entre dans la composition du mouavi.

La peine de mort est appliquée à ceux que le mouavi a reconnus comme sorciers. Les lamentations des funérailles durent quarante-huit heures. Assises par terre, les femmes chantent quelques paroles plaintives, et terminent chaque vers par le son prolongé d'*a-a*, ou celui d'*o-o*, ou bien encore d'*ia-ia-a*. Toute la bière qui se trouve dans la maison du défunt est répandue, ainsi que la farine ; et tous les vases, marmites, jarres et écuelles, sont brisés comme n'étant plus utiles.

Les voyageurs, continuant leurs explorations le long du Chiré, arrivèrent à un petit lac nommé Pamalombé, et, peu après, le 16 septembre 1859, ils découvrirent le grand lac Nyassa.

« En ayant, fait remarquer Livingstone, un petit vapeur sur le haut Chiré, qui, à partir des cataractes, présente avec le Nyassa une côte de six cent milles au moins, et en achetant l'ivoire des populations riveraines, on paralyserait le commerce d'esclaves dans toute cette région ; car ce n'est qu'en rapportant de l'ivoire, dont ils chargent les captifs, que les marchands trouvent dans leur odieux négoce un bénéfice réel.

« On acquerrait ainsi de l'influence sur une aire d'une immense étendue. Les Mazitous, qui habitent vers la partie nord du lac, ne permettraient pas aux racoleurs d'esclaves de traverser leur territoire. Ils deviendraient, pour la répression de la traite, les alliés les plus actifs de l'Angleterre, et pourraient en profiter pour accroître leur commerce. Dans l'état actuel, les indigènes qui vendent de l'ivoire et de la malachite sont indignement exploités. Si nous leur donnions ici le prix qu'ils reçoivent maintenant sur la côte, après avoir fait trois cents milles pour y porter leurs marchandises, ils s'abstiendraient de faire cette course inutile ; et ce n'est qu'en empêchant les produits de l'intérieur d'arriver aux établissements côtiers que nous parviendrons à réprimer la traite. Le moyen que nous proposons la supprimerait depuis le Zambèze jusqu'à Quiloa ; il ne laisserait en dehors de ces limites que l'établissement portugais d'Inhambane, au sud ; et, au nord, une portion des États du sultan de Zanzibar que surveilleraient nos croiseurs. »

L'expédition ne séjourna que très-peu de temps sur les bords du Nyassa ; elle redescendit le Chiré, puis le Zambèze, jusqu'à la côte, afin de se ravitailler, et de là reprit la route de Tété, où elle arriva le 2 février 1860. Elle resta dans cette ville jusqu'au 15 mai. A cette époque, le docteur Livingstone, voulant reconduire chez eux ses fidèles compagnons de 1855, qu'il avait retrouvés à Tété, comme nous l'avons vu, fit ses préparatifs pour gagner le pays des Makololos.

Au départ, la troupe comptait une centaine d'hommes ; mais bientôt un certain nombre d'entre eux rebroussèrent chemin, ne pouvant se décider à quitter les femmes esclaves dont ils avaient fait la connaissance pendant leur séjour à Tété. Ils savaient, il est vrai, que ces femmes et les enfants qu'ils en avaient eus appartenaient à un maître, que celui-ci en réclamait la possession, et c'était pour eux un véritable chagrin ; mais ils n'avaient pas la force de briser les liens qui les retenaient à Tété, tant ces liens étaient puissants.

Les voyageurs firent d'abord de courtes étapes, allant sans se presser jusqu'à ce que tout le monde fût rompu à la marche. Arrivés à la hauteur des rapides de Kébrabasa, ils s'éloignèrent un peu des bords du Zambèze, afin de passer par le village de Sandia.

Là, plusieurs des hommes de la troupe, désireux d'essayer leurs mousquets, allèrent à la recherche des éléphants. Ils ne tardèrent pas à rencontrer une bande de femelles avec leurs éléphanteaux. Dès que la première de la troupe eut découvert les chasseurs qui se trouvaient sur les rochers, d'où ils la dominaient, elle plaça, avec un instinct vraiment maternel, son petit entre ses jambes de devant, afin de le protéger. La pauvre bête reçut une volée d'artillerie, et s'enfuit dans la plaine, où elle fut achevée par une nouvelle décharge. Quant à l'éléphanteau, il s'échappa et disparut avec les autres.

Les chasseurs, ivres de joie, dansèrent autour du corps de la reine des forêts en poussant des acclamations mêlées à des chants de triomphe. Ils prirent la queue, plus un morceau de la trompe, et revinrent au camp, où ils entrèrent le front haut, d'un pas militaire, et se sentant grandis de plusieurs coudées.

Le chef de Sandia fut immédiatement informé de leur succès, attendu que, suivant la loi du pays, la moitié de l'éléphant appartient au chef du district où l'animal est tombé.

On retourna avec les chasseurs à l'endroit où ils avaient laissé la bête. C'était une belle vallée, couverte de grandes herbes chargées de graines, que les éléphantes mangeaient tranquille-

ment quand on les avait attaquées. On trouva l'animal intact :
une masse énorme de viande.

Le partage d'un éléphant, en pareil cas, est un spectacle des
plus curieux. Les hommes, rangés autour de la bête, gardent un
profond silence, tandis que le chef des voyageurs déclare qu'en
vertu d'une ancienne coutume la tête et la jambe de devant, du
côté droit, appartiennent à celui qui a tué l'animal, c'est-à-dire
qui l'a blessé le premier ; que la jambe gauche est à celui qui a fait
la seconde blessure, ou qui, le premier, a touché la bête après
que celle-ci est tombée ; que le morceau qui entoure l'œil se
donne au chef des étrangers ; et que certaines parts reviennent
aux chefs des feux, c'est-à-dire des différents groupes qui forment
le camp. Il recommande surtout de réserver la graisse et les
entrailles pour une seconde distribution.

Dès que ce discours est terminé, les indigènes fondent sur la
proie en criant, et, s'animant de plus en plus, jettent des clameurs
sauvages, tout en découpant la bête avec leurs grandes lances,
dont les longues hampes s'agitent dans l'air au-dessus de leurs
têtes. Enfin leur exaltation, plus forte de moment en moment,
arrive au comble lorsque la masse énorme est ouverte, ainsi que
l'annonce le rugissement des gaz qui s'en échappent. Quelques-uns
s'élancent dans le coffre béant, s'y roulent çà et là, dans leur
ardeur à saisir la graisse précieuse ; tandis que leurs camarades
s'éloignent en courant, chargés de viande saignante, la jettent
sur l'herbe, et reviennent en chercher d'autre ; tous parlant et
hurlant sur le ton le plus aigu qu'il leur soit possible d'atteindre.
Trois ou quatre, au mépris de toutes les lois, saisissent le même
morceau qu'ils se disputent brièvement. De temps à autre s'élève
un cri de douleur : un homme, dont la main a reçu un coup de
lance d'un ami frénétique, surgit de la masse grouillante qui
remplit la bête et qui la recouvre. Il faut alors un morceau d'étoffe,
et de bonnes paroles, pour éviter la querelle. Toutefois l'œuvre
continue, et dans un espace de temps incroyablement court
plusieurs tonnes de viande sont détaillées et les morceaux rangés
en différents tas.

Livingstone et ses compagnons eurent pour eux le pied de la

bête, qu'on leur accommoda à la mode du pays. Un grand trou fut creusé dans le sol, on y fit du feu ; quand l'intérieur eut le degré de chaleur voulu, on y plaça l'énorme pied, que l'on recouvrit de cendres chaudes, ensuite de terre, et l'on fit sur le tout un bon feu qui brûla toute la nuit. Le lendemain matin, le pied fut servi à déjeuner : il était parfait. C'était une masse blanchâtre, un peu gélatineuse, et qui ressemblait à de la moelle.

La quantité de viande que les indigènes consomment en pareille occasion est vraiment prodigieuse. Ils en font bouillir autant qu'il en peut tenir dans leurs marmites, et en avalent jusqu'à ce qu'il leur soit physiquement impossible d'en loger davantage. Vient ensuite une danse tumultueuse, accompagnée de chants de stentors. Dès qu'ils ont secoué le premier service et lavé la sueur et la poussière dont la danse les a revêtus, ils s'occupent du rôti et le font disparaître. Ils se couchent, se relèvent bientôt pour remplir la marmite ; et la nuit tout entière se passe à faire bouillir et à manger, à faire rôtir et à dévorer, sans autre intervalle que de courts instants de sommeil.

Le chef de Sandia procura deux guides, et la troupe se remit en marche, le 4 juin, pour se diriger vers l'ouest ; elle rejoignit le Zambèze à son entrée dans les plaines de Chicova.

Des buffles, des zèbres, des girafes, des gnous, des rhinocéros, des antilopes de toute espèce abondent dans ces plaines ; ils viennent en foule se désaltérer dans le fleuve. Pour s'emparer de ces animaux, les indigènes ont imaginé un piége qui porte généralement le nom de *hopo*.

Ce piége consiste en deux haies se rapprochant l'une de l'autre comme pour former un V ; très-épaisses et très-hautes au sommet de l'angle qu'elles produisent, au lieu de se rejoindre complétement, elles se prolongent en droite ligne, de manière à former une allée d'environ cinquante pas de longueur, aboutissant à une fosse qui peut avoir quatre ou cinq mètres carrés et six ou huit pieds de profondeur. Des troncs d'arbres sont placés en travers sur les bords de cette fosse, principalement sur le côté par où les animaux doivent arriver, et sur celui qui est en face et par où ils cherchent à s'échapper. Ces arbres forment au-dessus de la fosse

un rebord avancé, qui rend la fuite presque impossible, et le tout
est soigneusement recouvert de joncs qui dissimulent le piége, et

Le *hopo*, piége des riverains du Zambèze.

qui le font ressembler à un trébuchet posé dans l'herbe. Comme
les deux haies ont souvent un mille (1) de longueur, et que la base

-----

(1) Un peu plus de seize cent neuf mètres.

du triangle qu'elles décrivent est à peu près de la même dimension, une tribu qui forme autour du hopo un cercle de trois ou quatre milles de circonférence, se resserrant peu à peu, est certaine d'englober une grande quantité de gibier.

Les chasseurs dirigent par leurs cris les animaux qu'ils entourent, et les font arriver au sommet du hopo; des hommes cachés en cet endroit jettent leurs javelines au milieu de cette troupe effrayée, qui, se précipitant par la seule ouverture qu'elle rencontre, s'engage dans l'étroite allée qui conduit à la fosse; les animaux y tombent l'un après l'autre, jusqu'à ce que le piége soit rempli d'une masse vivante qui permet aux derniers de s'enfuir en passant sur le corps des victimes.

C'est un spectacle effroyable ; les chasseurs, enivrés par la poursuite et ne se possédant plus, frappent ces gracieux animaux avec une joie délirante, tandis que les pauvres créatures, entraînées au fond de l'abîme par le poids des morts et des mourants, soulèvent de temps à autre cette masse de cadavres en se débattant au milieu de leur agonie contre le fardeau qui les étouffe.

Les lions sont également nombreux dans les plaines de Chicova, aussi les voyageurs dressaient-ils le camp du soir avec plus d'attention, en ayant soin d'entretenir toujours de grands feux.

« Quand la grande affaire du souper est finie, dit le docteur Livingstone, tous nos gens prennent place autour de ces feux. Ils se mettent à causer ou bien à chanter. L'un des Batokas joue de la *sansa*, et continue jusqu'à une heure avancée de la nuit. Il accompagne ses accords d'un chant qu'il improvise, et dans lequel il raconte ce qui a été fait par eux tous dans ces trois dernières années.

« Quelquefois une question politique surgit, les paroles s'animent, et la somme d'éloquence dépensée par les orateurs est vraiment surprenante. L'excitation est générale, on s'interpelle d'un feu à l'autre. Des voix qu'on n'entend jamais, quand il s'agit d'autre chose, éclatent alors en discours passionnés.

« La veillée finie, tout le monde s'endort. Nous nous levons au point du jour (il est à peu près cinq heures). Tandis que nous prenons du thé avec un morceau de biscuit, nos couvertures sont pliées et mises dans les sacs par les hommes qui nous servent. Chacun ayant roulé son *foumba* ou sac, l'attache au bout d'un bâton qui se porte sur l'épaule, et dont la marmite occupe l'autre extrémité. Le cuisinier réunit la vaisselle, dont il se charge ; et quand le soleil est levé, toute la bande est en route.

« Vers neuf heures, si l'on trouve un endroit convenable, on s'y arrête pour déjeuner. Le repas en général a été préparé la veille, afin de ne pas perdre de temps ; on n'a plus qu'à le réchauffer.

« Après le déjeuner, on se remet en marche ; on se repose au milieu du jour, et l'on s'arrête dans l'après-midi, pour recommencer le lendemain.

« Nous franchissons en moyenne, à vol d'oiseau, de deux milles à deux milles et demi par heure ; il est rare que nous marchions plus de cinq ou six heures par jour. Dans un pays chaud, c'est autant qu'un homme peut faire sans s'épuiser, et nous désirons que le voyage soit plutôt un plaisir qu'une fatigue. »

De temps en temps, on rencontrait des voyageurs indigènes. Ceux qui ont une longue route à faire sont chargés généralement d'une natte à coucher, d'un oreiller de bois, d'une marmite et d'un sac de farine. Ils ont une pipe, une blague à tabac, un couteau, un arc et des flèches, enfin deux bâtonnets de deux à trois pieds, avec lesquels ils se procurent du feu quand ils sont obligés de camper loin de toute habitation. Le bois sec est abondant partout ; ils l'embrasent de la manière suivante : une entaille est faite à l'un des bâtonnets dont l'extérieur est d'un grain serré, et qui renferme de la moelle. Ce bâton est placé horizontalement sur une lame de couteau posée elle-même sur le sol. L'opérateur s'accroupit, maintient la baguette en appuyant sur les deux bouts avec ses gros orteils ; et prenant l'autre bâton, qui est d'un bois très-dur, il en ajuste la pointe dans l'entaille du précédent. Le bâton dressé, qui forme avec l'autre un angle droit, est tourné rapidement entre les deux mains qui le font aller en avant et en arrière, tout en le pressant avec force sur la baguette où il est introduit. Le frottement, au bout d'une minute, ou guère plus, embrase la moelle du bâton entaillé ; les parcelles ardentes roulent sur la lame de fer : elles sont mises dans une poignée d'herbe fine et sèche, que l'on balance vivement pour attiser la menue braise qu'elle contient, et qui doit l'enflammer. C'est une rude besogne que de se procurer du feu par cette méthode ; le mouvement rapide qu'il faut imprimer à la baguette, tout en appuyant sur elle d'une façon vigoureuse, a bientôt fait d'écorcher les mains délicates.

Le 9 juillet, les voyageurs atteignirent Semalembué, en amont du confluent du Zambèze et du Kafoué ; ils franchirent ce dernier cours d'eau et suivirent la rive gauche du Zambèze, à travers le pays des Batokas. Le sol était fertile et généralement couvert de forêts dépourvues de sous-bois. Les indigènes se montrèrent pleins de bienveillance, sans doute à cause de la réputation de pacificateurs dont jouissaient Livingstone et ses compagnons. Partout où ceux-ci passèrent, on leur apporta la plus belle farine, en y joignant de la volaille, de la bière, du tabac. Leur voyage fut pour ainsi dire une marche triomphale.

Beaucoup de ces Batokas sont appelés par leurs compatriotes Baendas-Pezis ou Va-tout-Nu, parce qu'un badigeon d'ocre rouge forme leur unique vêtement. Quelques-uns prennent de l'écorce intérieure de différents arbres, et en tressent des bandelettes d'environ deux pouces de large. Après s'être rasé le derrière de la tête ainsi que le tour des oreilles, qui se trouve dénudé sur une largeur d'un pouce, ils enduisent d'un mélange d'ocre rouge et d'huile les cheveux qui leur restent sur le crâne, et les entourent de leur bandelette, ce qui produit l'effet d'un bonnet de police.

Quelques rangs de perles communes, un peu de fil d'archal autour des bras, l'indispensable pipe, et la petite pince de fer avec laquelle il tient le charbon quand il veut l'allumer, forment tout le costume du plus élégant des Va-tout-Nu.

En avançant, les voyageurs trouvèrent le pays de plus en plus cultivé ; près des villages, ils virent des séries ininterrompues de champs de sorgho d'une grande largeur. La culture du tabac leur parut aussi très-répandue. Il n'y a peut-être pas au monde, en effet, de plus grands fumeurs que les Batokas ; la pipe ne leur sort guère des lèvres ; mais jamais fumeurs plus polis ne se sont rencontrés en chemin de fer. Quand ils venaient apporter leurs présents aux voyageurs, bien qu'ils fussent chez eux, pas un n'aurait allumé sa pipe avant d'en avoir demandé la permission.

Ils ont une manière de fumer qu'ils prétendent supérieure à toute autre : après avoir aspiré la fumée, comme tout le monde, ils en rejettent la partie la plus grossière ; puis une brusque inhalation leur en fait ressaisir et avaler, comme ils disent, la véritable essence, l'esprit même de la plante, qui, par la méthode habituelle, est complétement perdu.

Ces naturels ont la passion de l'agriculture ; ils se sont même élevés, sous ce rapport, jusqu'à certains usages qui appartiennent à l'état civilisé. Ainsi ils cultivent les arbres qui donnent des fruits et ceux dont la graine est oléagineuse. Non-seulement les tribus voisines n'ont jamais planté ni les uns ni les autres, mais elles ne manquent jamais d'abattre les arbres dont elles récoltent les fruits; les Batokas, au contraire, ont de véritables vergers où les arbres atteignent jusqu'à deux pieds de diamètre.

Ils possèdent également de nombreux greniers qui font paraître leurs villages plus considérables qu'ils ne le sont réellement. Quand les eaux du fleuve se sont retirées, ils emballent leur grain avec de l'herbe, qu'ils enveloppent avec une couche d'argile , et vont cacher ces ballots dans les îles sableuses, afin de les protéger contre les attaques des souris et des hommes. Il leur est difficile toutefois de le conserver longtemps, à cause des charançons ; et quelque abondante que soit la récolte, il faut tout consommer dans l'année. Cela explique l'énorme quantité de bière qui se brasse dans le pays. Cette bière n'a ni aigreur ni propriété enivrante; elle est douce, très-nutritive, et ne possède que le degré d'acidité voulu pour être agréable.

Comme dans les autres portions de la famille humaine, des hommes d'une capacité remarquable ont surgi de temps en temps parmi les Batokas. Il s'en est trouvé dont la sagesse et les lumières ont excité l'admiration des tribus voisines; d'autres qui, par la ventriloquie, par leur adresse à lancer le javelot ou à tirer de l'arc, ont fait l'admiration de leurs compatriotes. Ils ont eu aussi leurs bardes, et ils en ont même encore ; mais la tradition ne conserve pas leurs épanchements.

L'un de ces ménestrels, un véritable poëte, suivit l'expédition pendant plusieurs jours. « Dans tous les endroits où nous avons fait halte, rapporte Livingstone, il a chanté nos louanges en des strophes faciles et harmonieuses, formées de vers blancs composés de cinq syllabes. Tout d'abord, le chant n'avait que quelques lignes, mais chaque jour l'auteur, recueillant de nouveaux détails sur nous, allongeait son poëme ; et notre éloge a fini par devenir une ode d'une assez belle longueur. Quand la distance où il était de chez lui l'obligea de nous quitter, il nous en exprima tous ses regrets ; et il retourna dans ses foyers, après avoir touché, bien entendu, le prix de ses louanges, non moins utiles qu'agréables.

« Un autre enfant d'Apollon, moins bien doué, il est vrai (encore un Batoka), fait partie de notre escorte. A la veillée, pendant que les autres jasent, font la cuisine ou dorment, il redit ses poëmes, où il raconte tout ce qu'il a vu chez les blancs et ce qu'il a remarqué sur la route. Il en résulte que tous les soirs quelque chant nouveau s'ajoute à son odyssée. L'improvisation d'ailleurs lui est facile : jamais il ne reste court ; si le mot lui échappe, il ne s'arrête pas pour cela, il remplit la mesure d'un son particulier qui n'a pas de sens, mais qui conserve le rhythme. En récitant ses poëmes, il s'accompagne sur la *sansa*, instrument pourvu de neuf touches en fer, que l'on frappe avec le pouce, tandis que les doigts en maintiennent la boîte. La partie creuse et décorée fait face à l'artiste. Les gens qui ont le goût de la musique et ne sont pas assez riches pour acheter cet instrument le remplacent ou plutôt s'en font un avec de grosses tiges de sorgho dont ils forment la caisse ; ils fabriquent les touches avec des éclats de bambous. Le son est faible, mais n'en paraît pas moins ravir l'exécutant. Quand on ajoute à la sansa une calebasse en guise de table d'harmonie, elle est naturellement plus sonore. On y met des fragments de coquille et des morceaux d'étain qui joignent leurs cliquetis aux accords du virtuose. »

Poursuivant sa route à l'ouest, Livingstone atteignit Moachemba, le premier des villages batokas soumis à l'autorité de Séké-

Les chutes Victoria.

létou, son ancienne connaissance, et aperçut distinctement les colonnes de vapeur qui s'élevaient des chutes Victoria, bien qu'il en fût encore à une grande distance. Trois jours de marche le menèrent à cette merveille de la nature, qu'il voulut admirer en détail, mieux qu'il n'avait pu le faire lors de son premier voyage.

« Nous montons, dit le docteur, dans des canots appartenant à Touba-Mokoro, un nom de sinistre augure qui signifie Briseur de pirogues. Mais il paraît que Touba est le seul qui possède le charme avec lequel on est assuré de ne pas rouler dans l'abîme. Pendant quelques milles, à partir de l'endroit où nous nous embarquons, la rivière est paisible; nous glissons agréablement sur ses eaux qui ont la transparence du cristal, et nous passons auprès d'îles charmantes, couvertes d'une épaisse végétation. Dominant la foule des autres arbres, s'élèvent majestueusement l'hyphénée et le borassus. A côté d'eux se remarquent le dattier sauvage, aux grappes de fruits dorés, et le mokononga touffu, qui a la forme d'un cyprès, les feuilles d'un vert foncé et des fruits écarlates. Une quantité de fleurs se montrent près de la rive; quelques-unes sont entièrement nouvelles pour nous; les autres, telles que les convolvulus, sont d'anciennes connaissances.

« Mais notre attention est vivement détournée de ces îles délicieuses par les rapides où Touba peut nous jeter sans le vouloir. Le seul aspect de ces effroyables écueils, leur voix rugissante, ne peut manquer de produire quelque malaise, même à ceux qui les ont déjà vus. C'est seulement quand la rivière est très-basse, comme aujourd'hui, qu'on peut se hasarder à gagner l'île vers laquelle nous nous dirigeons. Si l'on y abordait au moment de l'inondation, en supposant que la chose fût praticable, il faudrait y rester jusqu'à ce que les eaux se fussent complétement retirées. On a vu des éléphants et des hippopotames être lancés dans l'abîme et réduits à l'état de pâte.

« Dès que nous arrivons à la hauteur des rapides, on nous recommande de garder un profond silence, attendu que nos paroles pourraient diminuer la vertu du talisman; et personne, à la vue de pareils tourbillons, ne songe à désobéir au Briseur de pirogues. Il est bientôt évident que la recommandation de Touba est des plus sensées, bien que le motif sur lequel il l'appuie ressemble beaucoup à celui d'un autre Makololo qui priait un jour un de nos hommes de ne pas siffler, parce que cela ferait venir le vent. Ici, le pilote ayant à diriger la manœuvre en prévenant le timonier chaque fois qu'il découvre un rocher, un tronc d'arbre, une saillie quelconque, Touba se dit sans aucun doute que nos paroles pourraient détourner l'attention de l'homme qui tient le gouvernail; et la moindre négligence, la plus légère méprise nous ferait infailliblement chavirer. En certains endroits, les hommes de l'équipage ont à déployer tout ce qu'ils possèdent de vigueur et d'énergie pour faire entrer la pirogue dans la seule portion praticable du rapide, et pour l'empêcher d'offrir le travers au fil de l'eau, ce qui nous enverrait à l'instant avec les plotus et les cormorans qui plongent autour de nous.

« Parfois il semble que rien ne pourra nous sauver des écueils dont la tête, maintenant que l'eau est basse, apparaît au-dessus du fleuve; mais juste au moment voulu Touba prévient le timonier, détourne un peu le canot avec sa gaffe, et nous passons comme une flèche à côté du récif. Jamais embarcation ne fut plus adroitement conduite. Une seule fois le talisman sembla perdre un peu de son efficacité : nous filions à toute vitesse; un rocher noir, sur lequel bondissait l'écume blanche, se trouvait en face de nous; la perche y fut appliquée avec la promptitude ordinaire; mais elle glissa au moment où le pilote y pesait de tout son poids. Nous ressentîmes une violente secousse, et la pirogue fut à demi remplie d'eau. Touba, que sa présence d'esprit n'avait point abandonné, éloigna l'esquif, et le lança dans un endroit où, la rivière étant calme, on put le vider sans crainte. Pendant ce temps-là, il nous fut donné à entendre que ce n'était pas le charme, ou la médecine, comme on dit dans le pays, qui était en défaut; le talisman n'avait rien perdu de sa vertu; la mésaventure provenait tout simplement de ce que Touba n'avait pas déjeuné. Inutile de dire que depuis lors nous avons veillé à ce que le pilote ne partît plus à jeun.

« Toutefois nous abordons sains et saufs à l'île du Jardin qui est située au milieu du fleuve, et qui s'étend jusqu'au bord du gouffre. Nous en gagnons l'extrémité, nous nous penchons au-dessus de l'abîme, d'une profondeur vertigineuse ; et le caractère unique et merveilleux de la cascade apparaît à nos regards.

« Il n'est pas de paroles qui puissent donner l'idée d'un pareil spectacle ; un peintre accompli n'y parviendrait pas, même avec une série de tableaux. Peut-être, en décrivant la manière dont la cascade s'est probablement formée, arriverons-nous à faire comprendre ce qui la caractérise. Le saut du Niagara provient de l'usure des rochers sur lesquels tombe la rivière ; il a reculé graduellement pendant une longue suite de siècles, et a laissé devant lui une auge profonde et large, dont la ligne est assez droite. Il continue tous les jours son mouvement de recul, et décharge néanmoins dans le Saint-Laurent l'eau des lacs dont celui-ci est composé. Les chutes de Victoria ont été formées par une déchirure transversale du basalte qui constitue le lit du Zambèze. Les bords de la faille sont toujours à vive arête, si ce n'est du côté où l'eau se précipite et où la rampe est rongée sur l'espace d'un mètre. La falaise est perpendiculaire et descend jusqu'au fond de l'abîme sans présenter de saillie, sans offrir de stratification, sans paraître disloquée. Le puissant effort qui, en produisant cette fissure, a déchiré le lit du fleuve, n'en a pas dérangé le niveau. Il en résulte qu'arrivé à l'extrémité de l'île du Jardin, le Zambèze disparaît tout à coup, laissant voir de l'autre côté de la crevasse les arbres qui s'élèvent à l'endroit où il coulait jadis, et qui croissent sur le même plan que celui où nous avons navigué.

« La crevasse dépasse de quelques mètres la largeur du fleuve, qui est ici d'un peu plus de 1,800 mètres. En amont de l'abîme, le courant principal va directement du nord au sud ; la crevasse qui le traverse se dirige à peu près de l'est à l'ouest. Nous en avons mesuré la profondeur au moyen d'une ligne à laquelle nous avions attaché quelques balles, plus un bout de calicot d'une longueur d'un pied. L'un de nous a posé la tête sur un rocher qui se projette au-dessus du gouffre, et a suivi du regard la descente du calicot. Trois cent dix pieds de corde avaient été fournis par celui qui tenait la ligne, quand les balles rencontrèrent un plan incliné de la falaise, et s'y arrêtèrent ; elles avaient encore, selon toute probabilité, cinquante mètres à descendre pour gagner la surface de l'eau. Le morceau de cotonnade blanche ne paraissait plus que de la dimension d'une pièce de 5 fr.

« Mesurée de l'île du Jardin, au moyen du sextant, la crevasse nous a présenté une ouverture de quatre-vingts mètres ; c'est là son minimum ; ailleurs elle a quelques mètres de plus. Dans cette faille, deux fois plus profonde que la cascade du Niagara n'a de hauteur, se précipite avec un fracas étourdissant une rivière de plus d'un mille de large : voilà ce qu'on appelle la Fumée tonnante, ou les chutes de Victoria. »

Côtoyant le Zambèze, qu'ils remontaient toujours, les voyageurs traversèrent le Lekoné à son embouchure. Bientôt après, ils virent arriver des gens que Sékélétou envoyait à leur rencontre pour les prier « de ne pas dormir dans le sentier et de se hâter de venir ». Les courriers, dans cette partie de l'Afrique, ont une mémoire excellente ; ils portent souvent à des distances considérables des messages d'une grande longueur, et les débitent presque mot pour mot. Habituellement, quand la route est longue, ils vont deux ou trois ensemble, et chaque soir ils se répètent ce qu'ils ont à dire, afin d'être bien sûrs de n'y rien changer. Aussi, lorsqu'on leur parle de la nécessité d'apprendre à écrire, ils répondent que pour eux c'est inutile.

Le 18 août 1860, Livingstone et ses compagnons arrivèrent à Seshéké. L'ancienne ville était presque détruite. Sékélétou avait transporté ses huttes sur l'autre rive du Zambèze. Le malheureux chef était atteint de la lèpre et les médecins indigènes l'avaient abandonné ; il réclama les soins de Livingstone, qui essaya d'une application de pierre infernale. Le succès dépassa les espérances du docteur : Sékélétou guérit.

Depuis la première visite de Livingstone, en 1853, l'état de la tribu avait profondément changé : une sécheresse exceptionnelle avait récemment détruit les récoltes et les herbages, la population était dispersée et la fièvre avait fait partout d'effrayants ravages. La polygamie, largement pratiquée dans le pays, loin d'accroître le nombre des habitants, tendait au contraire à le diminuer. Les vieillards opulents, dont le bétail était nombreux, épousaient toutes

les belles filles, tandis que les jeunes gens dépourvus de bétail ,
c'est-à-dire sans fortune, étaient obligés de se passer d'épouses ou
de se contenter de laiderons difformes.

Le séjour des voyageurs fit diversion à la monotonie de Seshéké.
Les habitants venaient en foule, principalement à l'heure des repas,
pour avoir le double plaisir de voir manger les blancs et de goû-
ter à leur cuisine. Les hommes faisaient de la cuillère qu'on leur
donnait un singulier emploi : ils en usaient pour verser le potage
ou la viande dans le creux de leur main gauche , qui portait ensuite à leur bouche ce qu'elle venait de recevoir. Quant aux
femmes, leur délicatesse était surtout blessée en voyant les étrangers mettre du beurre sur leur pain. Dans leur opinion, le beurre
n'est mangeable que dans les mets qu'il assaisonne , ou lorsqu'il
est fondu ; mais c'est surtout en guise de pommade qu'elles l'emploient : elles s'en frottent le corps et trouvent avec raison qu'il
leur assouplit la peau et la rend unie et brillante.

Livingstone remarqua qu'hommes et femmes avaient pris l'habitude de fumer du chanvre. « Un groupe de ces fumeurs, dit-il ,
forme un tableau assez grotesque. Ils sont pourvus d'une calebasse remplie d'eau pure, d'un éclat de bambou de cinq pieds de
long et d'un narghilé muni d'une calebasse ou d'une corne de
coudou renfermant l'eau que traverse la fumée avant d'arriver à
la bouche. Chaque individu , à tour de rôle, aspire quelques
bouffées, dont la dernière est extra-longue, et passe la pipe à son
voisin. Il avale probablement cette fumée , car, s'efforçant de
lutter contre les mouvements convulsifs de la poitrine et de l'estomac, il boit une gorgée d'eau puisée dans la calebasse , la retient
pendant quelques secondes, et la rejette dans la rigole de bambou, ainsi que la fumée qu'il a prise d'abord. Le résultat de cette
opération est un accès de toux violente, et, pour quelques-uns, une
espèce de délire qui se traduit par un flot rapide de mots n'ayant
aucun sens, ou par de courtes phrases telles que celles-ci :
« L'herbe pousse, le bétail gras prospère, le poisson nage. » Pas
un des fumeurs n'accorde la moindre attention à l'éloquence ou à
la stupidité de l'oracle, qui s'arrête brusquement et a l'air un peu
sot dès qu'il recouvre la raison. »

De Seshéké, le docteur se rendit à Linyanti, où il avait résidé autrefois, et où se trouvaient encore son chariot et quelques objets. Pendant le trajet, il rencontra quelques familles de Bakalaharis, race timide, qui habite principalement le désert Kalahari, mais que la moindre tentative hostile de la part des autres tribus fait fuir bien vite. Cette crainte constante d'être attaqués pousse ces malheureux à fixer leur résidence loin des cours d'eau, dont le voisinage est naturellement très-recherché par les naturels africains. Lorsqu'ils découvrent, par hasard, une source ou une petite mare, ils ont soin de la dissimuler en la remplissant de sable.

Pour avoir l'eau nécessaire à leur usage, les femmes bakalaharis mettent dans un sac ou dans un filet, qu'elles portent sur leur dos, vingt ou trente coquilles d'œufs d'autruche, percées d'une ouverture assez grande pour y introduire le doigt, et qui leur servent de vases. Elles fixent au bout d'un roseau, qui peut avoir deux pieds de long, une touffe d'herbe qu'elles enfoncent dans un trou de la profondeur du bras, et l'y assujettissent au moyen du sable mouillé qu'elles foulent à l'entour; appliquant ensuite leurs lèvres à l'extrémité libre du roseau, elles opèrent le vide dans la touffe d'herbe : l'eau y arrive et ne tarde pas à monter dans leur bouche. A mesure que le liquide est aspiré du sol, gorgée par gorgée, il descend dans la coquille d'œuf posée par terre à côté du roseau, à quelques pouces des lèvres de la femme qui l'attire; il y est guidé par un brin de paille dont il suit l'extérieur, mais où il n'entre pas. Si quelqu'un veut remplir une bouteille placée à quelque distance du vase d'où l'eau s'échappe, et qu'il se serve pour cela du brin de paille qu'emploient les femmes bakalaharis, il reconnaîtra bientôt l'excellence de cette méthode. La provision d'eau, après avoir passé, comme dans une pompe, à travers la bouche, est emportée à la maison et enterrée avec soin.

A Linyanti, le docteur retrouva ses bagages à la place où il les avait laissés en 1853; sa caisse de médicaments, sa lanterne magique, ses outils, ses livres, tout était en bon état. Malgré les vives instances des habitants pour le retenir, il ne séjourna que quelques jours dans ce village et revint à Seshéké. De là il se remit en route, le 17 septembre 1860, pour regagner l'embouchure du

Zambèze, où le navire qu'il avait demandé, comme on se le rappelle, à l'Amirauté anglaise, devait l'attendre. Le 23 novembre, il

Femmes bakalaharis puisant de l'eau.

arriva à Tété, et, vers la fin de décembre, il atteignit le bord de la mer.

Dans le réseau de criques qui forme le rivage, Livingstone eut l'occasion d'étudier un curieux petit poisson de la famille des blennies. A la moindre alarme, ce petit poisson se jette à la surface de l'eau et la traverse par des bonds successifs. On peut le considérer comme amphibie, car il ne vit pas moins à terre que dans l'eau, et c'est à marée basse qu'il montre le plus d'activité. On le voit alors sur le sable ou sur la vase, près des petites mares que le flot laisse en se retirant. Il se dresse sur ses nageoires pectorales, et, de ses grands yeux saillants, il guette la mouche de couleur claire, dont il fait sa pâture. Si la mouche se pose trop loin pour qu'il puisse l'atteindre en deux bonds, il se traîne lentement vers elle, comme un chat vers sa proie, ou bien en sautant comme certaines araignées. Arrivé à deux ou trois pouces de l'insecte, il bondit tout à coup, de manière que sa bouche, placée au-dessous de la tête, retombe directement sur sa victime.

C'est, en outre, une petite créature batailleuse, et qui parfois soutient des combats prolongés contre ses semblables. L'une de ces blennies, fuyant un danger, sauta dans une flaque d'eau qui pouvait avoir un pied carré, et dont un poisson de même espèce se regardait évidemment comme unique possesseur. Le propriétaire, l'œil en feu, la nageoire dorsale herissée, se jeta immédiatement sur l'intrus. Jamais tempête dans un verre d'eau n'a égalé celle qui assaillit cet océan minuscule. Tantôt les combattants étaient dans l'eau, tantôt dehors, et le duel n'était pas moins furieux sur terre que sur mer. Ils frappaient et se mordaient avec rage. Epuisés par la lutte, ils se saisirent réciproquement à la mâchoire, comme deux bouledogues, et s'arrêtèrent pour reprendre haleine. Puis ils recommencèrent à se battre avec plus de férocité que jamais, jusqu'à ce que tout à coup le duel finit par la fuite précipitée de l'envahisseur.

Le 31 janvier 1861, le navire *le Pionnier* arriva d'Angleterre; il était accompagné de deux croiseurs de la marine anglaise, amenant un évêque et plusieurs missionnaires qui devaient se rendre chez les riverains du Chiré et du lac Nyassa. Livingstone voulut les accompagner; connaissant d'ailleurs le pays, il pouvait mieux que personne leur servir de guide et leur faciliter la découverte d'un endroit propice pour l'établissement d'une mission. Mais le pays des Manganjas, qu'il avait trouvé précédemment en état de paix, était alors bouleversé par les trafiquants d'esclaves, et ce ne fut pas sans de grandes difficultés qu'il put arriver seulement jusqu'au bord du lac Chiroua. Durant le trajet, lui et les missionnaires eurent le bonheur de pouvoir délivrer un certain nombre de captifs, hommes, femmes et enfants, qui étaient conduits à Tété par les agents des Portugais.

De retour au navire, Livingstone fit ses préparatifs pour se rendre de nouveau au lac Nyassa; il partit, le 6 août 1861, dans une barque menée par quatre avirons. Un matelot anglais et une vingtaine de serviteurs l'accompagnèrent. Le 2 septembre, il se trouva sur les eaux du lac.

Les riverains de cette partie méridionale du Nyassa sont très-nombreux, et chaque fois que les voyageurs abordaient, ils étaient immédiatement entourés d'hommes, de femmes, d'enfants, qui se pressaient par centaines pour regarder les *chirombos*, c'est-à-dire les animaux sauvages. Ces indigènes sont tous tatoués des pieds à la tête ; les uns se font des raies horizontales ou verticales, les autres de petits reliefs arrondis qui leur donnent l'air d'avoir la peau couverte de verrues. Les femmes portent le pélélé, cet ornement qui transforme la lèvre supérieure en un véritable bec; elles ont les dents limées en pointe ; quant à leur vêtement, l'exiguité de son étoffe le rend indescriptible.

Le séjour que le docteur Livingstone fit sur les bords du lac Nyassa fut de courte durée : il revint à la côte au commencement de novembre. Le 30 du même mois, un nouveau navire anglais arriva, remorquant un brick où se trouvaient mistress Livingstone, quelques parentes des missionnaires et les vingt-quatre parties d'un vapeur en fer destiné à la navigation du Nyassa.

Livingstone repartit donc encore une fois pour ce fameux lac qu'il avait visité déjà à plusieurs reprises, presque inutilement. Cette excursion eut plus de résultats que les précédentes : il navigua le long du rivage occccidental et atteignit l'extrémité septentrionale du lac. Mais une dépêche du gouvernement anglais vint mettre fin brusquement aux explorations. « Quoi qu'il arrive, disait cette dépêche, le salaire des hommes de l'équipage du

Pionnier cessera au 31 décembre 1863. » Livingstone comprit ce que voulait dire ce laconisme; et comme on était déjà au 15 septembre, il s'empressa de prendre le chemin de retour.

Le 13 janvier 1864, il arriva à l'embouchure du Zambèze; il s'embarqua à bord du navire anglais *l'Oreste*, toucha à Zanzibar, et atteignit Bombay dans les premiers jours du mois de juin. Enfin, le 20 juillet 1864, il débarqua en Angleterre.

En résumé, cette seconde expédition, qui dura six ans, a eu pour résultat une reconnaissance à peu près complète du cours inférieur du Zambèze, l'exploration du Chiré, affluent très-important du grand fleuve, un peu au-dessus de son embouchure, et la découverte du vaste lac auquel le Chiré sert de déversoir.

Les Portugais du xvie siècle avaient eu quelques notions de ce lac, que le géographe d'Anville, d'après leurs mémoires, inscrivit sur sa grande carte de 1749 sous le nom de lac Maravi; mais ces anciennes notions portugaises étaient tellement vagues et flottantes, que les géographes de la première moitié du siècle actuel n'en avaient tenu aucun compte. Aujourd'hui, le lac Maravi figure sur les cartes sous le nom de Nyassa, nom qui n'est qu'une appellation générique désignant une « grande eau », et qui se retrouve en d'autres endroits sous la forme Nyanza.

CHAPITRE VII

TROISIÈME VOYAGE DU DOCTEUR LIVINGSTONE (1866)

VOYAGE DE HENRI STANLEY A LA RECHERCHE DE
LIVINGSTONE (1871-1872)

MORT DU DOCTEUR LIVINGSTONE (1873)

Troisième voyage du docteur Livingstone. — Ses projets. — Itinéraires
connus. — Absence de nouvelles. — La Société géographique de Londres
organise une expédition de recherche.— Audace d'un journaliste américain.
— Le reporter Henri Stanley. — Il part pour l'Afrique. — Arrivée à
Zanzibar. — Le marché aux esclaves. — Difficultés pour former une
caravane. — Départ définitif. — Simbamouenni. — Le pays de l'Ousagara et
ses habitants. — L'Ougogo. — L'Ounyanyembé. — Séjour à Kouihara. —
Guerre avec un chef indigène. — Nouvelles de Livingstone. — Arrivée à
Oujiji. — Rencontre de Livingstone. — Ses travaux. — Excursion sur le lac
Tanganyika. — Le Rusivy. — Les voyageurs quittent Oujiji et se rendent à
Kouihara. — Stanley se sépare de Livingstone. — Retour à Zanzibar, puis
en Angleterre. — Nouvelle de la mort de Livingstone. — Son corps est
transporté à Zanzibar et ramené en Angleterre. — La colonie Livingstonia.

Dans les derniers mois de 1865, le docteur Livingstone entreprit une troisième expédition. Indépendamment des vues philan-
thropiques qui l'inspirèrent en partie, l'intrépide explorateur
n'ayant jamais cessé de travailler de tout son pouvoir à la complète extinction du trafic des esclaves dans le sud de l'Afrique, les
investigations scientifiques y devaient avoir une grande part.

Livingstone se proposait quatre objets principaux : remplir le
vide qui existait encore sur la carte entre le lac Nyassa et le lac
Tanganyika ; achever la reconnaissance de ce dernier lac, dont
Burton et Speke, qui l'avaient vu les premiers en 1858, n'avaient

pu donner qu'un aperçu très-incomplet ; étendre les reconnais-
sances aussi loin que possible dans la contrée absolument inconnue à l'ouest du lac Tanganyika ; enfin porter les explorations
aussi avant que possible au nord du même lac, dans la direction
de l'équateur, où se pressent, non résolues, tant de questions
complexes relatives aux sources du Nil.

En quittant l'Angleterre, Livingstone se rendit directement à
Bombay. C'est de là, après avoir terminé les derniers préparatifs
de son voyage, qu'il gagna la côte orientale de l'Afrique, au mois
de mars 1866.

Il débarqua à l'embouchure de la Rovouma, accompagné d'un
certain nombre d'indigènes et de Johannais, et arriva au mois de
mai à Ngomano, sur le haut de la rivière.

Il y avait sept mois qu'on n'avait eu de nouvelles du voyageur,
lorsque, le 6 décembre 1866, le bruit d'une catastrophe se répandit à Zanzibar. Les Johannais, revenus par Quiloa, annon-
çaient qu'après avoir longé le Nyassa, ils avaient été attaqués
par les Mazitous et que Livingstone avait été tué. La nouvelle
parvint bientôt après en Europe, et, malgré son invraisemblance,
la Société de Géographie de Londres organisa aussitôt une expédition qui recueillit, en remontant le Chiré, des rapports favorables. On fut bientôt après complétement rassuré par des lettres
du voyageur.

Après avoir contourné le Nyassa, Livingstone était entré dans
une large vallée fermée au nord par les collines d'Usango, au sud
par les monts de Koné. Dans cette vallée qui s'ouvre de l'est à
l'ouest, puis du sud au nord, coule une importante rivière, le
Tchambèze, que Livingstone confondit avec le Zambèze, erreur
qu'avaient commise avant lui les explorateurs portugais, et dont
la rectification lui coûta de longs mois de fatigue et de travail. Il
s'enfonça, après avoir quitté Cazembé, dans un pays traversé par
d'innombrables rivières, atteignit dans le N.-E. un lac Liemmba,
qui a reçu le nom du pays qui le borne à l'est et au sud, et qui
n'est autre que l'extrémité méridionale du Tanganyika par 8° 42'
environ. Il revint alors dans le pays de Cazembé, traversa le
Marungu, atteignit le lac Moero, auquel il donna une largeur

approximative de 60 milles, et apprit qu'il recevait, dans sa partie méridionale, une grosse rivière, le Luapoula. Livingstone la
remonta, arriva alors au lac Bangouélo ou Bemmba, dont la
superficie égale celle du Tanganyika, et qui reçoit le Tchambèze.
Ainsi, ce n'est qu'une seule et même rivière : le Tchambèze se
jette dans le Bangouélo, en sort sous le nom de Luapoula, et
forme le lac Moero. Tels sont les résultats de la première excursion de Livingstone, qui dura jusqu'en mars 1869, et à la fin de
laquelle, épuisé par la fièvre et la pneumonie, il dut regagner en
litière, et pour ainsi dire à moitié mort, Oujiji, sur les bords du
Tanganyika.

Depuis longtemps, aucune nouvelle directe n'était arrivée,
lorsque, le 10 mars 1871, le docteur Kirk reçut des lettres de
deux voyageurs arabes, lui apprenant que « le voyageur chrétien » se trouvait, en octobre ou novembre 1870, dans une localité nommée Monakoso, probablement à l'ouest du Tanganyika,
avec Mohammed ben Gharib, sans secours, sans ressources, et
accompagné d'un petit nombre de serviteurs.

Ces informations, parvenues à Londres, excitèrent dans le
public et au sein de la Société de Géographie une légitime émotion. Sur la proposition de son président, la Société décida, à la
fin de 1871, qu'une expédition serait envoyée à la recherche de
Livingstone, pour lui porter l'assistance morale, et, au besoin, le
secours matériel qu'il attendait depuis longtemps. Un appel fut
fait au sein de la Société, et une somme importante promptement
réunie.

La commission fut immédiatement désignée ; elle se composait
du fils même de l'explorateur, M. Oswald Livingstone, et de deux
officiers de la marine royale, le lieutenant Henn et le lieutenant
Dawson. C'est ce dernier qui eut la direction de l'entreprise.
L'expédition quitta l'Angleterre le 9 février; elle gagna promptement le Caire et de là Suez, où devait se trouver un paquebot en
partance pour la côte orientale d'Afrique.

Une caravane devait être organisée à Zanzibar, où la commission était arrivée vers le milieu de mars. Mais là se rencontrèrent,
à ce qu'il parait, des difficultés de plus d'une sorte. La saison des

pluies, l'insuffisance des moyens, peut-être le manque d'énergie
ou le défaut d'accord : on ne sait trop. Toujours est-il que l'expédition a complétement échoué, ou, pour mieux dire, qu'elle n'a
même pas franchi le seuil africain. Les Anglais, qui n'appuient
pas volontiers sur les petits mécomptes de l'orgueil national, ont
entouré celui-ci d'un silence prudent. Il faut dire aussi que
l'inaction du lieutenant Dawson et du fils de Livingstone a pu,
jusqu'à un certain point, trouver son excuse dans ce que la commission apprit à Zanzibar de l'expédition individuelle d'un Américain qui depuis un an avait fait, seul, ce qu'elle-même projetait
de faire, c'est-à-dire s'était lancé résolûment à la recherche du
grand explorateur. Cet Américain est Henri Stanley, dont nous
avons maintenant à raconter l'intrépide odyssée.

Si la République américaine n'a pas le monopole des choses
extraordinaires, des entreprises marquées au coin d'une audacieuse énergie, elle en offre du moins des exemples qu'aucun
peuple n'a surpassés. Le voyage de Stanley n'en est pas un des
moins singuliers.

Henri Stanley est un simple *reporter* attaché au principal
journal de New-York, ce que dans le journalisme français nous
appelons un correspondant ; sa mission est de parcourir le continent européen, d'être présent partout où se produit quelque
événement à sensation, et de faire en sorte que son journal de-
vance, coûte que coûte, les informations des entreprises rivales.

Dans le courant de 1870, on commençait à se préoccuper d'une
manière sérieuse du long silence de Livingstone ; en Amérique,
en Angleterre, et même en France, où la guerre n'avait pas encore éclaté, de fréquents articles, dans les journaux et dans les
revues, surexcitaient déjà le sentiment public. Le directeur du
New-York Herald, James Gordon Bennett, qui se trouvait alors à
Paris, pensa qu'il y avait là un élément d'intérêt et de curiosité
de premier ordre. La recherche de Livingstone, dût-elle même
ne pas aboutir, devait éveiller vivement la curiosité générale. De
la pensée à l'exécution, il n'y eut que l'intervalle d'un télé-
gramme. Appeler Stanley, qui était en Espagne, et lui confier la
périlleuse mission comme la chose du monde la plus naturelle, ce

fut l'affaire de deux jours : l'électricité et la vapeur ont supprimé les distances.

HENRI STANLEY.

A Paris, Henri Stanley reçut des instructions sur l'itinéraire qu'il devait suivre pour se rendre en Afrique. « Vous assisterez d'abord, lui dit le directeur du *New-York Herald* (1), à l'inauguration du canal de Suez. De là, vous remonterez le Nil. J'ai entendu dire que Baker partait pour la Haute-Egypte ; informez-vous le plus tôt possible de son expédition. En remontant le fleuve, vous décrirez tout ce qu'il y a d'intéressant pour les touristes, et vous nous ferez un guide, un guide pratique ; vous nous direz ce qui mérite d'être vu, et de quelle manière on peut le

---

(1) *Le Tour du Monde :* Voyage de Stanley, traduit par Mme Loreau ; janvier 1873.

voir. Vous ferez bien, après cela, d'aller à Jérusalem ; le capitaine Waron fait, dit-on, là-bas des découvertes importantes ;
puis à Constantinople, où vous vous renseignerez sur les dissentiments qui existent entre le khédive et le sultan. Vous passerez
par la Crimée et visiterez ses champs de bataille. Puis vous
prendrez le Caucase jusqu'à la mer Caspienne : on dit qu'il y a
une expédition russe en partance pour Khiva. Ensuite vous gagnerez l'Inde en traversant la Perse ; vous pourrez écrire de
Persépolis une lettre intéressante. Bagdad sera sur votre passage ; adressez-nous quelque chose sur le chemin de fer de la
vallée de l'Euphrate ; et quand vous serez dans l'Inde, vous vous
embarquerez pour rejoindre Livingstone. Maintenant, bonsoir, et
que Dieu soit avec vous ! »

Henri Stanley fit comme il venait de lui être dit. Il partit immédiatement pour l'Egypte, visita ensuite Jérusalem, Constantinople, Odessa, parcourut la Crimée, vit Trébizonde, Tiflis, Téhéran,
traversa la Perse, passa à Persépolis, et arriva enfin dans l'Inde
au mois d'août 1870. Il s'embarqua à Bombay, le 12 octobre, sur
la *Polly*, et mit trente-sept jours pour gagner l'île Maurice. La
Polly avait pour contre-maître un Ecossais, nommé Lawrence
Farquhar. C'était un bon marin, et Stanley, pensant qu'un pareil
homme ne pourrait que lui être utile, l'engagea pour toute la durée
de l'expédition.

De l'île Maurice, il fallut aller aux îles Seychelles, où, le quatrième jour après son arrivée, Stanley se rembarqua avec
Farquhar et le fidèle Sélim, jeune Arabe chrétien qu'il avait pris
à Jérusalem en qualité d'interprète. Enfin, le 6 janvier 1871, il
aborda à Zanzibar.

« Je parcourus la ville, dit le voyageur, et rapportai de ma
course une impression générale d'allées tortueuses, de maisons
blanches, de rues crépies au mortier dans le quartier propre ;
d'alcôves avec des retraites profondes, ayant un premier plan
d'hommes enturbannés de rouge, et un fond de piètres cotonnades : calicots blancs, calicots écrus, étoffes unies, rayées, quadrillées ; des planchers encombrés de dents énormes ; des coins
obscurs remplis de coton brut, de poterie, de clous, d'outils, de

marchandises communes et de tout genre ; des têtes laineuses,
avec des corps fumants, noirs ou jaunes, assis aux portes de misérables huttes, et riant, babillant, se querellant, marchandant

Vue de Zanzibar.

au milieu d'une atmosphère affreusement odorante : un composé
d'effluves de cuir, de goudron, de crasse, de débris végétaux et
autres.

« Je me rappelle de grandes maisons à l'air solide, aux toits plats, avec de grands marteaux d'airain, et des créatures assises les jambes croisées, guettant la sombre entrée de la maison du maître ; un bras de mer peu profond, avec des canots, des barques, des daous arabes, un étrange remorqueur à vapeur, couché dans la vase que la marée a laissée derrière elle ; une place nommée Nazi-Moya, où les Européens se traînent le soir d'un pas languissant pour respirer la brise ; quelques tombes de marins qui sont venus mourir là ; un grand logis, habité par le docteur Tozer, évêque de l'Afrique centrale ; son école et mille autres choses, images mouvantes et confuses, où je distingue à peine les Arabes des Africains, les Africains des Banyans, les Banyans des Hindis, les Hindis des Européens, etc.... »

La ville de Zanzibar est un des centres les plus actifs de ce trafic honteux qu'on a nommé la traite des noirs. Malgré les efforts des puissances européennes, l'esclavage, cette plaie de l'Afrique, s'étale ouvertement dans les Etats du sultan Saïd-Barcash, et, malgré toute sa bonne volonté, ses sujets possèdent et posséderont longtemps encore des esclaves.

« Un jour, rapporte un voyageur, nous eûmes la fantaisie de visiter le marché où se vend cette marchandise d'un nouveau genre. Accompagnés d'un guide expert en pareille matière, et qui avait quelque peu trafiqué du *bois d'ébéne*, charmant homme, d'ailleurs, nous nous engageons, au sortir du port, dans une ruelle étroite, permettant à peine à deux personnes de marcher de front. Chacun de nos pas soulève une poussière nauséabonde. A droite et à gauche s'élèvent de massives maisons en pierre, n'ayant pour la plupart d'autre issue qu'une porte basse dissimulée, dans le but apparemment de dérober aux curieux les mystères de l'intérieur, mystères bien peu attrayants, si l'on en juge par les apparences. Nous parcourons ainsi un certain nombre de rues se ressemblant toutes, et nous débouchons sur une place découverte, poudreuse, n'offrant aucun abri contre les rayons d'un soleil brûlant.

« Une centaine de noirs accroupis, et riant à gorge déployée à notre vue, montraient des dents d'une blancheur éblouissante :

c'était la marchandise exposée. Les mieux vêtus avaient un morceau d'étoffe sale noué autour des reins; quelques-uns, dans le but sans doute de s'embellir, avaient dénaturé leur laideur primitive par d'horribles tatouages. Tous offraient le type le plus complet de la race bestiale de Cham : le front fuyant et bas, la mâchoire inférieure proéminente, les lèvres grosses et saillantes, le nez aplati aux narines dilatées, et les oreilles distendues et percées de plusieurs trous supportant des os taillés en pointe. Leurs cheveux crépus et laineux étaient enduits d'une graisse rance saisissant fortement l'odorat.

« Notre impression à leur vue fut tout autre que nous l'attendions. Leurs physionomies gaies et insouciantes bouleversaient toutes nos idées. Il nous restait à voir les femmes : généralement on n'en permet pas la vue aux infidèles; mais une pièce de monnaie leva tous les obstacles, et l'on nous fit entrer par une porte basse dans une vaste pièce où se tenaient couchées sur des nattes une trentaine de créatures difformes, tristes échantillons du beau sexe dans ces pays. La plupart étaient dans un état de nudité complète. C'était, au physique, la dégradation de la femme avec l'insouciance de l'animal. Rien de hideux comme ce tableau, si ce n'est la figure basse et vile de l'être qui les gardait et nous faisait l'éloge de sa marchandise avec un cynisme et une brutalité incroyables. Une d'elles, cependant, nous inspira quelque intérêt : c'était une jeune fille de quinze ans, répondant au nom de Fatma; sa figure, moins noire que celle de ses compagnes, s'éclairait de quelques reflets d'intelligence. Drapée avec une certaine coquetterie dans un pagne de cotonnade bleue, elle levait ses regards sur nous avec curiosité. Nous la marchandâmes ; mais le propriétaire, qui, sans doute, avait ses vues, nous répondit qu'elle n'était pas à vendre, et nous nous éloignâmes après lui avoir donné un bracelet de verroterie, dont elle se para avec une joie enfantine. »

On a cru longtemps que la traite était l'unique, ou du moins la principale cause des guerres que se livrent entre elles les différentes peuplades de l'Afrique. Il pouvait en être ainsi à l'époque où ce trafic, se faisant librement, avait pris une grande extension. Mais depuis plus de quarante ans, la quantité de noirs que les négriers parviennent à embarquer est trop faible pour expliquer ces luttes perpétuelles, dans lesquelles le prisonnier, vendu autrefois, est tué sans pitié maintenant. C'est un fait d'observation qu'il se fait, du centre de l'Afrique vers les côtes, un grand mouvement d'émigration qui pousse les tribus de l'intérieur vers la mer. Là peut-être est la véritable cause de ces guerres interminables. La tribu en possession du littoral, trop faible pour lutter contre cette immense pression, est acculée de plus en plus, et, après une résistance plus ou moins longue, elle est exterminée et cède la place à ses vainqueurs, qui, eux-mêmes, et par les mêmes causes, disparaissent à leur tour.

Le premier soin de Stanley fut de se mettre en rapport avec le docteur Kirk, représentant de la Grande-Bretagne, qui avait été le compagnon de Livingstone dans son second voyage, et se trouvait à même plus que personne de donner des renseignements utiles. Aussitôt après il commença ses préparatifs de voyage.

Son embarras fut grand tout d'abord. Combien fallait-il d'argent? Combien de porteurs? Combien d'hommes d'escorte? Combien de marchandises, et de quel genre? Autant de questions qui ne trouvaient pas de réponse. Il finit cependant par trouver un Arabe, riche et bien posé, qui arrivait précisément de l'intérieur de l'Afrique, et lui donna quelques indications.

Il acheta une abondante provision de perles, d'étoffes diverses, de verroterie et de fil de laiton; mais ce n'était pas tout, il lui fallait encore des vivres, des ustensiles de cuisine, des sacs, des tentes, de la corde, des armes, des munitions, des médicaments, un millier de choses enfin, dont il devait débattre les prix, ce qui entraînait forcément une grande perte de temps et de patience.

Ces acquisitions faites, il lui restait à composer son escorte, à l'armer et à l'équiper. Il eut la chance de rencontrer un Anglais, William Shaw, troisième contre-maître sur un navire américain, garçon adroit, actif et complaisant, qu'il s'empressa d'engager. Il s'assura aussi le concours de plusieurs hommes, entre autres

d'un nommé Bombay, qui avait déjà accompagné des explorateurs dans le centre de l'Afrique. Chacun d'eux reçut un mousquet, une poire à poudre, un sac de balles, une hache, un couteau et des munitions pour deux cents coups.

Pour transporter les masses d'objets de toute nature et pesant
au moins six mille kilogrammes qu'il avait amassés, Stanley
acheta vingt-deux ânes, deux chevaux et une petite charrette. Il
se procura en outre deux bateaux, l'un pouvant contenir vingt
hommes et l'autre six, avec leurs bagages; il démonta les embarcations, et, n'en conservant que la charpente, il en fit des
ballots dont le poids n'excéda pas soixante-huit livres.

Tout compte fait, il reconnut qu'il avait encore besoin de cent
soixante porteurs ou pagazis. On lui dit qu'il les trouverait à
Bagamoyo, petite ville située sur le continent africain, en face de
l'île de Zanzibar. Il se rendit donc à Bagamoyo. Mais là il eut à
déjouer la fourberie des Arabes qui s'étaient engagés à lui procurer ce qu'il demandait, et le retinrent pendant plus de cinq
semaines sous toutes sortes de prétextes.

Etant parvenu à la fin, et non sans beaucoup de mal, à compléter son expédition, il la divisa en cinq caravanes. La première
se mit en marche le 18 février 1871, la seconde le 21, la troisième le 25, la quatrième le 11 mars, et la cinquième le 21 du
même mois. Celle-ci, qui était la plus importante, et dont Stanley
se réserva le commandement, se composait de Shaw, de vingt-
huit pagazis, douze hommes d'escorte, un cuisinier, un tailleur,
un interprète, un servant d'armes, deux chevaux, dix-sept ânes et
un chien.

L'expédition éprouva bientôt tous les ennuis inséparables d'un
voyage en Afrique. Plusieurs pagazis tombèrent malades,
d'autres s'enfuirent; les deux chevaux moururent à quelques
heures d'intervalle; enfin, tous les petits chefs dont on traversa
les villages cherchèrent à voler les voyageurs.

Stanley n'en poursuivit pas moins sa route et atteignit Simbamouenni, capitale de l'Ouségouhha. Située au pied de hautes
montagnes, dans une magnifique vallée arrosée par deux rivières
et plusieurs ruisseaux limpides, cette ville pouvait avoir près de

cinq mille habitants. Ses maisons, au nombre d'un millier, étaient d'architecture africaine, mais du meilleur style, et ses fortifications, arabo-persiques, réunissaient les avantages des deux genres. Une tour en pierre s'élevait à chaque angle de l'enceinte construite avec les mêmes matériaux. La muraille était percée de quatre ouvertures, regardant les quatre points cardinaux, et que fermaient d'énormes portes en bois de tek du pays, couvertes d'arabesques les plus fines et les plus compliquées. Pareille aux maisons de la côte, la demeure royale était un long bâtiment avec une vérandah et une grande toiture à pente rapide, dépassant de beaucoup la muraille.

Ce palais était habité par une sultane, la fille d'un nommé Kisabengo, habile scélérat, qui avait été la terreur du pays. D'une humble origine, mais doué d'une force remarquable, d'une parole éloquente, d'un esprit souple et amusant, Kisabengo avait pris facilement de l'influence sur les esclaves marrons, qui l'avaient reconnu pour chef. La justice s'en était mêlée ; il s'était alors enfui dans l'intérieur, et avait commencé une vie de bandit dont le résultat avait été la conquête d'un immense territoire. Il avait choisi le plus admirable site et y avait construit sa capitale, qu'il avait appelée Simbamouenni, la cité-lion. Dans sa vieillesse, l'heureux fripon avait changé son nom de Kisabengo pour celui de sa ville ; et, en mourant, il avait voulu que sa fille, à laquelle il laissait le pouvoir, prît également ce nom royal.

De nouveaux ennuis vinrent encore assaillir l'expédition. Le cuisinier, qui avait été puni pour avoir gaspillé les vivres, prit la fuite ; les hommes envoyés à sa recherche furent faits prisonniers par la sultane de Simbamouenni ; celle-ci les relâcha plus tard, grâce à l'intervention d'un chef arabe ; mais le cuisinier ne put être retrouvé. Shaw tomba malade et ne rendit plus aucun service. D'un autre côté, les nouvelles de la caravane dirigée par Farquhar étaient désastreuses : les marchandises avaient été en partie perdues, et Farquhar souffrait de la goutte.

Quand Stanley eut rejoint celui-ci, il le trouva dans un tel état, qu'il dut le confier aux soins d'un chef indigène ; le malheureux mourut peu de temps après que ses compagnons l'eurent quitté.

Les voyageurs atteignirent une belle vallée de l'Ousagara, où ils campèrent et purent se remettre un peu de leurs fatigues. L'aspect du pays était souriant : des champs de maïs, de sorgho, de millet, avec çà et là quelques villages, s'étendaient au loin ; des filets d'eau limpide, serpentant dans un grand lit de rivière, distribuaient à ces champs altérés l'élément vivifiant qui abonde dans cette partie de la contrée. Enfin, doux spectacle pour Stanley, qui en était privé depuis si longtemps, des troupeaux de vaches paissaient dans les plis du terrain, dont elles animaient la solitude, et lui offraient en perspective des flots de lait et des masses de beurre.

Les indigènes se montrèrent doux et hospitaliers. L'un d'eux, jeune encore, fardé d'une légère teinte d'ocre rouge, ayant sur le front une rangée brillante de piécettes, une petite gourde passée dans chaque oreille, coiffé de mille mèches en tire-bouchons, bien graissées et pailletées de fins morceaux de cuivre jaune, la tête rejetée en arrière, la poitrine large et portée en avant, des bras musculeux, des jambes bien proportionnées, sembla à Stanley le beau idéal du naturel de ces parages.

Avant d'entrer dans le pays de l'Ougogo, qui fait suite à l'Ousagara, l'expédition se joignit à plusieurs caravanes arabes et forma ainsi une troupe vraiment imposante : près de quatre cents hommes, beaucoup de fusils, des drapeaux, des tambours, des trompettes.

Les voyageurs firent halte à Mvoumi. Aussitôt le chef de cette ville exigea un tribut. Rien ne paraissant le satisfaire, Stanley insinua que, grâce aux hommes armés qu'il avait sous ses ordres, il pourrait peut-être demander tribut à son tour ; mais, cédant aux conseils des Arabes, il paya tout ce qui fut exigé. Au sortir de Mvoumi, l'expédition traversa une contrée tantôt couverte de jungles épais, tantôt nue et aride, et arriva dans l'Ounyanyembé, à Kouihara.

Cette ville était la résidence d'un certain nombre d'Arabes, qui firent à Stanley l'accueil le plus bienveillant. Ils vivaient tous dans une grande abondance, récoltaient autour de leurs habitations quantité de produits, et possédaient de nombreux troupeaux.

Leur existence cependant n'était pas libre de tout souci, car un chef indigène, en état d'hostilité chronique avec tout le monde, troublait sans cesse le pays. Ce chef, nommé Mirambo, était parvenu de simple porteur au rang suprême, avec cette habileté des coquins sans âme à qui tous les moyens sont bons pour s'emparer du pouvoir. Quelques entreprises fructueuses, dans lesquelles ses partisans s'étaient enrichis, avaient affirmé son autorité, et, depuis lors, son audace n'avait plus connu de bornes ; il avait déclaré que désormais nulle caravane ne traverserait ses Etats, à moins de lui passer sur le corps. Les Arabes avaient tout mis en œuvre pour fléchir le tyran ; mais celui-ci n'avait voulu rien entendre.

Au moment de l'arrivée de Stanley, un projet de guerre avec ce bandit était en discussion, et il fut décidé qu'on l'attaquerait. Stanley offrit son concours. Tout d'abord le succès resta aux Arabes, qui prirent plusieurs villages et obligèrent Mirambo à déguerpir au loin ; mais bientôt la fortune changea, et ce fut Mirambo qui à son tour mit les Arabes en déroute. Stanley, abandonné de la plus grande partie de ses hommes, et souffrant d'une fièvre terrible, dut partir au plus vite.

Arrivé sur les bords du fleuve Malagarazi, il eut toutes les peines du monde à obtenir le droit de le traverser. Il lui en coûta huit mètres d'étoffe et quarante colliers de perles rouges, le tout payé d'avance. Quatre hommes furent alors déposés sur l'autre rive ; mais le bateau ne revint pas. Pour le ravoir, il fallut vingt rangs de perles. Au troisième voyage, nouvelle extorsion. Le passage de toute la troupe dura deux heures.

A quelque distance du Malagarazi, Stanley rencontra une petite caravane venant de l'ouest. Ayant questionné les hommes qui la composaient, il apprit qu'un homme blanc avait été vu, huit jours auparavant, à Oujiji, sur les bords du lac Tanganyika ; cet homme blanc était malade et arrivait de Manyéma. Stanley ne douta pas que ce ne fût Livingstone ; il puisa dans ces renseignements une nouvelle énergie, et hâta la marche de ses hommes en leur promettant une forte récompense.

Cependant il n'était pas encore au terme de ses peines. A la frontière du pays de l'Ouhha, il trouva une troupe de guerriers, armés d'arcs, de flèches et de lances ; le chef, vêtu d'une longue robe rouge et coiffé d'un immense turban, lui demanda s'il désirait la paix ou la guerre. Notre voyageur s'empressa de choisir la paix, tout en laissant entendre cependant que ses carabines lui assureraient probablement la victoire, dans le cas où la guerre éclaterait entre eux.

Le chef exigea alors un droit de passage de cent pièces d'étoffes. Cette prétention suggéra un moment à Stanley l'idée de se battre plutôt que de payer ; mais où se retrancher dans un pays où chaque village renfermait des ennemis ? Il se soumit donc, tout en jurant de revenir par une autre route, si cela était possible. Un peu plus loin, nouvelle demande d'un tribut. Voyant cela, Stanley résolut de ne plus voyager que de nuit et à travers les jungles.

Enfin, le 10 novembre 1871, deux cent trente-six jours après son départ de la côte, l'expédition arriva sur les bords du lac Tanganyika, en vue d'Oujiji. « Déployez le drapeau et chargez les armes ! » cria Stanley ; et près de cinquante fusils saluèrent le village où se trouvait Livingstone. La foule accourut pour voir arriver la caravane. Plusieurs *good morning*, *sir*, vinrent frapper les oreilles de Stanley et porter son émotion à son comble.

« Que n'aurais-je pas donné, dit-il dans sa relation, pour avoir un petit coin du désert où, sans être vu, j'aurais pu me livrer à quelque folie : me mordre les mains, faire une culbute, déchiqueter un arbre ; enfin donner cours à la joie qui m'étouffait. Mon cœur battait à se rompre ; mais je ne laissais pas mon visage trahir ce que je ressentais, de peur de nuire à la dignité de ma race. Me tenant donc le plus dignement possible, j'écartai la foule, et me dirigeai, entre deux haies de curieux, vers le demi-cercle d'Arabes devant lequel était un homme à barbe grise.

« Tandis que j'avançais lentement, je remarquais sa pâleur et son air de fatigue. Il avait un pantalon gris, un petit paletot rouge, une casquette bleue à galon d'or, fané. J'aurais voulu courir à lui ; mais j'étais lâche en présence de cette foule. J'aurais voulu l'embrasser ; mais il était Anglais : je ne savais pas comment je serais accueilli. Je fis donc ce que m'inspiraient la couardise et le faux orgueil. J'approchai d'un pas délibéré et dis, en ôtant mon chapeau :

« — Le docteur Livingstone, je présume ?

« — Oui, » répondit-il en soulevant sa casquette et avec un bienveillant sourire.

« Nos têtes furent recouvertes et nos mains se pressèrent.

« — Je remercie Dieu, repris-je à haute voix, de ce qu'il m'a permis de vous rencontrer.

« — Je suis heureux, dit-il, d'être ici pour vous recevoir. »

« Je saluai ensuite les Arabes que le docteur me présenta chacun par son nom. Puis, oubliant la foule, oubliant ceux qui avaient partagé mes fatigues, je suivis Livingstone. Il me conduisit sous sa vérandah et me fit prendre son siége habituel.

« L'entretien commença. Quelles furent nos paroles ? Je déclare n'en rien savoir. Des questions réciproques, sans aucun doute : « Quel chemin avez-vous suivi ? Où étiez-vous depuis si long- « temps ? » Mais je ne saurais dire ni mes réponses ni les siennes. J'étais trop absorbé. Je me surprenais le regard fixé sur cet homme merveilleux, l'étudiant et l'apprenant par cœur. Chacun des poils de sa barbe grise, chacune de ses rides, la pâleur de ses traits, son air fatigué empreint d'un léger ennui, m'apprenaient ce que depuis longtemps je voulais connaître. Que de choses dans ces muets témoignages, que d'intérêt dans cette lecture !

« Livingstone, poursuit Stanley, a environ soixante ans ; dès qu'il fut rétabli, on ne lui en aurait pas donné cinquante. Ses cheveux, bien qu'ayant des raies grises sur les tempes, sont toujours châtains. Si la moustache et les favoris sont presque blancs, les yeux, qui sont d'un brun clair, ont une vivacité remarquable et la vue perçante du faucon. Réduit à vivre de maïs cru, lorsqu'il était dans le Londa, il en a eu les dents ébranlées ; c'est la seule chose qu'il ait maintenant d'un vieillard. La taille est un peu au-dessus de la moyenne ; la charpente est robuste ; les épaules sont légèrement voûtées. La marche est pesante comme celle d'un homme qui a beaucoup fatigué, mais le pas est très-ferme. Il a

pour coiffure une casquette d'officier de marine, qui le fait reconnaître dans tous les endroits où il passe. Les vêtements qu'il
portait la première fois que je le vis témoignaient de nombreux
raccommodages, mais étaient d'une propreté scrupuleuse.

Rencontre du docteur Livingstone.

« D'après certains rapports qui m'avaient été faits, je le croyais
misanthrope, au moins d'un caractère morose. D'autres personnes

m'avaient dit qu'il tombait en démence, qu'il n'avait plus rien du Livingstone d'autrefois. Ses voyages n'offraient plus d'intérêt ; il ne prenait pas de notes, pas d'observations, ou n'en faisait que d'inintelligibles. Enfin on m'avait raconté qu'il s'était remarié avec une princesse africaine. De tous ces dires, il n'en est pas un qui, à mes yeux, puisse être justifié. »

Stanley questionna le docteur sur son voyage ; celui-ci lui raconta alors ce qu'il avait fait et enduré depuis son départ. Plusieurs lettres, comme nous l'avons vu, avaient déjà donné sur ce voyage des détails qui allaient jusqu'en 1869. A cette époque, Livingstone, qui se trouvait à Oujiji, avait voulu explorer la partie septentrionale du lac Tanganyika, ayant la pensée qu'un effluent s'en échappait et se dirigeait vers le Nil. Les exigences des Arabes et des indigènes l'avaient forcé d'abandonner ce projet. L'ayant remis à plus tard, il avait traversé le Tanganyika pour se rendre à Ougouhha, village situé sur la rive occidentale.

La contrée vers laquelle le docteur portait ses pas était inconnue même des Arabes, qui en savaient à peine le nom. Quittant la rive du lac, le docteur s'était dirigé à l'ouest, en compagnie d'un certain nombre de traitants. Quinze jours de marche l'avaient amené à Bambarré, premier entrepôt d'ivoire du Manyéma ; il y avait été retenu pendant six mois par des ulcères aux pieds.

Aussitôt guéri, Livingstone était parti dans la direction du nord ; il avait rencontré une large rivière se dirigeant au sud, qu'il avait suivie jusqu'à son entrée dans le lac Moéro d'où elle ressortait ensuite. On lui avait alors parlé de quatre fontaines dont les eaux se déversaient moitié dans la rivière qu'il venait de suivre, et moitié dans le Zambèze. Les indigènes l'en avaient entretenu à diverses reprises. Plusieurs fois il n'en avait pas été très-loin ; mais toujours quelque chose l'avait empêché de les atteindre. Livingstone pensait que ces fontaines donnant naissance à quatre grandes rivières pouvaient bien se rattacher aux sources du Nil.

C'était au moment de l'apprendre qu'il avait été forcé de revenir à Oujiji. Long voyage qui n'avait plus eu que fatigues et dangers et qui l'avait séparé pour toujours du but qu'il se proposait !

Les contrées que Livingstone avait parcourues sont habitées par des millions d'hommes qui ne se doutaient pas de l'existence des blancs et dont ceux-ci n'avaient jamais entendu parler avant la visite du docteur. Ces contrées ne sont pas organisées en royaume ; chaque village y est soumis à un chef indépendant et n'a rien de commun avec la bourgade voisine. Le plus intelligent de ces petits chefs ne sait aucunement ce qui existe à quelques lieues de sa frontière, ignorance qui avait rendu la tâche de Livingstone infiniment plus difficile.

Sous le rapport industriel, les indigènes du Manyéma avaient paru au docteur bien supérieurs à tous ceux qu'il avait rencontrés jusqu'alors. Ce sont en effet d'habiles armuriers ; ils font, en outre, avec une herbe très-fine, des tissus qui valent au moins ceux qu'on fabrique dans l'Inde avec la même matière, et ils les teignent de différentes couleurs : en noir, en jaune, en bleu foncé.

Le pays est aussi très-riche en ivoire. Les indigènes, ne connaissant pas la valeur de cet article, l'employaient autrefois dans la construction de leurs maisons ; les charpentes, les piliers d'ivoire étaient chose commune dans toute la province ; mais l'arrivée des Arabes avait ouvert les yeux aux naïfs possesseurs de ce trésor. Le prix des défenses s'était rapidement élevé, ce qui ne l'empêchait pas cependant d'être encore très-minime. La livre d'ivoire, qui se payait 7 à 8 fr. à Zanzibar, valait 6 à 7 cent. dans le Manyéma.

Malheureusement, à l'époque de la visite de Livingstone, les traitants avaient déjà gâté le pays par leurs cruelles manœuvres. Les esclaves de Manyéma se vendent en effet plus cher que les autres, en raison de leur beauté et de leur douceur.

Les femmes surtout sont généralement très-jolies ; excepté leur chevelure, elles n'ont rien du type nègre ; leur couleur est très-claire : dans le nord de la province, leur peau n'est pas plus brune que celle des Portugaises ou des quarteronnes de la Louisiane. Elles ont le nez bien fait, des yeux superbes, les lèvres d'une belle coupe, bien marquées sans être grosses, et il est rare qu'elles aient les dents saillantes.

Ces jolies femmes, avec cela fort intelligentes, sont avidement recherchées par les métis de la côte, qui en font leurs épouses. De là de monstrueux bénéfices qui, au transport de l'ivoire, ont fait joindre les cargaisons vivantes : seulement l'un s'achète, les autres se prennent, et de quelle manière ! Les rapaces qui les veulent ne reculent devant rien. Qui d'ailleurs les arrêterait ? Ils sont invincibles pour ces peuplades qui n'ont jamais vu d'armes à feu, et qui, à la première décharge, sont frappées de terreur. Elles s'imaginent que ces étrangers ont dérobé la foudre, et qu'un arc et des flèches sont impuissants contre eux.

Grâce aux soins de Stanley, le docteur ne tarda pas à revenir à la santé. Tout d'ailleurs contribuait à son rétablissement. On était dans la saison sèche, et, malgré la pureté du ciel, la température était relativement douce. Matin et soir, les voyageurs se promenaient sur la grève, afin de respirer la brise fraîche qui venait du lac ; dans le milieu du jour, ils se tenaient sous la vérandah, causant de leurs projets et les discutant.

Cependant Livingstone s'inquiétait de l'avenir ; il se demandait quel parti il devait prendre. Sa position, à vrai dire, était réellement critique. Il n'avait plus avec lui que cinq hommes et une femme, sa cuisinière. Etait-il prudent de se remettre en marche avec aussi peu de monde et avec le peu d'étoffe et de grains de verre qui lui restait ? D'un autre côté, combien de temps serait-il dans l'inaction, s'il attendait l'arrivée d'autres marchandises ?

Stanley lui demanda alors la permission de lui soumettre plusieurs lignes de conduite, entre autres de l'accompagner jusqu'à Kouihara, de lui remettre toutes les marchandises qui étaient restées dans cette ville, et de gagner en toute hâte la côte, où il s'empresserait d'organiser une bande de cinquante à soixante hommes qui le rejoindraient immédiatement. Après avoir longtemps réfléchi, Livingstone accepta cette proposition.

L'avenir ainsi réglé, nos deux voyageurs se préparèrent à l'excursion qu'ils avaient résolu de faire ensemble au nord du lac Tanganyika. Ils voulaient se renseigner sur le cours du Rusivy, rivière qui sortait du lac, suivant le dire des Arabes et des indigènes.

Le départ eut lieu dans un canot conduit par seize rameurs. Le lac, parfaitement calme, reflétait l'azur sans nuage qui se déployait au-dessus des voyageurs ; des hippopotames venaient quelquefois souffler à proximité alarmante de l'embarcation, mais ils replongeaient rapidement comme s'ils avaient voulu seulement jouer à cache-cache. De hautes montagnes, revêtues d'une herbe d'un vert éclatant, d'où s'élevaient de grands bois et qui plongeaient leurs flancs abrupts jusqu'au fond du lac, bordaient les rives. Le paysage était d'une grande beauté. A chacun des promontoires que doublaient les voyageurs, c'étaient de nouvelles surprises ; dans chaque pli de terrain, un tableau ravissant : des bouquets d'arbres couronnés de fleurs répandaient de suaves parfums ; des contours d'une variété infinie, pyramides, cônes tronqués, tables rases, croupes unies et gracieuses, crêtes déchiquetées et sauvages ; des hameaux de pêcheurs, enfouis sous les palmiers, les bananiers, les figuiers ; des fermes, entourées de jardins et de petites pièces de terre, dont les moissons luxuriantes se reflétaient dans l'eau.

A mesure que les voyageurs avançaient vers le nord, c'étaient toujours les mêmes scènes changeantes, les mêmes richesses. De temps à autre une bande de sable, convertie en marché, où se vendaient du poisson et les produits des localités voisines ; tantôt des fourrés de papyrus et de roseau recouvrant des marais ; tantôt des montagnes plongeant à pic dans le lac. Un canot se voyait-il à peu de distance, les rameurs se mettaient à chanter et tâchaient de passer devant ; les autres, piqués au jeu, redoublaient de vitesse, et debout, complétement nus, pagayant avec ardeur, offraient aux voyageurs l'occasion de faire des études d'anatomie comparative. Plus loin, un groupe de pêcheurs, indolemment couchés sur la grève, regardaient les pirogues qui passaient près d'eux. C'était ensuite une flottille de canots, dont les propriétaires se reposaient dans leurs cases ou pêchaient à la ligne, ou préparaient leurs filets.

Le docteur Livingstone et son compagnon atteignirent enfin l'extrémité septentrionale du Tanganyika et eurent la solution du problème qui les intéressait. Le Rusivy existait en effet ; mais au lieu de sortir du lac, il y entrait. Livingstone n'en conserva pas moins son opinion relativement à une issue du Tanganyika ; ce n'était pas le Rusivy, il en avait maintenant la certitude ; mais dans sa pensée l'effluent existait, attendu que pour lui tous les lacs d'eau douce devaient avoir un débouché.

Les voyageurs reprirent leur course vers le sud. Les tribus qu'ils avaient rencontrées jusque-là sur les bords du Tanganyika différaient essentiellement des peuplades qu'ils avaient déjà vues. Nulle part ils n'avaient trouvé des coiffures plus variées ; on voyait là des crânes entièrement nus, ou conservant des lignes de cheveux, lignes circulaires ou diagonales ; tantôt c'étaient des crêtes, des brosses, des touffes ; tantôt des rubans, des bouclettes sur le front et sur les tempes, des raies, des croissants.

Le tatouage de ces tribus était également très-fantaisiste ; on rencontrait depuis la cicatrice amorphe jusqu'aux dessins les plus compliqués : lignes courbes et lignes droites, se coupant et s'enchevêtrant de mille manières, zigzags courant sur les membres, cercles entre-croisés ou concentriques, boutons et plaques de toute grandeur.

Le 13 décembre 1871, l'expédition se retrouva à Oujiji. Dès le lendemain, les voyageurs songèrent à leur départ de cette localité pour gagner, comme il avait été convenu, Kouihara. Au lieu de reprendre immédiatement la route qu'avait suivie Stanley pour venir, ils longèrent le rivage du lac Tanganyika, dans la direction du sud, jusqu'au village d'Ourimba, où ils arrivèrent dans les premiers jours de janvier 1872. De là, ils reprirent leur marche vers l'est, traversèrent des contrées à peu près désertes et atteignirent enfin Kouihara le 18 février.

Stanley retrouva son ancienne maison, où attendaient un certain nombre de caisses de provisions envoyées de la côte à l'adresse du docteur.

« Ce fut un grand jour, dit-il, que celui où, le ciseau et le marteau à la main, j'ouvris ces caisses rêvées où nos estomacs allaient trouver le festin tant désiré. J'étais persuadé, pour ma part, qu'une fois au régime de ce qu'il y avait là-dedans, je deviendrais de la force d'Hercule, et qu'il me suffirait d'une massue pour anéantir tous les indigènes, s'ils me regardaient d'une façon déplaisante.

« La première caisse renfermait trois boîtes de biscuit et six boîtes de jambon : des boîtes pas plus grandes qu'un dé, où il y avait gros comme une noisette d'un hachis de viande, poivré à l'excès. Plus cinq pots de confiture, c'est-à-dire cinq pots de grès, pesant chacun une livre, mais contenant tout au plus une cuillerée de marmelade. Je tirai ensuite trois flacons de cari ; c'était bien nécessaire. Les provisions du docteur descendaient à cinq cents degrés au-dessous de zéro dans mon estime.

« De la seconde caisse tomba un fromage de Hollande, dur comme une brique, néanmoins de bonne qualité, mais à proscrire dans le pays : mauvais pour le foie. Dans la troisième caisse, deux pains de sucre; dans la quatrième, des bougies ; dans la cinquième, des sauces de divers fournisseurs, de l'essence d'anchois, du poivre, de la moutarde. Bonté divine ! quels réconfortants pour un moribond ! Les cinq autres caisses renfermaient des conserves de viande et de bouillon. Qui donc en demandait en Afrique ? Est-ce qu'il n'y a pas là du bœuf et du mouton, de quoi faire tous les consommés possibles? Des pois et des juliennes, à la bonne heure ; mais du bouillon de poulet et de gibier ! quel non-sens ! »

La seule caisse dont on pût se réjouir était celle où les voyageurs trouvèrent quatre chemises, des bas et deux paires de souliers, qui rendirent le docteur le plus heureux des hommes. La liste portait bien une douzième boîte où il devait y avoir douze bouteilles d'eau-de-vie médicinale ; mais cette caisse-là avait disparu, ainsi que deux balles d'étoffe et quatre sacs de perles rouges, qui, dans cette région, valent de l'or.

Cinq ou six jours après, l'Arabe auquel avait été adressé le premier envoi qu'on avait fait à Livingstone se rendit à Kouihara, mais se garda bien de venir voir les voyageurs. Le docteur lui fit réclamer ses marchandises. Il répondit qu'il était malade et ne pouvait pas s'en occuper. Toutefois il finit par donner les ballots, en demandant qu'on ne fût pas trop fâché de la mauvaise condition dans laquelle il les remettait.

Ces ballots et ces caisses étaient détenus par l'Arabe depuis 1867, probablement dans l'espoir d'hériter des armes précieuses qui faisaient partie de l'envoi ; mais, de ces dernières, les batteries n'existaient plus, les canons étaient rongés par la rouille, et les crosses dévorées par les termites. Quant aux bouteilles d'eau-de-vie, qui avaient été jointes à l'étoffe disparue, il n'en restait que le verre. D'après l'Arabe, grand amateur de spiritueux, c'étaient les fourmis blanches qui avaient absorbé le liquide, et remplacé aussi probablement les bouchons par des morceaux de rafle de maïs.

En fin de compte, de tous ces envois, dont le port avait été payé jusqu'au lac Tanganyika, Livingstone ne tira que deux bouteilles d'eau-de-vie et une petite boîte de médicaments. Par bonheur, Stanley pouvait lui laisser deux mille cinq cents mètres de cotonnade, près de mille livres de perles, trois cent cinquante livres de fil de laiton, des armes, des munitions, de la toile, des vêtements, des outils, des ustensiles, un bateau, une tente ; bref, de quoi entretenir soixante hommes pendant quatre ans. Tout cela devait former la charge de soixante-dix porteurs ; Livingstone n'en avait que neuf. Comme le pays était toujours en guerre à cause de Mirambo, il fallait en chercher au loin. Stanley fut donc chargé, dès qu'il aurait gagné Zanzibar, d'enrôler une troupe d'hommes libres, de les armer, de les équiper et de les faire partir pour Kouihara.

Cette commission imposait à Stanley le devoir de se rendre en toute hâte à la côte et d'agir avec tout l'empressement dont il était capable. Son départ immédiat fut décidé. Un groupe d'indigènes se rendit alors devant sa porte pour y exécuter une danse d'adieu.

« En dépit de moi-même, dit le voyageur, entraîné par la musique, je me mis de la partie, à la grande satisfaction de mes hommes. C'est une danse enivrante, après tout, bien que sauvage. La musique en est vive ; elle sortait de quatre tambours sonores placés au milieu du cercle. Bombay, toujours comique et danseur passionné, était coiffé de mon baquet ; Choupéreh, l'homme au pied agile et sûr, avait une hache à la main, une peau de chèvre sur la tête; Mabrouki faisait des bonds d'éléphant solennel ; Baraka, drapé dans ma peau d'ours , brandissait une lance ; Oulimengo , armé d'un mousquet, paraissait affronter cent mille hommes, tant il avait l'air féroce; Khamisi et Kanina, dos à dos devant les tambours , lançaient ambitieusement des coups de pied au ciel ; le géant Asmani, pareil au dieu Thor, se servait de son fusil comme d'un marteau pour broyer des bandes imaginaires. Toute autre passion dormait; il n'y avait là que des démons jouant leur rôle dans un drame fantastique, entraînés au mouvement par le tonnerre irrésistible des tambours.

« La musique s'arrêta; le chorége se mit à genoux et se plongea la tête à diverses reprises dans une excavation du sol; puis il commença un chant grave, d'une mesure lente, dont le chœur, également agenouillé, répéta d'une voix plaintive les derniers mots de chaque verset, que je traduis littéralement.

« Le Chorége. — Oh! oh! oh! l'homme blanc s'en va chez lui.

« Le Chœur. — Oh! oh! oh! chez lui.... chez lui !

« — Dans l'île heureuse de la mer, où les perles abondent, oh! oh! oh!

« — Oh! oh! oh! où les perles abondent.

« — Pendant que Singeri nous garde si longtemps loin de chez nous, oh! oh! oh! si longtemps ! oh! oh! oh!

« — Loin de chez noûs.... oh! oh! oh !

« — Et nous jeûnons depuis longtemps, oh! oh! oh! depuis si longtemps, oh! oh! oh! Nous mourons de faim, bana Singeri !

« — Depuis si longtemps ! oh! oh! oh! si longtemps , bana Singeri !

« — Mirambo est en guerre pour combattre les Arabes. Arabes et Vouangouanas sont en guerre pour combattre Mirambo.

« — Oh! oh! oh! pour combattre Mirambo. Oh! Mirambo Mirambo ! pour combattre Mirambo !

« — Mais l'homme blanc nous rendra joyeux. Il retourne chez lui et nous rendra joyeux.... Oh! oh! oh !

« — L'homme blanc nous rendra joyeux, oh! oh! oh ! »

« Il est impossible, ajoute Stanley , de rendre le ton, l'accent passionné de ce chant d'un rhythme parfait, exécuté par ces hommes, qui ont tant de plaisir à chanter en chœur. »

Enfin la petite troupe se mit en route. Livingstone voulut l'accompagner pendant quelque temps, mais il fallut en arriver à la séparation. Ce fut un moment de tristesse poignante pour Stanley : il eut comme un vague pressentiment que l'adieu devait être éternel, et des larmes mouillèrent ses yeux.

Le voyage s'accomplit sans incidents bien remarquables, mais non sans fatigue. Une pluie diluvienne, transformant les rivières en torrents impétueux et les plaines en marécages remplis de fondrières, assaillit les voyageurs peu de temps après leur départ et dura plusieurs jours. Tout le pays qu'ils avaient vu l'année précédente plein de richesse et d'animation se trouvait alors transformé en un véritable désert d'aspect lugubre. Simbamouenni, cette grande et belle ville, cette cité-lion si florissante, n'existait plus : elle avait été emportée presque entièrement par les eaux, et la plupart de ses habitants étaient morts. Partout enfin se voyaient des amas de débris, des arbres arrachés ; partout la solitude désolée.

Le 6 mai 1872, Stanley se retrouva à Zanzibar, où il s'occupa aussitôt de former la caravane qu'il devait envoyer au docteur Livingstone. Cinquante-sept hommes la composèrent et se mirent aussitôt en route sous le commandement d'un chef arabe. Ses engagements remplis, Stanley s'embarqua pour l'Angleterre, rapportant un journal écrit de la main du docteur Livingstone et toute une série de dépêches et de lettres.

La première impression, il faut le dire, ne fut pas favorable à l'intrépide voyageur. L'étonnant succès d'une entreprise où tant d'autres avaient échoué, et que l'on s'était habitué à regarder comme entourée d'obstacles insurmontables ; quelques détails singuliers, qui semblaient contraires au caractère, à la physionomie, en quelque sorte, du docteur Livingstone ; la qualité même et la profession de Stanley ; le souvenir de supercheries restées fameuses dans l'histoire des voyages africains, tout, dans le premier moment, souleva une défiance universelle. La Société de Géographie de Londres elle-même partagea cette défiance, et l'exprima sans beaucoup de ménagement.

Transport du corps de Livingstone à Zanzibar.

Mais bientôt l'examen des nombreux documents rapportés par
Stanley fit tomber tous les doutes, et justice fut rendue au courageux reporter américain. La Société de Géographie lui décerna
une médaille, et la reine Victoria lui fit présent d'une riche taba-
tière en or, en reconnaissance de l'énergie et de l'intelligence

rares qu'il avait déployées dans l'accomplissement de sa hasardeuse entreprise.

Aucune nouvelle directe du docteur Livingstone n'était arrivée en Europe depuis le retour de Stanley, lorsque, vers la fin de l'année 1873, le bruit de la mort du célèbre explorateur se répandit en Angleterre. La triste nouvelle ne tarda pas malheureusement à être confirmée par une dépêche du consul anglais à Zanzibar.

Peu après, on apprit que l'illustre docteur, s'étant trouvé engagé pendant huit jours dans une région marécageuse, avait succombé aux suites d'une violente dyssenterie, le 27 avril 1873.

Les hommes de l'escorte ramenèrent le corps à Zanzibar dans les premiers jours de février 1874. Dans la crainte que ce précieux fardeau ne leur fût dérobé par les indigènes des nombreux pays qu'ils devaient traverser, ils avaient eu soin de l'empaqueter comme une marchandise ordinaire, afin de ne pas éveiller les soupçons.

Le docteur Livingstone était, en effet, devenu, grâce à sa bonté et à sa douceur sans bornes, une sorte de divinité, de fétiche pour les peuplades au milieu desquelles il avait vécu ; dans l'esprit des nègres, il passait pour le protecteur du pays ; aucun malheur ne devait arriver tant qu'il y séjournerait. La nouvelle de sa mort et le départ du corps au su et au vu de tous auraient donc pu susciter des troubles graves et peut-être des empêchements au retour de la caravane.

De Zanzibar, les dépouilles mortelles furent transportées en Angleterre et déposées, en grande pompe, dans l'abbaye de Westminster.

Si l'on se borne à ne considérer que le résultat de ses explorations, le docteur Livingstone a accompli l'œuvre la plus considérable qu'il ait été donné à un voyageur de mener à une fin satisfaisante. Il l'a accomplie seul, et le plus souvent sans escorte. Ce n'était pas qu'il jalousât quelque émule ; mais il avait la ferme conviction, à laquelle tous les géographes sont ralliés aujourd'hui, qu'un voyageur isolé, patient et consciencieux, fera plus et mieux que deux ou trois voyageurs qui s'embarrassent les uns les autres des accidents individuels dont ils peuvent être victimes et aux-

CROQUIS DES GRANDS LACS
de
L'AFRIQUE CENTRALE
d'après la carte qui accompagne
les
Last Journals of Livingstone
Route de Livingstone
Gondokoro
Affoudò
Fatiko
Chutes Murchison
Alagungo
Masindi
Cascade de Karuma
Ouganda
Utésé
Montagnes Bleues
Ounyoro
Victoria N'yanza
L. Baringo
Mt Kenia 1600 m
Mt Kilimanjaro
Ujiji
Kaseh
Tanganika
Lomame R.
L. Chibungo
Lualaba
Kamalondo
Ste Kme
L. Moero
Cazembe
Chambeze
L. Bangueolo
Lokinga
L. Dilolo
CONGO
ANGOLA
St Paul de Loanda
St Philippe de Benguela
BENGUELA
MAKOLOLO
Zambesi F.
Shiré
Chute Victoria

quels tous les membres de l'expédition sont forcés de se soumettre.

Quand on jette les yeux sur une carte de l'Afrique d'il y a vingt ans, on voit que la partie australe du continent africain était à peu près inconnue depuis l'équateur jusqu'aux limites de la colonisation européenne du cap de Bonne-Espérance. Les côtes seules étaient connues, quoique d'une manière très-imparfaite.

Aujourd'hui, cet immense espace de régions problématiques, dans lequel l'Europe occidentale pourrait tenir à l'aise, est considérablement réduit. Toute la partie australe de l'Afrique a été éclairée d'une vive lumière à partir d'une ligne que l'on peut tirer de Zanzibar à l'embouchure du Zaïre ou Congo. Les grandes lignes de l'hydrographie sont tracées, et l'on peut déjà asseoir des conjectures sérieuses sur le régime des eaux de l'Afrique équatoriale.

Tel est l'immense résultat dû aux travaux du docteur Livingstone, pauvre et courageux missionnaire qui a lutté trente années contre toutes les misères de la civilisation pour se mettre en état de lutter pendant trente autres années contre les misères de la barbarie.

Les Anglais ont fait une tentative d'établissement sur les bords du grand lac Nyassa des Maravis, découvert par Livingstone. Les colons ont décidé de donner le nom du grand et dévoué voyageur à leur établissement, qui, d'après la lettre qu'on va lire et qui a été publiée par le *Daily Telegraph*, serait en bonne voie de prospérité :

« Du lac Nyassa, 19 février 1876.

« Je sais que vous serez satisfait d'apprendre le succès de notre mission ici. Vous savez sans doute que nous avons réussi à transporter notre steamer et un bateau de bois au-dessus des cataractes Murchison, et que nous avons dû employer jusqu'à 800 indigènes à ce travail. Nous avons construit notre steamer, nous l'avons à l'eau étanche et parfait, et nous avons navigué sur le lac 12 octobre ; depuis lors, nous avons été heureux en tout. Nous avons obtenu un bon emplacement pour notre colonie, avec un bon mouillage pour notre petite marine. Nous nous sommes mis ensuite à bâtir des maisons et des magasins, et tout était terminé avant que les pluies ne commençassent, après quoi j'ai fait une croisière autour du lac.

« C'est véritablement une merveilleuse et belle nappe d'eau, qui s'étend au nord jusqu'à 9°20' de latitude sud, et qui a une côte de rien moins que 800 milles. Le fond peut rarement être atteint avec 100 brasses de ligne de sonde, et en quelques endroits à une distance égale du rivage. A l'extrémité du nord-est, il y a une chaîne de montagnes qui s'étend pendant 100 milles le long du lac, qu'elle surplombe à peu près perpendiculairement, et qui s'élève à une hauteur de 10 à 12,000 pieds. Il y a des îles nombreuses et beaucoup de rivières, mais aucune n'est navigable à une grande distance.

« Bien des cantons délicieux sont dépeuplés par la traite des esclaves, et en maints endroits on rencontre des squelettes par centaines. Dans quelques localités, surtout à l'extrémité septentrionale, ceux qui ont échappé vivent dans des villages bâtis sur pilotis dans le lac; d'autres traînent une existence misérable au milieu de rochers stériles. Quelques-unes de ces scènes vous brisent le cœur. Il y a cinq *dhows* qui tous transportent des esclaves à travers le lac, de la côte occidentale à la côte orientale; et d'après les renseignements que j'ai recueillis, je suis disposé à estimer qu'on n'enlève annuellement pas moins de 15 à 20,000 de ces infortunés.

« Les Arabes sont associés avec les chefs indigènes du sud et de l'ouest qui font la guerre et capturent des esclaves plus loin dans l'intérieur. N'est-ce pas un terrible état de choses? Et pourquoi persisterait-il, quand un petit bâtiment comme le mien, monté par une douzaine d'Anglais résolus, pourrait paralyser tout ce trafic inhumain? Tout ce qu'il faudrait pour cela, ce serait quelques ballots de calicot et de verroteries, afin d'acheter de 'ivoire. Alors les Arabes ne trouveraient plus le tour du lac assez rémunérateur, rien qu'en faisant le commerce des esclaves. Naturellement, il faudrait s'emparer des *dhows*, mais cela se pourrait avec la plus grande facilité. Le peuple ici révère jusqu'au nom anglais. Il n'y a que ces misérables marchands d'esclaves qui nous voient ici d'un mauvais œil. Je crois que notre seule présence a déjà été la cause de beaucoup de bien. Les Arabes tremblent à la vue de notre steamer, et voudraient sans doute le voir au fond du lac; mais puisse sa quille labourer longtemps encore cette belle nappe d'eau, et puisse bientôt l'esclavage disparaître de ces contrées !

« Je suis heureux de dire que nous ne nous sommes fait d'ennemi de personne, et que nous avons à peu près tout le monde pour ami. Dans peu de temps nous aurons réuni autour de nous un bon nombre d'indigènes bien disposés. La nouvelle de notre présence ici s'est répandue au loin, et quelques-uns des indigènes qui étaient avec la mission Mackenzie ont voyagé un mois pour nous rejoindre; aussi ai-je confiance que ce soit le commencement de temps meilleurs pour ces sombres régions. J'attends ici sous peu le docteur Stewart, auquel je remettrai la direction, et je retournerai alors chez nous, où je vous donnerai de plus amples détails.

« A vous sincèrement. — E.-D. Young. »

« *P.-S.* — Notre petit steamer est un bon bateau pour la mer; il va admirablement à la voile et à la vapeur, et il est absolument adapté à sa tâche; en vérité, un plus petit ne pourrait tenir contre les gros temps du lac. Jusqu'ici nous avons réussi dans toutes nos entreprises. Tout notre personnel est en bonne santé et tout à fait propre à son œuvre. »

A peu près au moment où cette lettre parvenait en Angleterre, un bateau à vapeur colonial, le *Windsor-Castle*, partait de Dartmouth, emportant parmi ses passagers plusieurs missionnaires se rendant à Livingstonia. Ils emportent les matériaux d'une embarcation destinée à naviguer sur le lac Nyassa. M. Thirlwall, dessinateur et correspondant de plusieurs journaux anglais, les accompagne, ainsi que MM. Coterell et Pary, qui ont l'intention de fonder un comptoir de commerce dans cette région. Eux aussi ont avec eux un bateau démonté, qu'ils se proposent de lancer sur le lac.

FIN.

TABLE.

—

CHAPITRE Ier

VOYAGES DANS L'AFRIQUE OCCIDENTALE

(1795-1830)

CHAPITRE II

VOYAGE DE RENÉ CAILLIÉ A TOMBOUCTOU

(1827)

CHAPITRE III

VOYAGES DE DUMONT D'URVILLE EN OCÉANIE

(1826-1837)

CHAPITRE IV

VOYAGE DE V. JACQUEMONT DANS L'INDE

(1828-1832)

CHAPITRE V

PREMIER VOYAGE DU DOCTEUR LIVINGSTONE DANS L'AFRIQUE AUSTRALE

(1840-1856)

CHAPITRE VI

SECOND VOYAGE DU DOCTEUR LIVINGSTONE. — EXPLORATION DU ZAMBÈZE

(1858-1864)

CHAPITRE VII

TROISIÈME VOYAGE DU DOCTEUR LIVINGSTONE (1866)

VOYAGE DE HENRI STANLEY A LA RECHERCHE DE LIVINGSTONE (1871-1872)

MORT DU DOCTEUR LIVINGSTONE (1873)

FIN DE LA TABLE.

Rouen. — Imprimerie MÉGARD et Cⁱᵉ, rue Saint-Hilaire, 136.

ROUEN. — IMPRIMERIE MÉGARD ET Cⁱᵉ.